Die Kanzel in St. Marien zu Rostock (1574/1723)

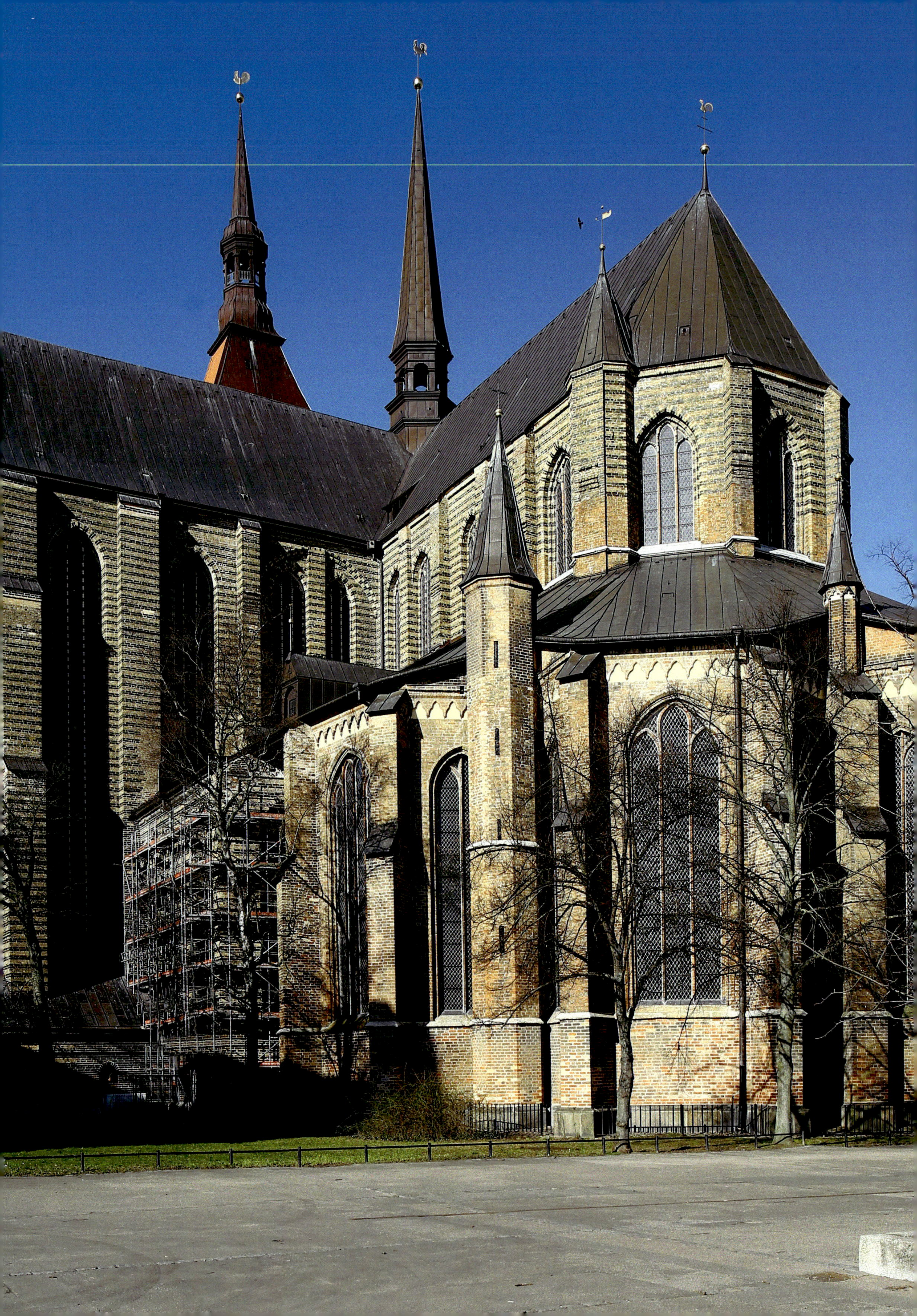

Johann Anselm Steiger

Die Kanzel in St. Marien zu Rostock (1574/1723)

Ein Kompendium des christlichen Glaubens in Bildern und Worten

SCHNELL + STEINER

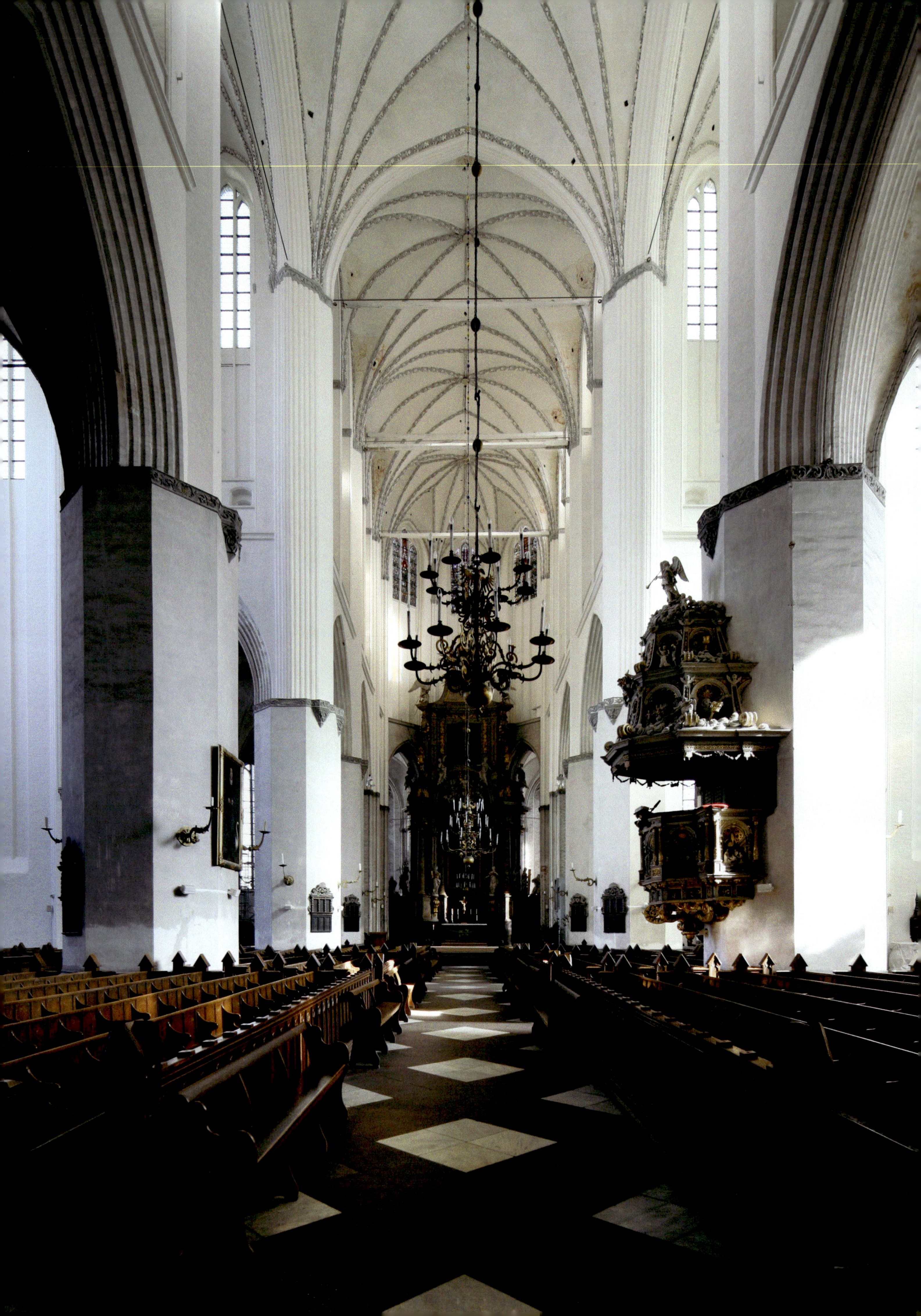

Inhalt

△ **1** *St. Marien von Südosten.*
◁ **2** *Inneres nach Osten.*

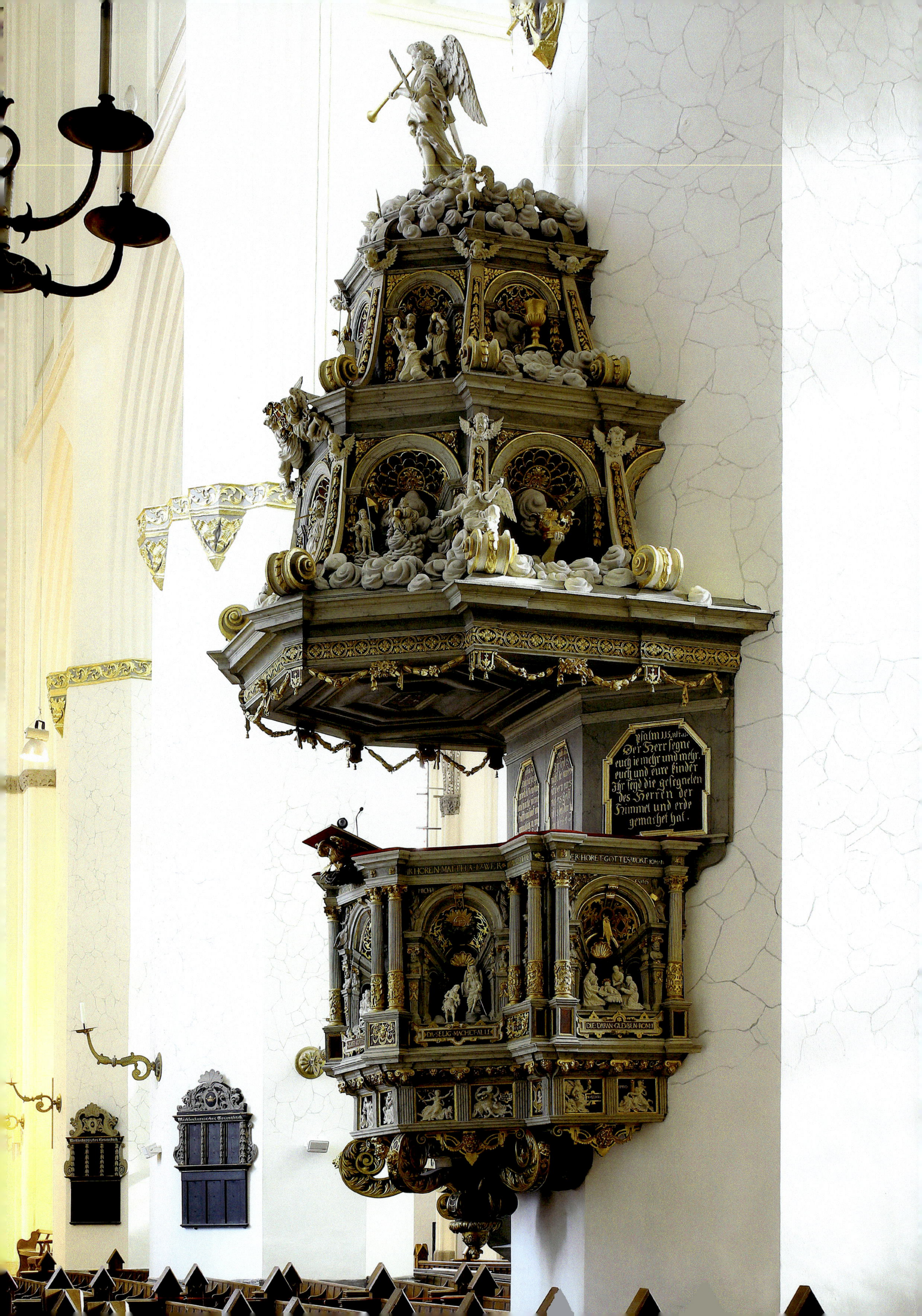
psalm 115. v. 14. 15.
Der Herr segne
euch ie mehr und mehr.
euch und eure kinder
Ihr seyd die gesegneten
des Herren der
Himmel und erde
gemachet hat.
IR HOREN MATTH 3 · 17 · WER
ER · HORET · GOTTES · WORT · IOHAN
DA · SELIG · MACHET · ALLE
DIE · DARAN · GLEVBEN · ROM · I

Einführung

Im Jahre 1574, mithin mehr als vier Jahrzehnte nach der Einführung der Reformation in der Hansestadt Rostock (1531),[1] wurde die außerordentlich prächtige, im Renaissance-Stil gehaltene Kanzel[2] (Abb. 3, 5 f.) in St. Marien vollendet. Dies geht aus einer am Kanzelkorb angebrachten Inschrift hervor (Abb. 4). Die Arbeiten an der Kanzel könnten freilich bereits geraume Zeit früher begonnen haben.[3] Ob sie tatsächlich von dem aus Antwerpen stammenden Künstler Rudolf Stockmann (gest. 1622 in Rostock) geschaffen wurde, wie vermutet wurde, ist fraglich.[4] Gesichert hingegen ist, daß für beträchtliche Teile der Bildausstattung der Kanzel in Antwerpen produzierte Kupferstiche als Vorlagen verwendet wurden. Die flämische Handels- und Kunst-Metropole Antwerpen, die in der Frühen Neuzeit enge (auch kommerzielle) Beziehungen mit Rostock unterhielt, bediente seinerzeit – insbesondere in Form von Kupferstichserien – den überregionalen römisch-katholischen Markt, beeinflußte indes auch massiv die Ausgestaltung von Kirchenräumen und die Bebilderung von Meditationswerken, Predigtsammlungen (Postillen) etc. in lutherischen (und z. T. in reformierten) Territorien. Darüber hinaus beherbergte Antwerpen nicht nur eine mehrheitlich römisch-katholische Bevölkerung, sondern kannte (zumal im dritten Viertel des 16. Jahrhunderts) einen ausgeprägten Untergrund-Protestantismus.[5] Für die ikonographische Gestaltung der Kanzel wurden jedoch darüber hinaus Bildmotive genutzt, die aus genuin lutherischer Produktion herrühren, wie auch solche, die im Kontext der Züricher Reformationskultur zu verorten sind.

Der Schalldeckel der Rostocker Kanzel stammt aus späterer Zeit und war 1723 fertiggestellt. Rechnungsbüchern ist zu entnehmen, daß der Tischler Friedrich Möller und ein Bildhauermeister mit Nachnamen Hartich die Arbeiten ausführten.[6] Insgesamt

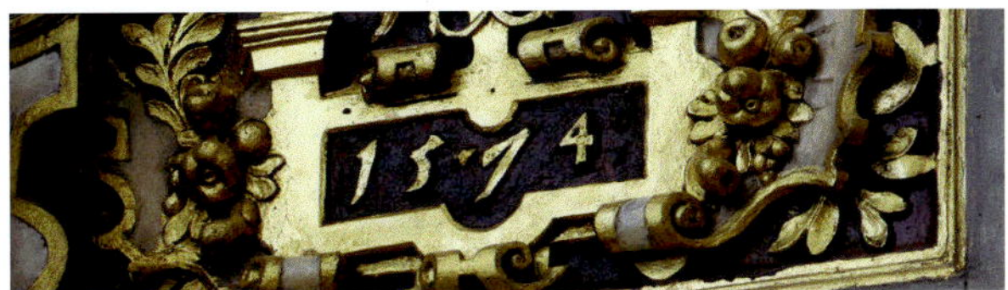

4 Jahreszahl am Kanzelkorb.

ist der Predigtstuhl so überreich mit Inschriften und geistlichen Bildwerken versehen, daß man ihn mit vollem Recht als ein Kompendium des christlichen Glaubens und frühneuzeitlich-lutherischer Bildtheologie bezeichnen könnte, da die wichtigsten Stationen der Heilsgeschichte Berücksichtigung finden. Sowohl die zahlreichen Bildmotive als auch eine erhebliche Menge an Texten machen deutlich: Die Kanzel, die in vielerlei Hinsicht ein herausragendes Artefakt ist, diente und dient nicht nur denjenigen, die in St. Marien predigen, gewissermaßen als ›Bühne‹, sie tritt vielmehr auch selbst als Predigerin auf, auch heute noch.

Zur Zeit der Errichtung der Kanzel amtierte Lucas Bacmeister (1530–1608)[7] als Pastor an St. Marien. Das Amt hatte er seit 1562 inne, und er war zugleich Professor für Theologie an der Universität Rostock.[8] Ihm zur Seite standen als Archidiakon bzw. Diakon, mithin als zweiter und dritter Prediger, Lukas Randow (1521–1586)[9] und Barthold Detharding[10] (ca. 1535–1577). Als der Schalldeckel der Kanzel geschaffen wurde, war Johann Joachim Weidener (1672–1732)[11] Pastor und zugleich Theologieprofessor,[12] Johann Senst (1653–1723) Archidiakon[13] und Johann Balthasar Niehenck (1680–1738) Diakon.[14] Daß diese Geistlichen auf die Art der Gestaltung der in Rede stehenden Kunstwerke eingewirkt haben, ist denkbar, aber nicht durch Quellen zu belegen. Anläßlich der Einweihung der Kanzel bzw. des Schalldeckels gehaltene Predigten oder sonstige Kasualschriften sind nicht überliefert.

◁ 3 Kanzel von Nordwesten.

5 Kanzel von Norden. ▷
6 Kanzel von Nordosten. ▷▷

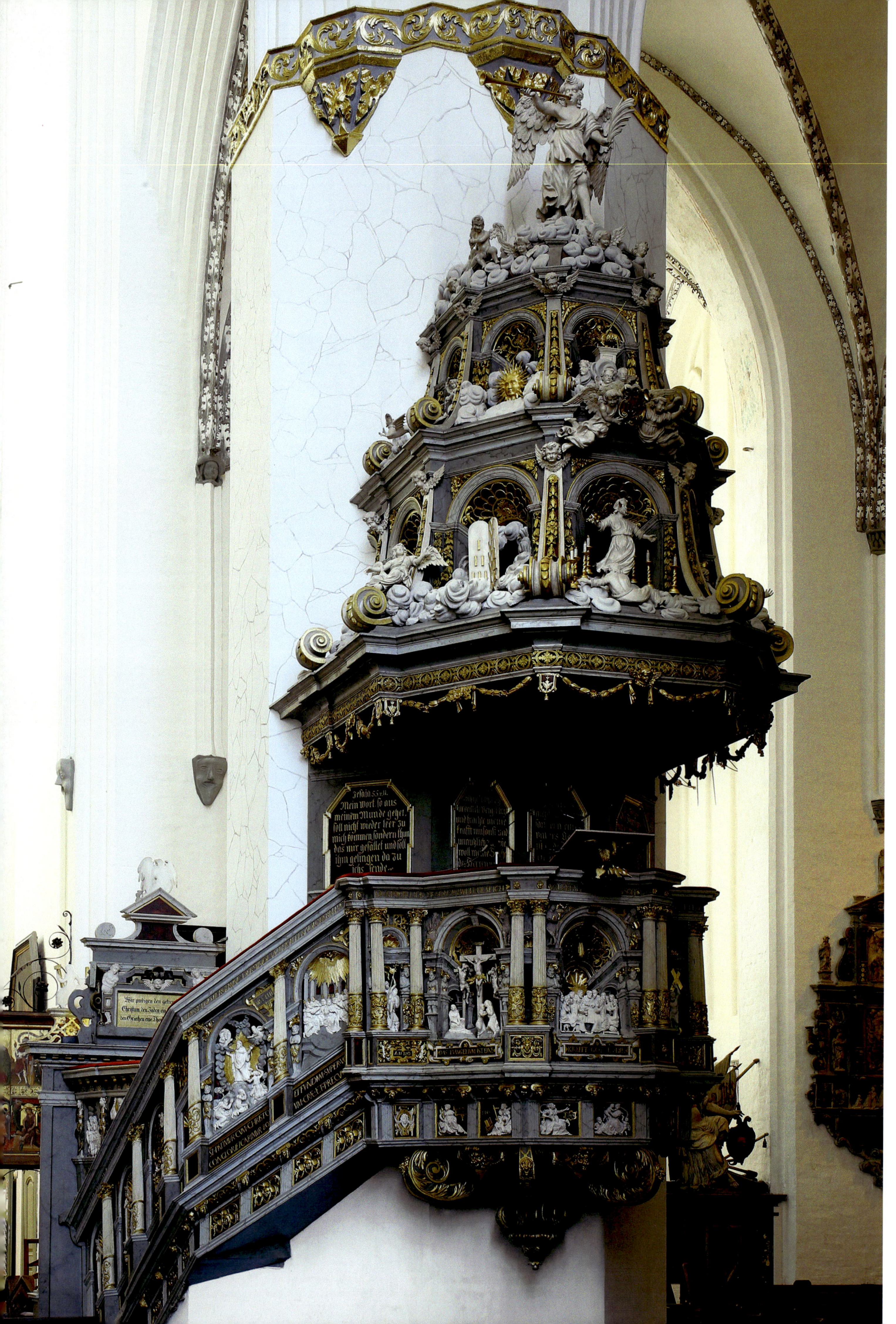
Jesaia 55. v. 11.
Mein Wort, so aus
meinem Munde gehet,
soll nicht wieder leer zu
mich kommen, sondern thun
das mir gefället und soll
ihm gelingen da zu
ichs sende

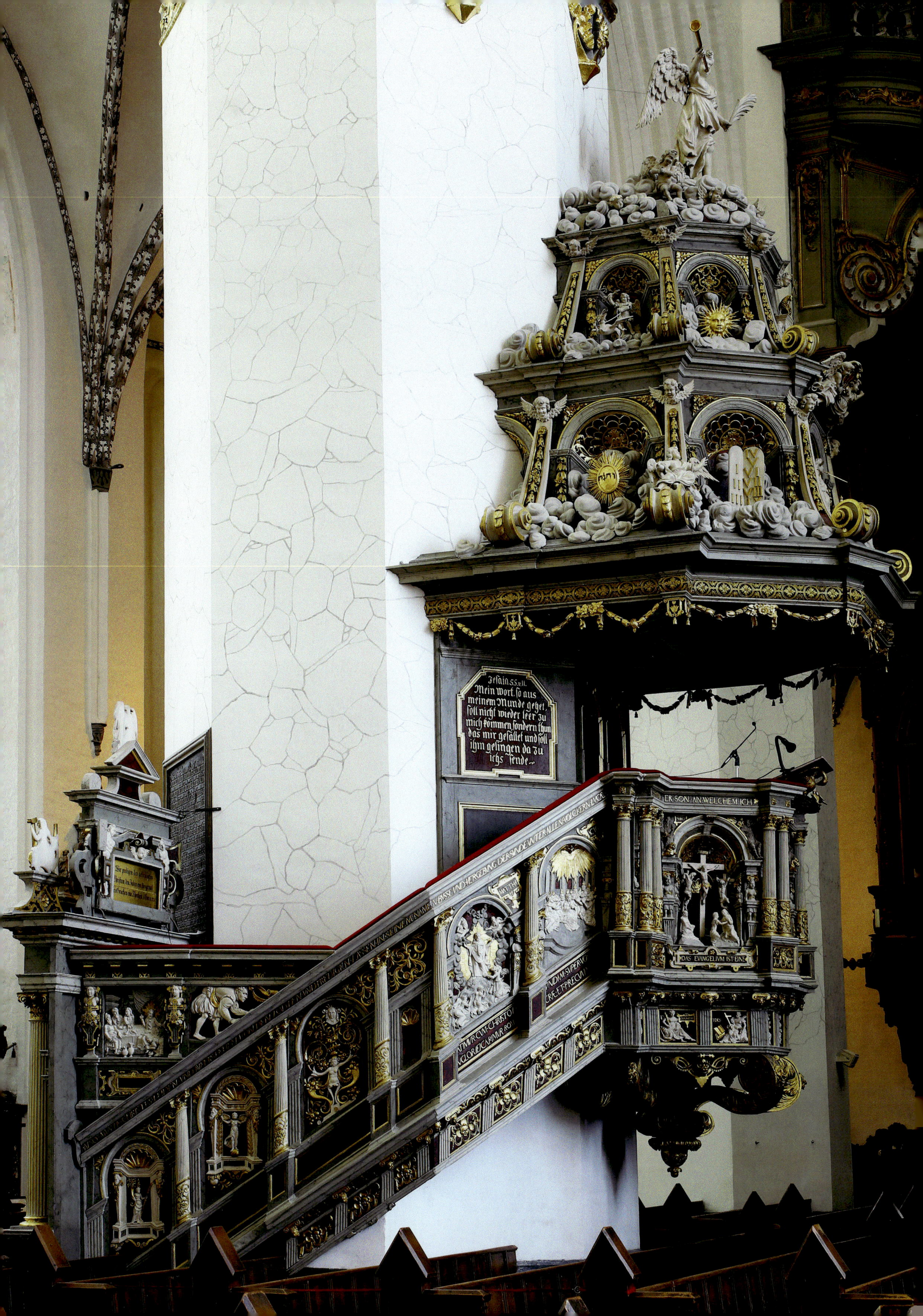
Jesaia 55. v. 11.
Mein Wort, so aus meinem Munde gehet, soll nicht wieder leer zu mich kommen, sondern thun das mir gefället und soll ihm gelingen da zu ichs sende.
ER SON AN WELCHEM ICH
DAS EVANGELIVM IST EINS

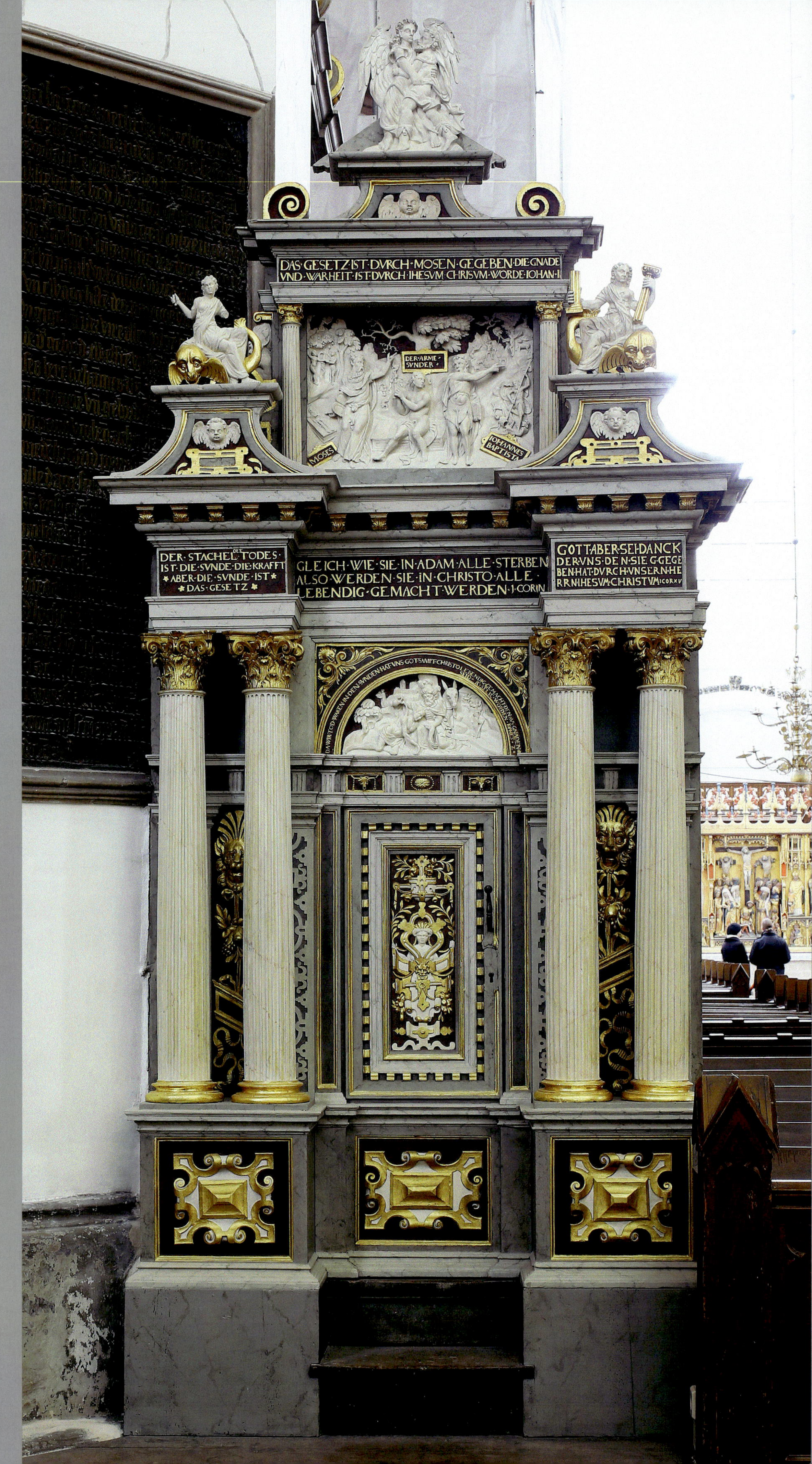
DAS·GESETZ·IST·DVRCH·MOSEN·GEGEBEN·DIE·GNADE
VND·WARHEIT·IST·DVRCH·IHESVM·CHRISVM·WORDE·IOHAN·I
DER·ARME·SVNDER
MOSES
IOHANNES BAPTISTA
DER·STACHEL·DES·TODES·
IST·DIE·SVNDE·DIE·KRAFFT
ABER·DIE·SVNDE·IST
DAS·GESETZ
GLEICH·WIE·SIE·IN·ADAM·ALLE·STERBEN
ALSO·WERDEN·SIE·IN·CHRISTO·ALLE·
LEBENDIG·GEMACHT·WERDEN·1·CORIN
GOTT·ABER·SEI·DANCK
DER·VNS·DEN·SIEG·GEGE
BEN·HAT·DVRCH·VNSERN·HE
RRN·IHESVM·CHRISTVM·I·COR·XV

Kanzelportal

Gesetz und Gnade

Konzentrieren wir uns zunächst auf das besonders aussagekräftige Kanzelportal (Abb. 7). In dessen Ädikula ist eine Bildkomposition (Abb. 8) zu sehen, die dem Typus des Gesetz- und Gnade-Bildes[15] zuzurechnen ist. Die ikonographische Anlage des Reliefs erinnert sehr stark an den 1533 geschaffenen Titelholzschnitt (Abb. 10) der im April 1534 in Lübeck in der Offizin von Ludwig Dietz (gest. 1559) gedruckten sog. Bugenhagen-Bibel[16] – der ersten protestantischen Vollbibel, die noch vor der ersten vollständigen Lutherbibel (Ende 1534) erschien. Bis hinein in fast alle ikonographische Einzelheiten ist eine Übereinstimmung des von Erhart Altdorfer (ca. 1480 – nach 1561) gefertigten Holzschnittes mit dem Gesetz- und Gnade-Bild an der Kanzelpforte zu beobachten. Wer diese niederdeutsche Bibelübersetzung herstellte, ist im einzelnen ungeklärt. Bekannt aber ist, daß der Reformator Johannes Bugenhagen (1485–1558),[17] der u.a. für die Ausarbeitung der Hamburger (1529) und der Lübecker (1531) Kirchenordnung gesorgt hatte, an den Arbeiten beteiligt war und kurze Vorreden zum Gesamtwerk sowie zum Neuen Testament und außerdem die Summarien zum Neuen Testament verfaßte.

Noch größer freilich ist die Verwandtschaft dieser Zone des Kanzelportals mit einem von Gerard Groenning (* ca. 1515, wirkte bis 1576) entworfenen und ca. 1567 von dem Antwerpener Stecher Pieter Nagel (wirkte 1567–1584) ausgeführten Kupferstichblatt (Abb. 9).[18] Es ist nicht ausgeschlossen, daß dieses Blatt auf dem Holzschnitt zur Bugenhagen-Bibel basiert. Bis auf wenige Vereinfachungen am Kanzelportal, die insbesondere die Beschriftungen der im Kupferstich vorhandenen Tafeln betrifft, entspricht das Relief bis in die Details hinein fast gänzlich seiner Vorlage. Somit dürfte unstrittig sein, daß dieses Blatt dem Schöpfer des Rostocker Gesetz- und Gnade-Reliefs als Vorlage diente. Hieraus ergibt sich der an Paradoxie grenzende Umstand, daß ausgerechnet dasjenige Bildmotiv an der Rostocker Kanzel, dessen Typus man für gewöhnlich ein stark lutherisches Gepräge nachsagt, aus Antwerpen stammt – mithin aus derjenigen Kunstmetropole, deren Künstler einerseits den katholischen Markt geistlicher Druckgraphik wesentlich prägten, die jedoch andererseits auch lutherische und reformierte Auftraggeber und Abnehmer bedienten. Zu nennen wären diesbezüglich Frans Floris (1517–1570), Hendrik Goltzius (1558–1616/17), Marten de Vos d.Ä. (1532–1603), Johannes Wierix (1549 – ca. 1620), Hieronymus Wierix (1553–1619), Aegidius Sadeler d.Ä. (ca. 1555 – ca. 1609), Raphael Sadeler d.Ä. (1561–1628), Adriaen Collaert (ca. 1560–1618) u.a. Die konfessionsübergreifende Relevanz des Gesetz- und Gnade-Bildtypus wird von der Forschung jedenfalls noch präziser zu bestimmen sein, als dies bislang der Fall war. Auffälligerweise hat das besagte Kupferstichblatt von Groenning und Nagel insbesondere in römisch-katholischen Territorien als Vorbild für Bildwerke in Kirchenräumen gedient – so etwa in Passau, Ried (Oberösterreich) und Schärding (Oberösterreich).[19]

Der einzige signifikante ikonographische Unterschied zwischen den beiden Gesetz- und Gnade-Bildern besteht darin, daß im Kupferstich links im Vordergrund der Prophet Jesaja zu erblicken ist (erkennbar an der Schrifttafel links unter ihm, auf der die Prophezeiung der Geburt des Messias Christus, die Immanuels-Verheißung [Jesaja 7,14[20]]), zu lesen ist, während am Kanzelportal an dieser Stelle Mose mit den beiden Gesetzestafeln steht. Eine weitere Differenz ist darin zu erkennen, daß der Stich neun

◁ *7 Kanzelportal.*

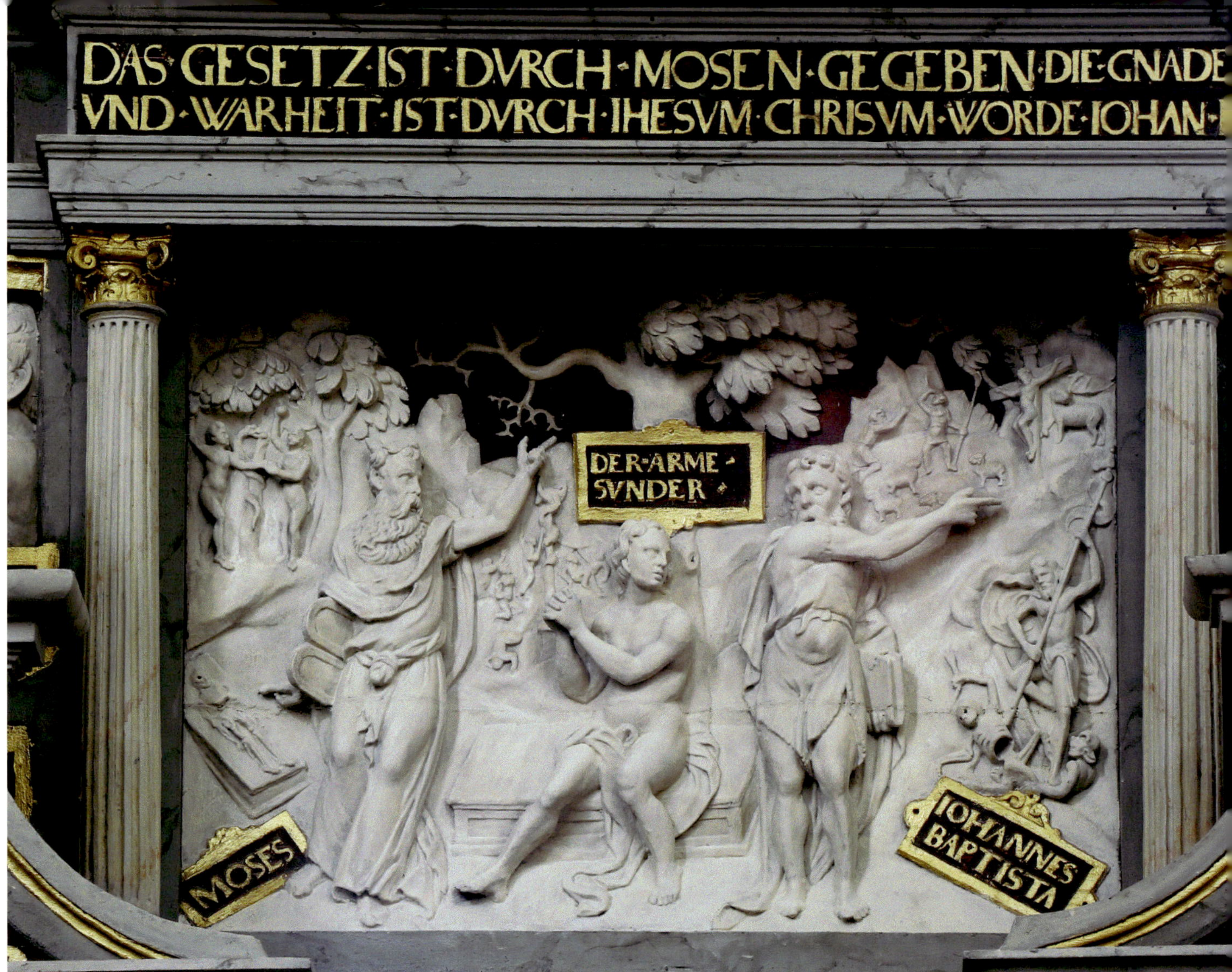

8 Kanzelportal: Gesetz und Gnade.

Inschriften aufweist, die in ihrem recht erheblichen Textumfang schon aus technischen Gründen nicht in einer Reliefschnitzarbeit von begrenzter Größe unterzubringen waren. Es handelt sich ausschließlich um Bibelzitate im lateinischen Wortlaut der Biblia Vulgata. Hieraus sollte nicht voreilig eine konfessionelle, etwa römisch-katholische Verortung des Stichs abgeleitet werden, zumal sich die Vulgata auch in den protestantischen Konfessionen einer breiten Verwendung erfreute – nicht nur in der akademischen Praxis theologischer Gelehrsamkeit, sondern durchaus auch in der Frömmigkeitstheologie sowie in Inschriften an sakralen Artefakten, wofür die Rostocker Kanzel selbst Belege liefert (s. u. S. 39, 44, 50–53). Die Latinität des Kupferstichs zeigt aber zugleich, daß dessen Antwerpener Produzenten (wie in zahllosen ähnlich gelagerten Fällen auch) den gesamten Markt im Blick hatten und gewillt waren, ihre Absatzmöglichkeiten in unterschiedlichen konfessionellen Kontexten nicht zu beschränken.

Die Darstellung am Kanzelportal wird von einem Baum, der links kahl ist und rechts Laub trägt (vgl. Lukas 23,31), in zwei Hälften unterteilt. Die linke Bildhälfte, die ›Gesetzesseite‹, wird im Vordergrund dominiert von der Gestalt des Mose, der die beiden Tafeln mit den Zehn Geboten bei sich hat. So wird unübersehbar vor Augen gestellt, daß der sündige Mensch aus eigenem Vermögen seine Sündhaftigkeit nicht zu erkennen fähig ist, er vielmehr Römer 3,20 gemäß (»denn durch das Gesetz kommt Erkenntnis der Sünde«) der Konfrontation mit dem göttlichen Gesetz bedarf, um zur Erkenntnis seiner Gottesferne und Sünde zu gelangen sowie der Tatsache gewahr zu werden, daß er die Forderungen des Gesetzes des Mose aus eigener Kraft nicht erfüllen kann. Genau diesen genuin reformatorischen Aspekt schrieb der für das Ro-

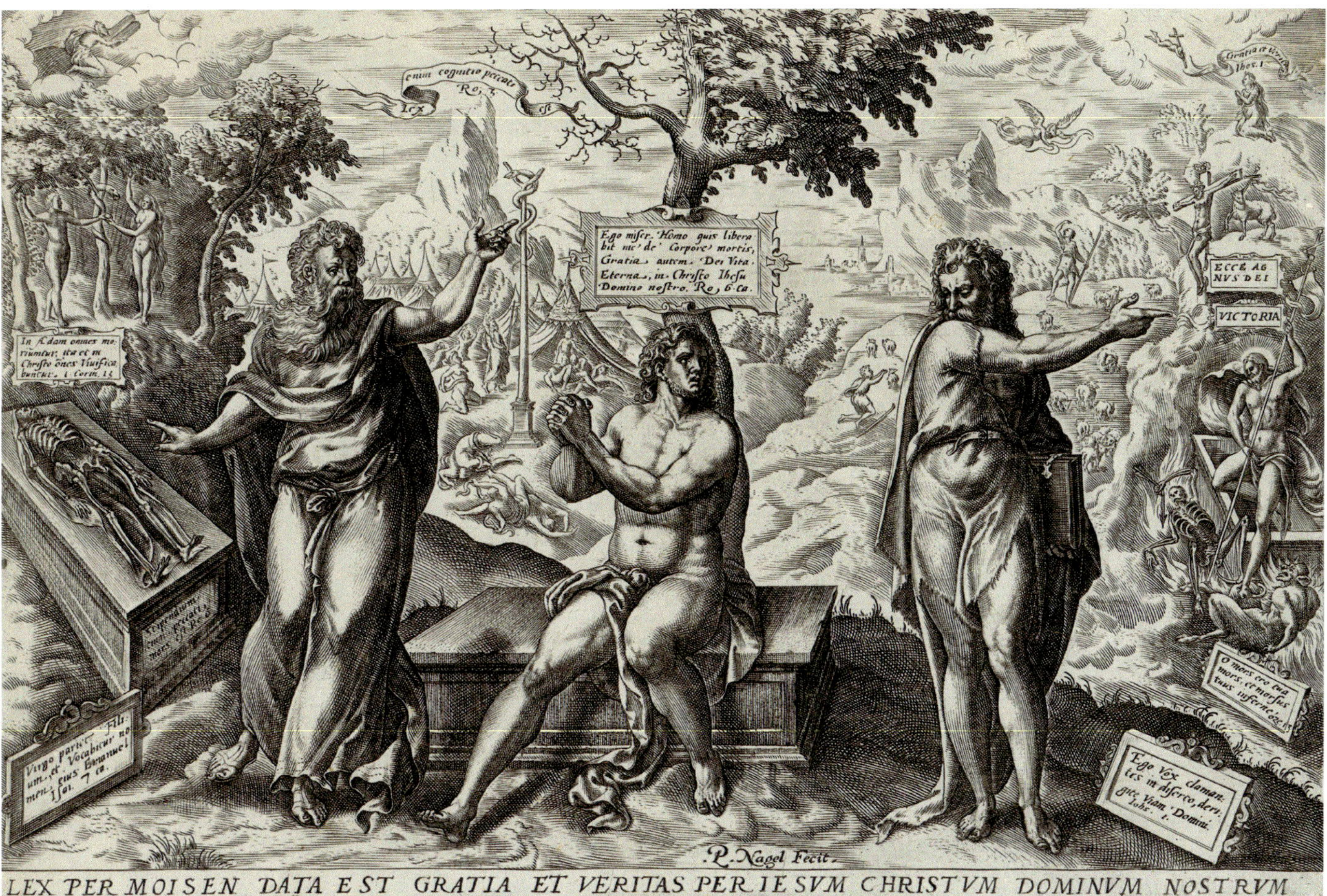

9 Kupferstichblatt, entworfen von Gerard Groenning, gestochen von Pieter Nagel, ca. 1567 (British Museum London 1868,0612.472).

stocker Relief verantwortliche Künstler seiner Bildkomposition unmißverständlich ein, indem er von seiner Stichvorlage abwich und sich an eine spezifische Ausprägung des Gesetz- und Gnade-Bildtypus hielt, wie er etwa von Franz Timmermanns (¿–¿)[21] Gemälde[22] repräsentiert wird. Beachtung allerdings verdient, daß der genannte Schlüsseltext Römer 3,20 auch im Kupferstich präsent ist: in einem Schriftband, das an der kahlen Seite des Baumes angebracht ist (»Lex enim cognitio peccati est Ro. 3«).

Rechts im Relief steht Johannes der Täufer. Beide – Mose und der Täufer – weisen den sündigen Menschen mit Zeigegesten auf Jesus Christus, der am rechten Rand des Reliefs zweimal erscheint: einmal als Crucifixus und einmal als von den Toten Auferstandener. Der Prozeß der Stiftung von Sündenerkenntnis ist in vorliegender Darstellung schon abgeschlossen. Denn der Mensch, der im Zuge der Konfrontation mit den Forderungen des mosaischen Gesetzes erfahren hat, daß er diese aus eigener Kraft nicht erfüllen kann, hat seinen Kopf bereits umgewandt, um glaubend mit gefalteten Händen auf den gekreuzigten Christus zu blicken. Allein im glaubenden Vertrauen auf den für die sündige Menschheit gestorbenen Sohn Gottes, so die Hauptbotschaft des Bildes, wird der Mensch gerettet.

Die Ereignisse, deren an Weihnachten, Karfreitag und Ostern gedacht wird, werden im Relief als aufeinander bezogene Geschehnisse sichtbar. Zu sehen sind in der rechten Bildhälfte die Verkündigung des Engels an die Hirten auf dem Felde, daneben der gekreuzigte Christus sowie das Lamm Gottes mit der Siegesfahne und darunter der auferstandene Sohn Gottes, der mit dem Kreuzstab Tod und Teufel zur Strecke bringt. Hierin spiegelt sich, daß Martin Luther zufolge die Geschichte des Leidens Christi bereits mit seiner Geburt im Stall zu Bethlehem beginnt. Auch die bildkompositorisch kunstvolle Anordnung

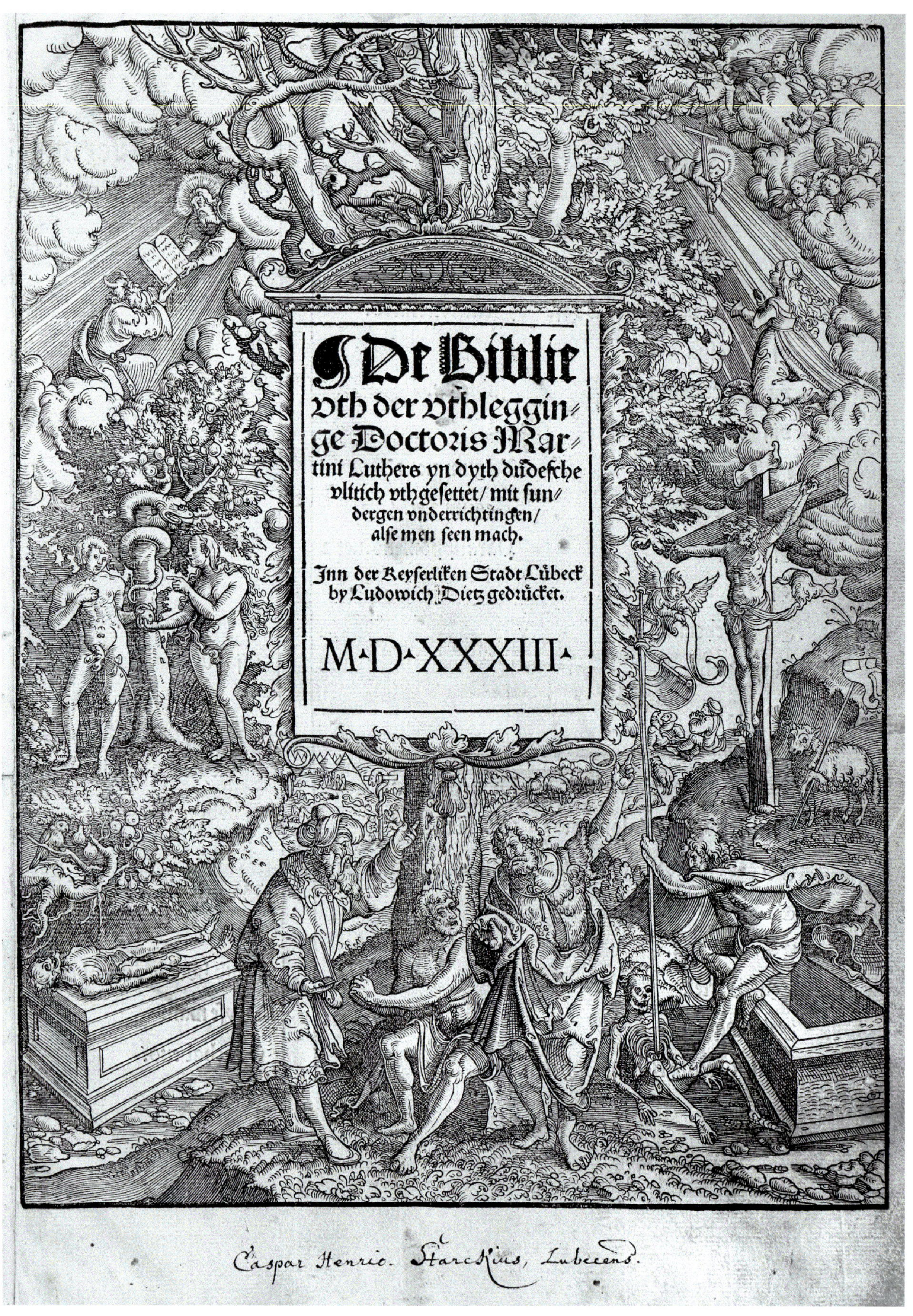

10 *De Biblie vth der vthlegginge Doctoris Martini Luthers yn dyth düdesche vlitich vthgesettet/ mit sundergen vnderrichtingen/ alse men seen mach. Lübeck 1533, Titelholzschnitt (UB Rostock Fb-73).*

des gekreuzigten und auferstandenen Christus auf einer vertikalen Achse entspricht der reformatorischen Botschaft: Ostern macht den Karfreitag nicht ›rückgängig‹. Vielmehr tritt die durch den Tod des Gottessohnes bewerkstelligte Überwindung der Verderbensmächte Sünde, Tod und Teufel an Ostern ins klare Licht. Die enge Verknüpfung von Karfreitag und Ostern wird bildkompositorisch dadurch weiter verstärkt, daß unter dem Kreuz Christus als das Lamm Gottes abgebildet ist (Abb. 11), das die Sünde der Welt trägt (Johannes 1,29.36).

Mose und Johannes der Täufer weisen den zwischen ihnen sitzenden sündigen Menschen auf den gekreuzigten bzw. auferstandenen Christus, bei dem allein Gnade und Vergebung der Sünden zu finden sind. Links neben dem Crucifixus ist die Verkündigung der Geburt Jesu an die Hirten festgehalten. Alle drei Figuren im Vordergrund – Mose, der Sünder und Johannes – sind durch halbplastische Machart recht stark hervorgehoben und durch Schrifttafeln (»MOSES«, »DER ARME SVNDER«, »IOHANNES BAPTISTA«) identifiziert. Die Beschriftung der Tafel, die über dem Haupt des Sünders am Baum angebracht ist, faßt mit den Worten »DER ARME SVNDER« eine längere Textpassage zusammen, die im Kupferstich an derselben Stelle plaziert ist und in lateinischer Sprache zwei Verse aus dem Römerbrief kombiniert und in ein dialogisches Verhältnis setzt. Zunächst kommt durch Zitat von Römer 7,24 der sündige Mensch klagend und fragend zu Wort (»Ich elender Mensch! wer wird mich erlösen von dem Leibe dieses Todes?«[23]), der sodann mit Römer 6,23 folgende Antwort erhält: »Aber die Gabe Gottes ist das ewige Leben in Christo Jesu unserem Herrn.«[24] Im Bildhintergrund links sieht man den Sündenfall: Die teuflische Schlange überredet die Erzeltern Adam und Eva, vom Baum der Erkenntnis zu essen (1. Mose 3,1–7), wobei auffällig ist, daß beide gleichzeitig in die Baumkrone greifen, um je einen Apfel zu pflükken, und auf der Bildebene offenbleibt, wer wem

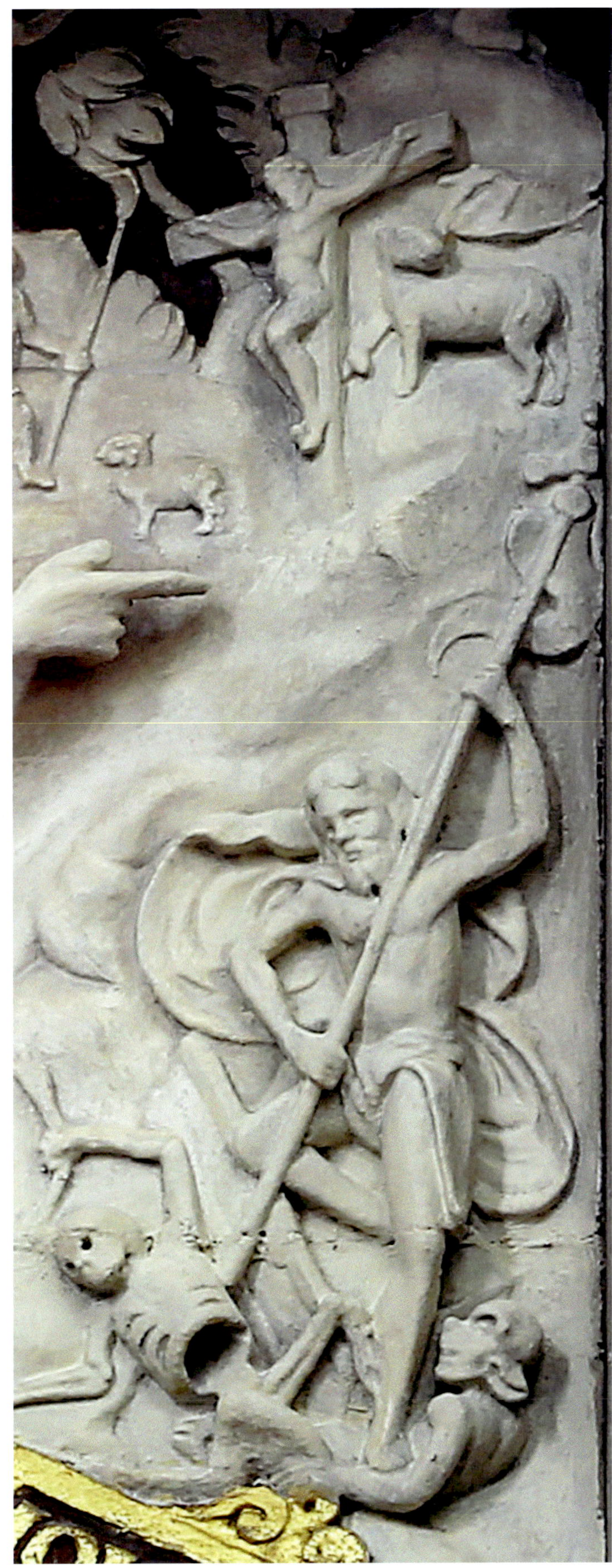

11 Kanzelportal: Gesetz und Gnade (Detail).

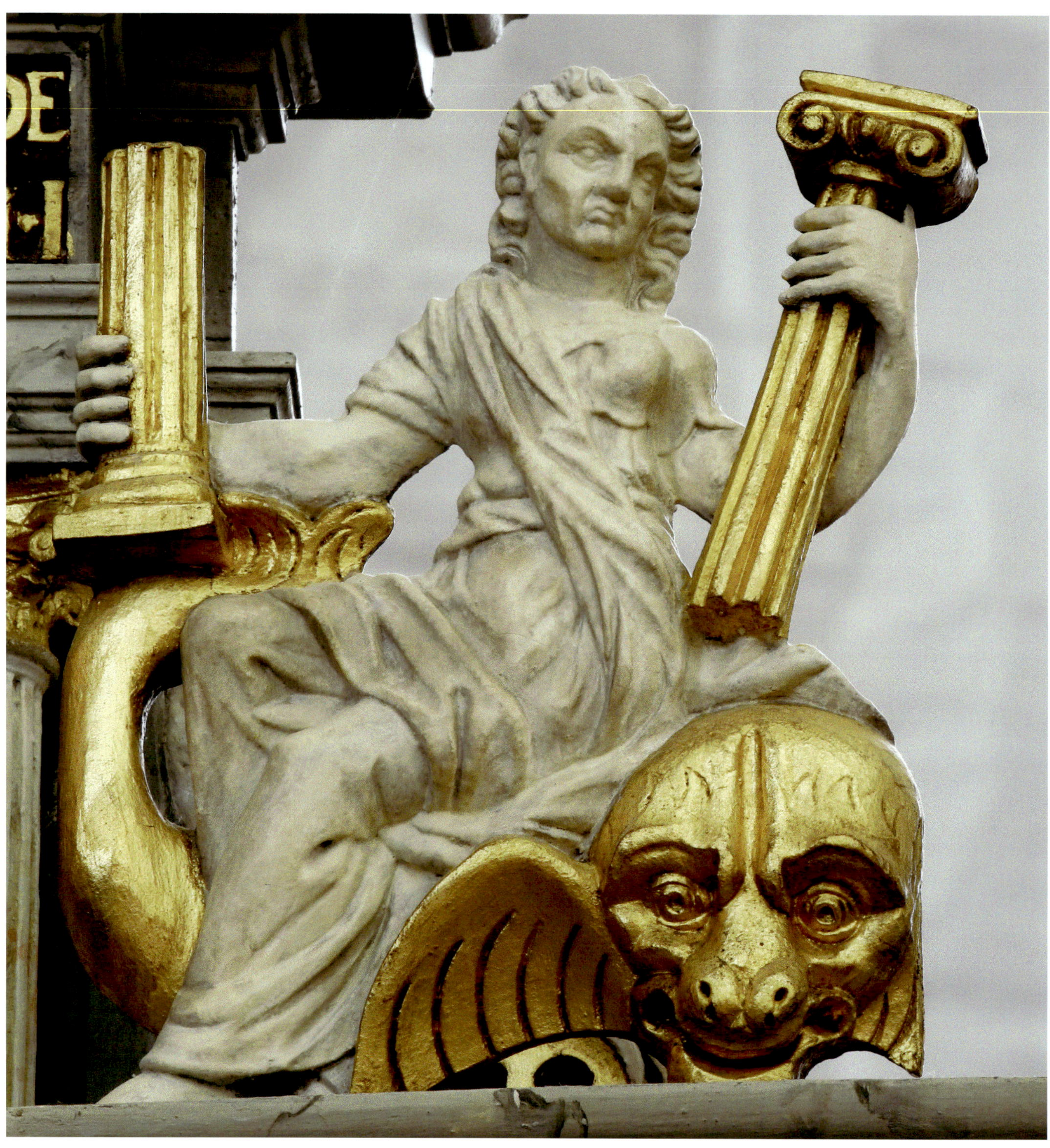

12 Kanzelportal: Tapferkeit.

die Frucht reicht. Unmittelbar über dieser Szene ist die Übergabe der Gesetzestafeln an Mose auf dem Berg Sinai und rechts daneben die von Mose in der Wüste erhöhte Eherne Schlange wiedergegeben.

Je mehr man sich in das Bild vertieft, desto deutlicher wird die Verknüpfung (die ›Textur‹) seiner beiden Hälften. Sie stehen einander nicht einfach diametral gegenüber. So sind in der oberen Bildzone der auf dem Berg Sinai die Gesetzestafeln in Empfang nehmende Mose auf der linken Seite und rechts die ebenfalls auf einem Berg in Gebetshaltung kniende Maria, die der Verkündigung des Erzengels

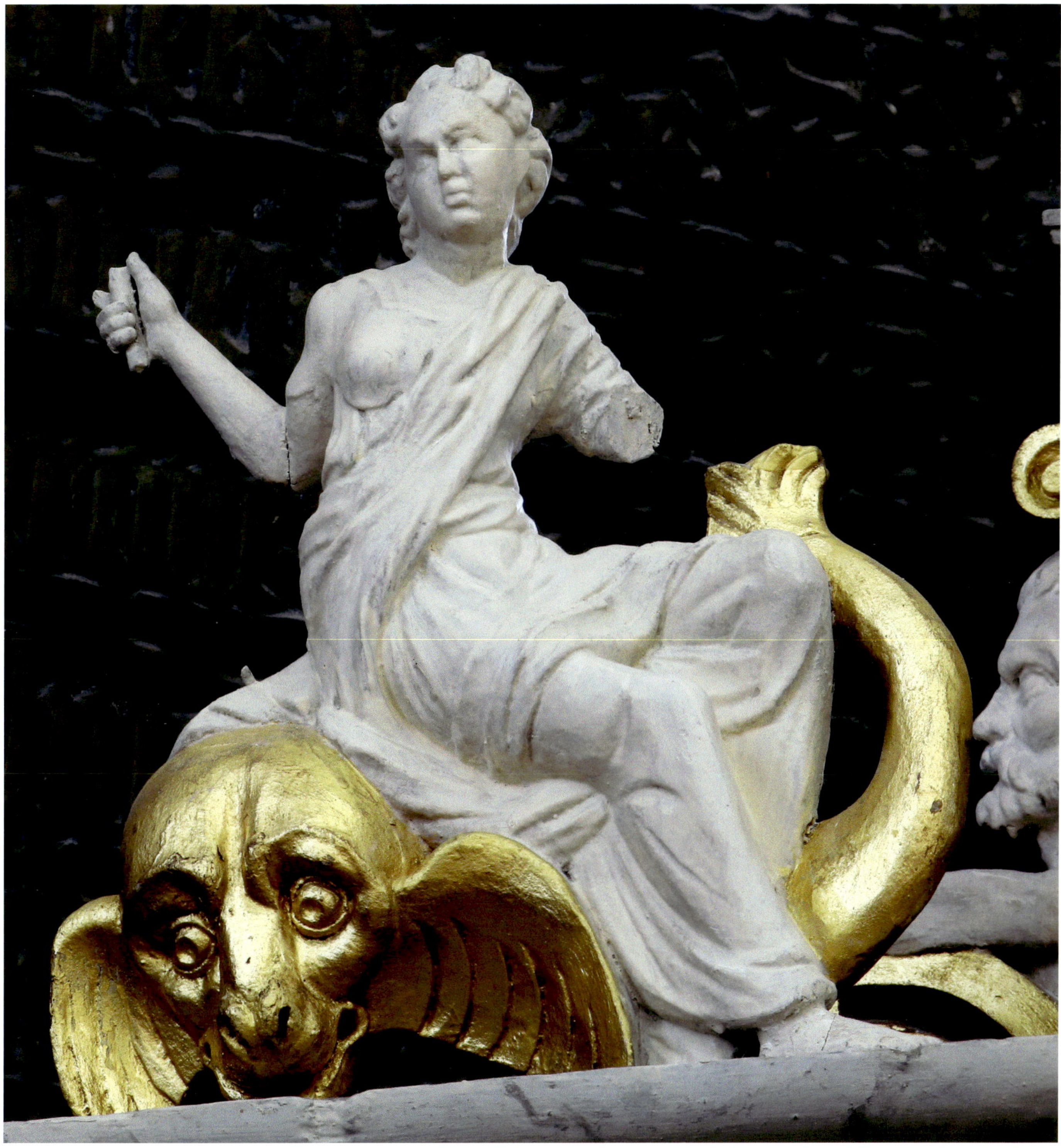

13 *Kanzelportal: Klugheit [?].*

Gabriel Glauben schenkt und den vom Himmel fahrenden Jesusknaben empfängt, einander gegenübergestellt. Dieses Korrespondenzverhältnis wird auch anhand der Darstellung der Episode von der erhöhten Schlange im Hintergrund der linken Bildhälfte sichtbar. Zu sehen ist eine Szene aus der Zeit der Wanderung des Volkes Israel durch die Wüste: Gott bestrafte Israel für seinen Ungehorsam, indem er giftige Schlangen sandte. Nachdem Mose Fürbitte für das reuige Volk bei Gott gehalten hatte, beauftragte Gott ihn, eine erzene Schlange aufzurichten, damit diejenigen, die sie ansehen, gerettet werden (4. Mose 21,4–9). Genau diese Rettungsgeschichte bezieht der Sohn Gottes im Gespräch mit Nikodemus, das im Evangelium des Johannes überliefert ist, auf sich, wenn er sagt: »Und wie Moses in der Wüste eine Schlange erhöht hat, also muß des Menschen Sohn erhöht werden, auf daß alle, die an ihn glauben, nicht verloren werden, sondern das ewige Leben haben« (Johannes 3,14 f.).[25] Im Alten Testament – dies macht das Relief am Kanzelportal in Übereinstimmung mit der reformatorischen Sichtweise erkennbar – finden sich zahlreiche Weissagungen des Leidens und Sterbens Jesu Christi, durch das allen, die an ihn glauben, das ewige Heil zuteil wird.

Unmittelbar links neben Mose ist ein Totengerippe dargestellt, das auf einem Sarkophag liegt. Dies ist einerseits dahingehend zu interpretieren, daß gemäß Römer 6,23 durch den Sündenfall Adams und Evas, der darüber verbildlicht ist, der Tod in die Welt kam (»denn der Tod ist der Sünde Sold«). Diese Deutung wird durch die Kupferstichvorlage bestätigt, in der am Fußende des Sarkophags, auf dem das Totengerippe liegt, die genannte Bibelstelle zu lesen ist (»Stipendium enim peccati mors est Ro 6«). Andererseits aber ist auffällig, daß der Tod nicht (wie dies in anderen Gesetz- und Gnade-Bildern der Fall ist)[26] quicklebendig und die Menschen verfolgend geschildert wird, er vielmehr tot auf dem Grab liegt, wobei dieses Detail mit der von Christus bewerkstelligten Überwindung von Tod und Sünde auf der gegenüberliegenden Seite korrespondiert.

Die über dem Gesetz- und Gnade-Relief mottoartig angebrachte Inschrift zitiert Johannes 1,17 und wendet so die lateinische Bildunterschrift der Kupferstichvorlage[27] ins Lutherdeutsch: »DAS GESETZ IST DVRCH MOSEN GEGEBEN DIE GNADE VND WARHEIT IST DVRCH IHESVM CHRIS[T]VM WORDE IOHAN I«. Jedesmal, wenn ein Prediger die Kanzel betritt, wird er daran erinnert, daß die rechte Unterscheidung von Gesetz und Evangelium Luther zufolge die höchste Kunst ist, die nicht nur die Prediger, sondern alle Christen beherrschen sollen:

> Sankt Paulus' Meinung ist diese, daß in der Christenheit soll beide, von Predigern und Zuhörern, ein gewisser Unterschied gelehret und gefasset werden zwischen dem Gesetz und Evangelium, zwischen den Werken und dem Glauben, wie er denn solches auch Timotheus befiehlet, da er ihn vermahnet, das Wort der Wahrheit recht zu teilen etc. [2. Timotheus 2,15]. Denn dieser Unterschied zwischen dem Gesetz und dem Evangelium ist die höchste Kunst in der Christenheit, die alle und jede, so sich des christlichen Namens rühmen oder annehmen, können und wissen sollen.[28]

Aber auch sonst ist das Gesetz- und Gnade-Relief an der Kanzel ein Bildmotiv, das sich bestens zum Thema ›Predigt‹ fügt. Denn es faßt nicht nur den Inhalt rechter evangelischer Predigt zusammen, sondern stellt auch eine ganze Reihe von Verkündigungssituationen dar: 1. die Predigt des Mose an die von den Schlangen gebissenen Israeliten, daß sie in der erhöhten Schlange Rettung finden, 2. die Verkündigung der Geburt Christi an Maria durch den Erzengel Gabriel und 3. die Promulgation des im Stall zu Bethlehem Geschehenen an die Hirten auf dem Felde durch die in der Weihnacht in Erscheinung tretenden Engel (laut Luther »die erste und beste Predigt, weil sie die erste ist, die im Neuen Testament geschehen ist und aus welcher die andern alle genommen sind im ganzen Neuen Testament«[29]), 4. die Gesetzespredigt des Mose, die den Sünder zu dem Gekreuzigten leitet, sowie 5. das Zeugnis Johannes des Täufers, dem gemäß das fleischgewordene Wort Gottes, Christus, das Lamm Gottes ist (Johannes 1,29.36).

Eingerahmt wird die Bild-Inschrift-Komposition von zwei Tugendallegorien, wobei die rechte weibliche Figur, die zwei Teile einer zerbrochenen Säule

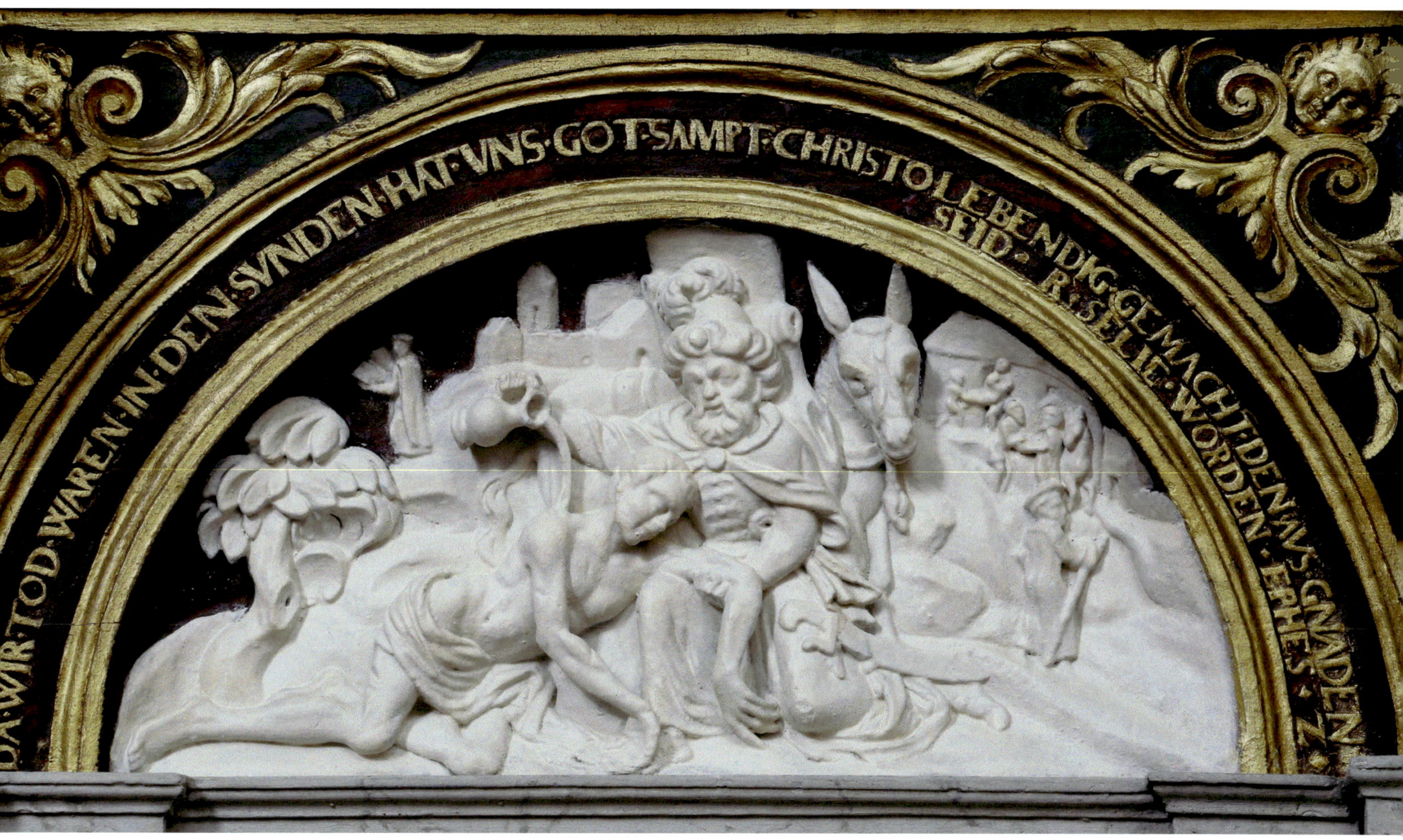

14 *Kanzelportal: Der Barmherzige Samariter.*

in den Händen hat, die Tapferkeit (*fortitudo*) verkörpert (Abb. 12). Sie begegnet am Kanzelkorb erneut (s. u. S. 39, 43). Der auf der gegenüberliegenden Seite positionierten Figur (Abb. 13) ist leider ihr Epitheton[30] sowie ein Teil ihres linken Armes abhanden gekommen, so daß nicht mehr erkennbar ist, welche Tugend hier verbildlicht ist. Nähme man an, die weibliche Gestalt hätte ehedem einen Spiegel in der rechten Hand gehalten, worauf deren Körperhaltung hindeutet, hätte man es mit der Personifikation der Klugheit (*prudentia*) zu tun (s. u. S. 39, 43).

Unter dem Gesetz- und Gnade-Bild sind drei Bibelzitate zu lesen. Diese sind so angeordnet, daß sie die darüber befindliche Bildkomposition aufgreifen und kommentieren. Die linke Inschrift gibt 1. Korinther 15,56 wieder und handelt von der verderblichen Macht der Sünde. Sie hat den Tod in die Welt gebracht und kann durch das Gesetz des Mose nicht behoben werden: »DER STACHEL DES TODES IST DIE SVNDE DIE KRAFFT ABER DIE [richtig wäre: DER] SVNDE IST DAS GESETZ«. Die mittlere Inschrift (nur sie begegnet auch in der Stichvorlage[31]) greift auf einen früheren Vers desselben Kapitels des 1. Korintherbriefs (15,22) zurück, in dem der Apostel Paulus Adam und Christus einander antithetisch

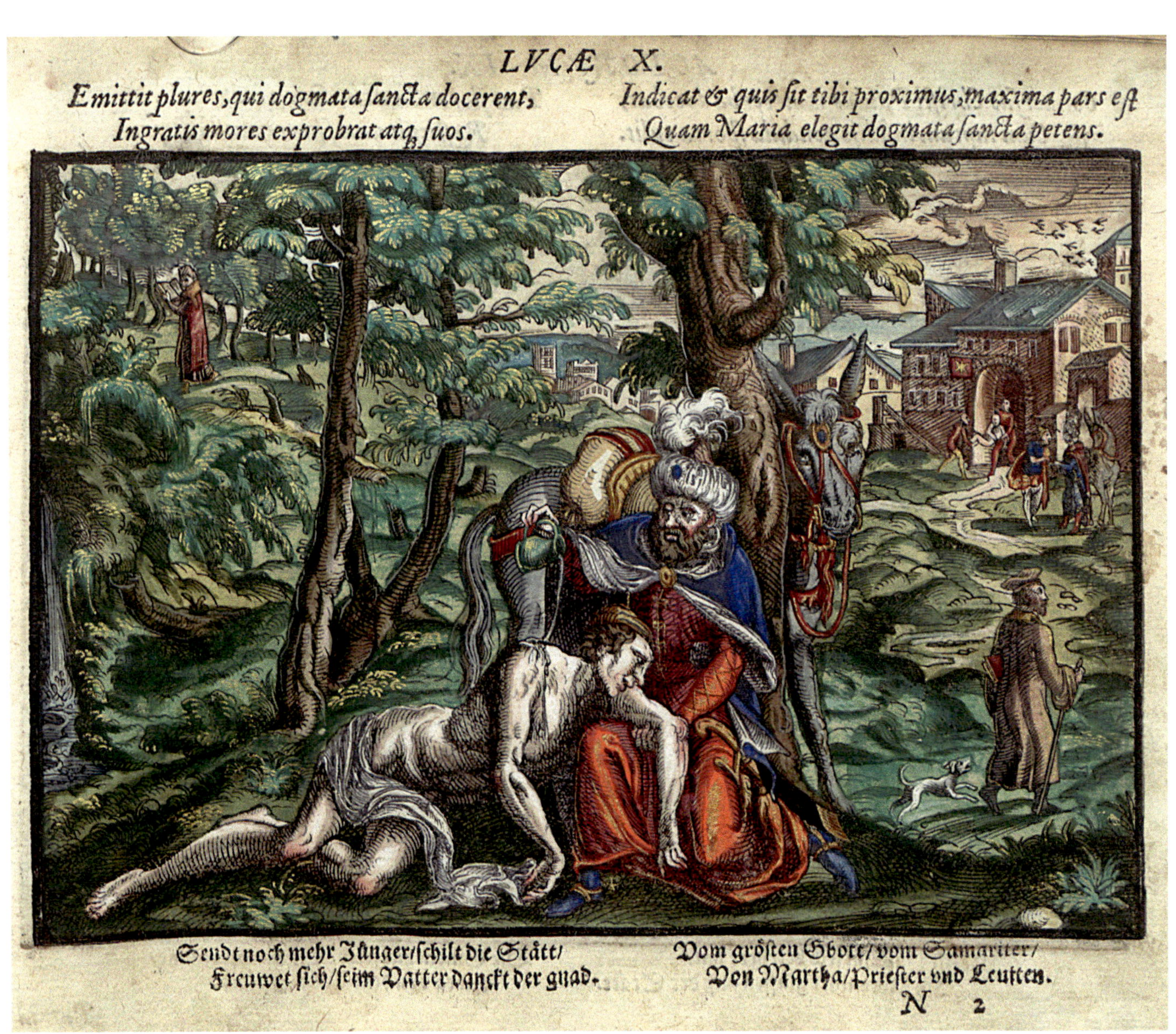

15 *Johann Bocksberger und Jost Amman (Bearb.): NEuwe Biblische Figuren/ deß Alten vnd Neuwen Testaments […]. Frankfurt a. M. 1565 (BSB München L. impr. c. n. mss. 202), fol. N 2r: Der Barmherzige Samariter.*

gegenüberstellt: Infolge des Sündenfalles Adams sind alle Menschen dem Tode verfallen, während durch das Heilswerk Christi alle zum ewigen Leben kommen. »GLEICH WIE SIE IN ADAM ALLE STERBEN ALSO WERDEN SIE IN CHRISTO ALLE LEBENDIG GEMACHT WERDEN«. So wird deutlich, daß die in der Bildmitte plazierte Gestalt des Sünders exemplarisch für jeden einzelnen Menschen steht. Die rechte Inschrift dagegen bildet die direkte Fortsetzung der linken (1. Korinther 15,57) und blickt auf den Sieg des Sohnes Gottes über die Verderbensmächte zurück sowie auf die Teilhabe der Glaubenden an diesem Sieg: »GOTT ABER SEI DANCK DER VNS DEN SIEG GEGEBEN HAT DVRCH VNSERN HERRN IHESVM CHRISTVM«.

Barmherziger Samariter

Unter dem Gesetz- und Gnade-Relief befindet sich ein weiteres Text-Bild-Arrangement. Die halbkreisförmig angeordnete Inschrift ist Epheser 2,5 entnommen: »DA WIR TOD WAREN IN DEN SVNDEN HAT VNS GOT SAMPT CHRISTO LEBENDIG GEMACHT DEN AVS GNADEN SEID [IH]R SELIG WORDEN«. Im Bogenfeld darunter ist das Gleichnis vom Barmherzigen Samariter (Lukas 10,30–37) in einem Relief wiedergegeben (Abb. 14). Als Vorlage nutzte der unbekannte Künstler einen Holzschnitt (Abb. 15) des Züricher Malers, Zeichners und Kupferstechers Jost Amman (1539–1591),[32] der auf eine Bilderfindung des der römisch-katholischen Konfession zugehörigen Malers und Zeichners Johann Melchior Bocksberger (gest. 1587)[33] zurückgeht.[34] Amman hatte die *Neuen Biblischen Figuren des Alten und Neuen Testaments* erstmals im Jahre 1564 veröffentlicht.[35] Seine Adressaten waren, wie aus dem Titelblatt hervorgeht, übrigens nicht (jedenfalls nicht zuvörderst) nach visueller Unterstützung ihrer Frömmigkeit verlangende Gläubige, sondern sehr viel spezieller und ausdrücklich »alle Künstler«, das heißt »Maler, Goldschmiede, Bildhauer, Steinmetzen, Schreiner etc.« Zu sehen ist in dem Holzschnitt und an der Kanzelpforte der Samariter, welcher den unter die Räuber gefallenen, verletzten Menschen versorgt, indem er seine Wunden mit Wein und Öl behandelt. Die Zusammenstellung dieses Bildes mit dem Zitat aus dem Epheserbrief mag zunächst verblüffen. Sie erklärt sich indes vor dem Hintergrund der zeitgenössischen Deutungspraxis. Luther und die lutherische Auslegung des Gleichnisses sehen, anknüpfend an ältere Tradition, in dem Samariter den Sohn Gottes verkörpert. Er behandelt als göttlicher Arzt[36] den durch die Sünde tödlich verletzten Menschen mit Wein und Öl, in denen sich das scharfe Gesetz und das Linderung bringende Evangelium spiegeln. In seiner *Sommerpostille* (1526) sagt Luther:

> Öl gießt er darein, wenn die Gnad' gepredigt wird, wenn man sagt: Siehe da, du armer Mensch, da ist dein Unglaub', da ist dein Verdammnis, da bist du verwundet und ungesund; halt, das will ich dir alles heilen mit dem Evangelium. Siehe, da hält dich der Herr, an diesen Samariter, an Christus den Heiland, der wird dir helfen, sonst nichts. Öl wißt ihr wohl, das macht linde, also macht auch die süße linde Predigt des Evangeliums, daß ich ein fein lindes Herz gegen Gott und dem Nächsten [habe].[37]

Sodann aber, so Luther, folge die Behandlung mit schärferen Medikamenten, mit Leiden und Kreuz: »Wein ist scharf und bedeutet das heilige Kreuz, welches bald hernach folgt. Ein Christ darf sich nicht nach dem Kreuz umsehen, es ist ihm ehe auf dem Halse, denn er gedenket, wie Sankt Paul sagt: Alle, die gottgefällig leben wollen in Christo Jesu, müssen Verfolgung leiden (2. Timotheus 3,12)«.[38] In seiner *Hauspostille* (1544) sieht Luther im Wein, den der himmlische Samariter dem halb Toten in die Wunden träufelt, nicht Kreuz und Leidensnachfolge

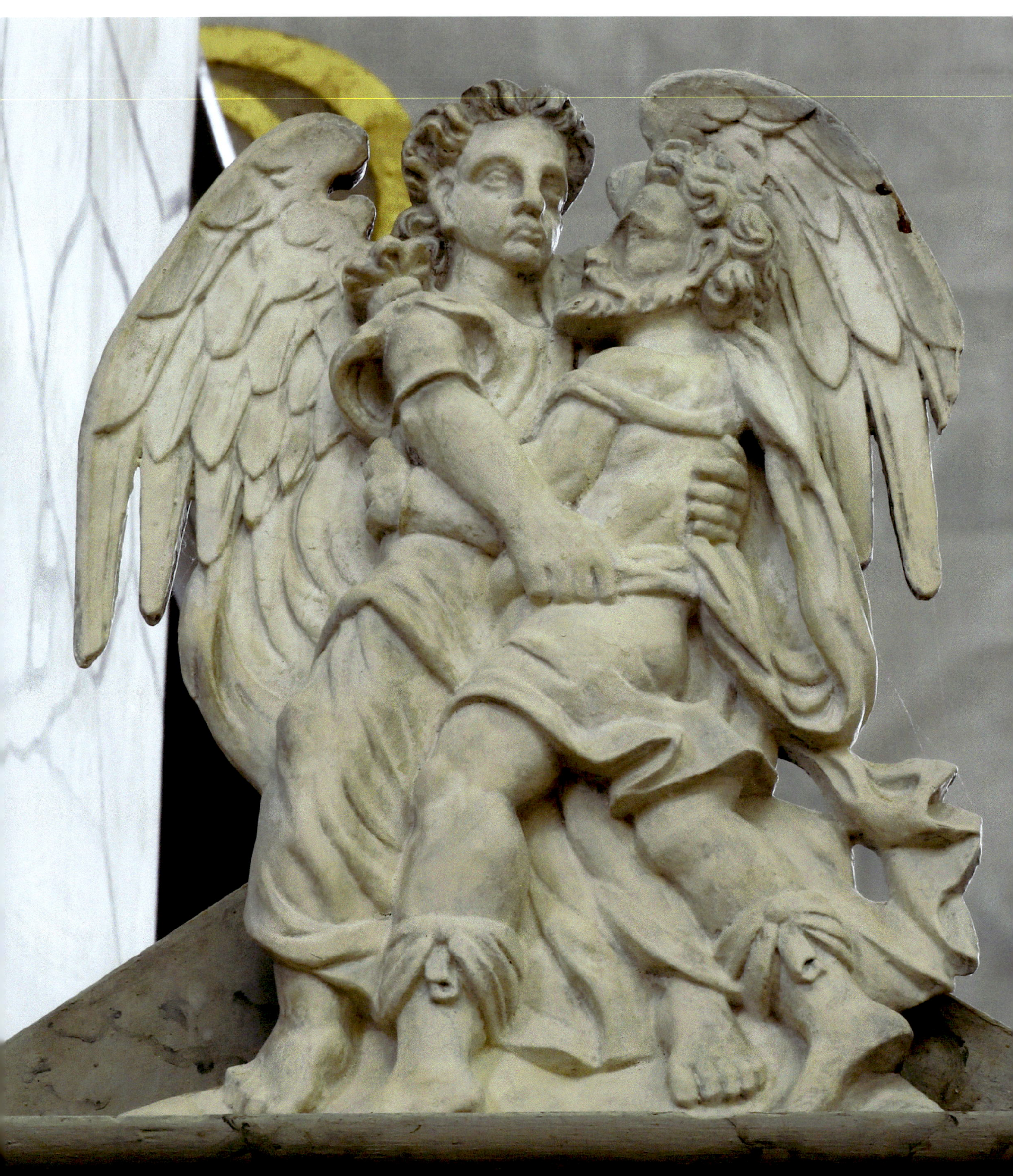

16 Kanzelportal: Jakobs Kampf mit dem Engel am Jabbok.

gespiegelt, sondern die Predigt des mosaischen Gesetzes. Indem Luther die in Lukas 10,34 genannten Etappen der Behandlung mit Hilfe von Öl und Wein umkehrt, sagt er: »Er wäscht unsere Wunden aus mit Wein und gießt das selige Öl seiner Gnaden drein und nimmt unsere Sünde, die trägt er an seinem Leib«.[39] Ähnlich liest man in Johann Spangenbergs (1484–1550)[40] äußerst verbreiteter *Postilla*:

> Aber der fromme Samariter Jesus Christus, der Sohn Gottes, [...] der erbarmet sich unser armen, elenden, verlassenen Menschen, gießt Wein und Öl in unsere Wunden, läßt uns das Gesetz und Evangelium predigen. Mit dem Gesetz schrecket er uns, daß es schmerzet, mit dem Evangelium tröstet er uns wieder.[41]

Die rechte Differenzierung und Verkündigung von Gesetz und Evangelium im Sinne der Verabreichung von Wein und Öl ist letztlich auch die Aufgabe eines jeden Predigers. Dies hebt beispielsweise der Superintendent Friedrich Roth (gest. 1598) in seiner anläßlich der Einweihung der Kanzel in der Barfüßerkirche zu Arnstadt – auch an ihr befand und befindet sich eine Darstellung des Barmherzigen Samariters – gehaltenen Predigt hervor. Roth führt aus, daß die Prediger

> als rechte verständige geistliche Ärzte heilen sollen und anfangen die Wunden zu beizen mit dem Weine des Gesetzes (wie der Herr Christus gleichnisweise vom Samariter und Verwundeten redet) und denn, wenn der Schade gesäubert und gereiniget ist und die Sünde erkannt und um Vergebung durch Christus gebeten wird, daß sie den köstlichen und lieblichen heilsamen Balsam des Evangeliums auch drein tröpfeln und die Wunden damit heilen.[42]

Insofern die reformatorische Auslegungstradition zu Lukas 10 auch die Thematik von Gesetz und Evangelium zentral stellt, wird – von diesem historischen Kontext her betrachtet – im Bildprogramm des Kanzelportals die Erzählung vom Barmherzigen Samariter mit dem Gesetz- und Gnade-Bild kunstvoll verknüpft.

Nach der ersten Versorgung der Wunden verbringt der im Samariter in Erscheinung tretende Christus den vom Tode erretteten Menschen in ein Spital und verheißt wiederzukommen (Lukas 10,34). Der von Christus als Arzt behandelte und gerechtfertigte Mensch ist demnach – wie Luther hervorhebt – Sünder und Gerechter, Geheilter und Kranker zugleich, und er befindet sich im Status der Rekonvaleszenz: Seine Wunden sind verbunden, aber noch nicht ausgeheilt. »Stets bleiben die Wunden offen und sind gleichwohl verbunden, bis er [Christus] zurückkehre und hole uns heim am Tag des Jüngsten Gerichts«,[43] so Luther. Bis zum Jüngsten Tag steht der Glaubende demnach in einem Prozeß medizinischer Rehabilitation, die erst im himmlischen Jerusalem zum Abschluß kommen wird, wo kein Leid, Geschrei noch Schmerz mehr sein werden (Offenbarung 21,4) und das Holz des Lebens als Apotheke des Leibes wie der Seele für ewige Gesundheit sorgen wird (Offenbarung 22,2).

Jakob und der Engel

Bekrönt wird das Kanzelportal von einer Darstellung des Erzvaters Jakob (Abb. 16), der am Fluß Jabbok mit dem Engel ringt (1. Mose 32,22–33). Als Vorlage könnte der in der Cranach-Werkstatt gefertigte Holzschnitt in der Luther-Bibel von 1545 (Abb. 17) gedient haben. Auf diese Weise wird eine alttestamentliche Exempelgeschichte vor Augen gestellt, die von der Macht des Glaubens handelt, der Gott den Segen abringt und dem Jesus bescheinigt, er habe die Kraft, Berge zu versetzen (Markus 11,23). In der zeitgenössischen Auslegungspraxis

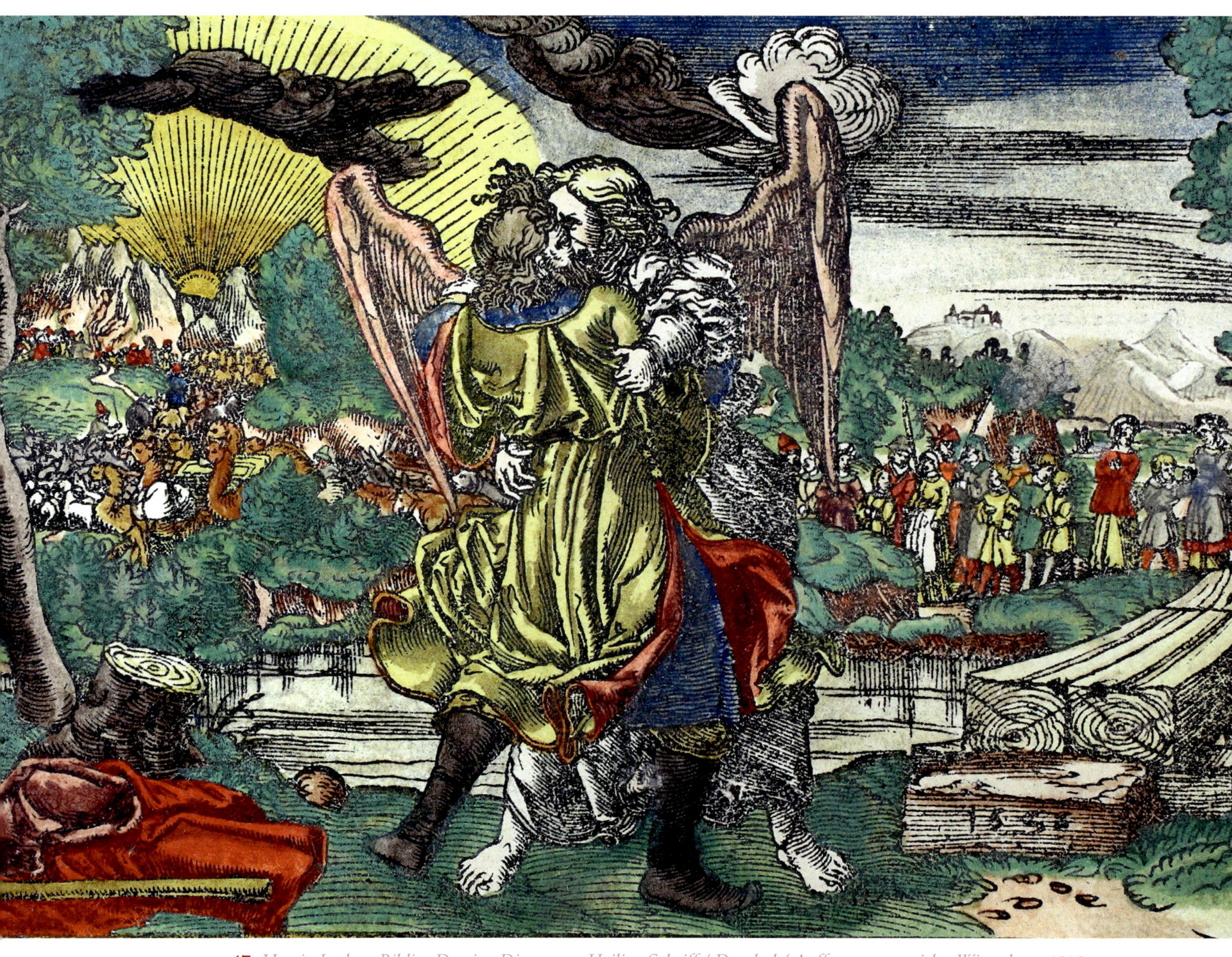

17 Martin Luther: Biblia: Das ist: Die gantze Heilige Schrifft/ Deudsch/ Auffs new zugericht. Wittenberg 1545 (UB Rostock Fb-78): Jakobs Kampf mit dem Engel am Jabbok, kolorierter Holzschnitt des Monogrammisten MS (Cranach-Werkstatt) (auf dem Holzblock die Jahreszahl 1532).

von 1. Mose 32 wird Jakob als Vorbild aller Glaubenden gedeutet: So wie Jakob mit Gott rang und ihm schließlich mit den Worten »Ich lasse dich nicht, du segnest mich denn« (1. Mose 32,27) den Segen abnötigte und daher von diesem in ›Israel‹ (Herr Gottes) umbenannt wurde, habe auch ein jeglicher Christenmensch im Gebet mit Gott zu kämpfen, der sich durch wahren Glauben bezwingen lasse und seine Verheißungen erfülle.[44] Luther äußert sich in seiner Auslegung des Lobgesangs der Maria – des Magnifikat (Lukas 1,42–55) – über den Namen ›Israel‹, der einem jeden recht Glaubenden gebühre, folgendermaßen:

> Dazu stimmet das Wörtlein Israel, das heißt ›ein Herr Gottes‹, das ist gar ein hoher heiliger Name

> und begreift in sich das groß' Wunder, daß ein Mensch durch die göttlich' Gnade gleich Gottes mächtig wird, also daß Gott tut, was der Mensch will, wie wir sehen, daß durch Christus die Christenheit mit Gott also vereiniget ist, wie eine Braut mit ihrem Bräutigam, daß die Braut Recht und Macht hat zu des Bräutigams Leib und alles, was er hat, welches geschieht alles durch den Glauben: Da tut der Mensch, was Gott will, und wiederum Gott, was der Mensch will, also daß Israel ein gottförmiger und gottmächtiger Mensch ist, der in Gott, mit Gott und durch Gott ein Herr ist, alle Ding' zu tun und [zu] vermögen.[45]

Vergleichbar legt beispielsweise der Geraer Superintendent Martin Faber (1526–1580)[46] diesen Text in seiner 1571 gedruckten Predigt über 1. Mose 32 aus, indem er seine Deutung dem göttlichen Kontrahenten Jakobs als direkte Rede in den Mund legt:

> Bisher hast du Jakob geheißen. [...] Du sollst Israel heißen, das ist ein Kämpfer oder Fürst Gottes, denn dein Glaube ist groß gewesen. Du hast mich ausgehärtet und mich wahren Gott und Mensch gleich überwunden und durch so starken Glauben gezwungen, daß ich's machen muß wie du willst und halten alles, was ich dir verheißen habe.[47]

In seinen Predigten über das erste Buch Mose (1527) schenkt Luther der Erzählung von Jakobs Kampf am Jabbok sehr starke Aufmerksamkeit und schildert, wie der Erzvater den allmächtigen Gott im Glauben bezwang und von diesem den neuen Namen ›Israel‹ erhielt, der »Gottes Kämpfer«[48] bedeute. In diesem Zusammenhang kommt Luther auch auf einen Aspekt zu sprechen, der im Hinblick auf die Kombination der Bildmotive am Kanzelportal aufschlußreich ist. Denn Luther zufolge ist der mit Gott ringende Jakob ein Exempel für die Tatsache, daß Gott dem Menschen mit zweierlei Wort – mit dem drohenden Gesetz und dem tröstenden Evangelium – begegnet. Außerdem zeige diese Episode, daß immer dann, wenn Gott den Menschen in Versuchung führt und den Glaubenden durch das Gesetz zu Fall zu bringen droht, dieser im existentiellen Streit mit Gott steht, am Evangelium festhalten muß und mit Gottes Wort gegen Gottes Wort renitent Widerstand zu leisten hat:[49]

> Du hast mit Gott gekämpft und bist obgelegen [= hast gesiegt]. Es gehet aber also zu, wie ich sonst gesagt habe: Gott hat der Welt zweierlei Wort gegeben, das Gesetz, das da zürnet und würget, und das Evangelium, damit er tröstet und lebendig machet. Wenn nun das Wort fället, dadurch er uns Gnade zusaget, soll man nimmermehr davon lassen [...]. Ob auch danach eitel Ungnade, Hölle und Sünde daher fallen, so laß dir's in keinem Weg [= keineswegs] nehmen und sprich nur frei: Nach [= gemäß] dem Evangelium kommt kein Zorn, denn so bald das angegangen ist [= angefangen hat], hat sich Gott recht zu erkennen gegeben, denn er ist von Natur eitel [= reine] Güte, darum mußt du ohn' Unterlaß daran [fest]halten. Fället aber ein anderes Wort darauf, so denke, es müsse entweder falsch sein oder Gott wolle dich versuchen. So tut nun Gott, wenn er will die Seinen völlig stark machen, legt [er] sich wider das gütige, tröstliche Wort und will sehen, wie feste sie daran hängen [...].[50]

Außer Frage steht mithin: Die Darstellungen des Kampfes Jakobs mit dem Engel, des Barmherzigen Samariters und das Gesetz- und Gnade-Bild am Kanzelportal weisen, wenn man diese in ihren auslegungsgeschichtlichen Kontexten betrachtet, vermittels der Gesetz- und Evangeliumsthematik engste Verknüpfungen miteinander auf und beleuchten diesen fundamentalen Sachzusammenhang protestantischer Theologie facettenreich in sowohl alt- als auch neutestamentlicher Perspektive.

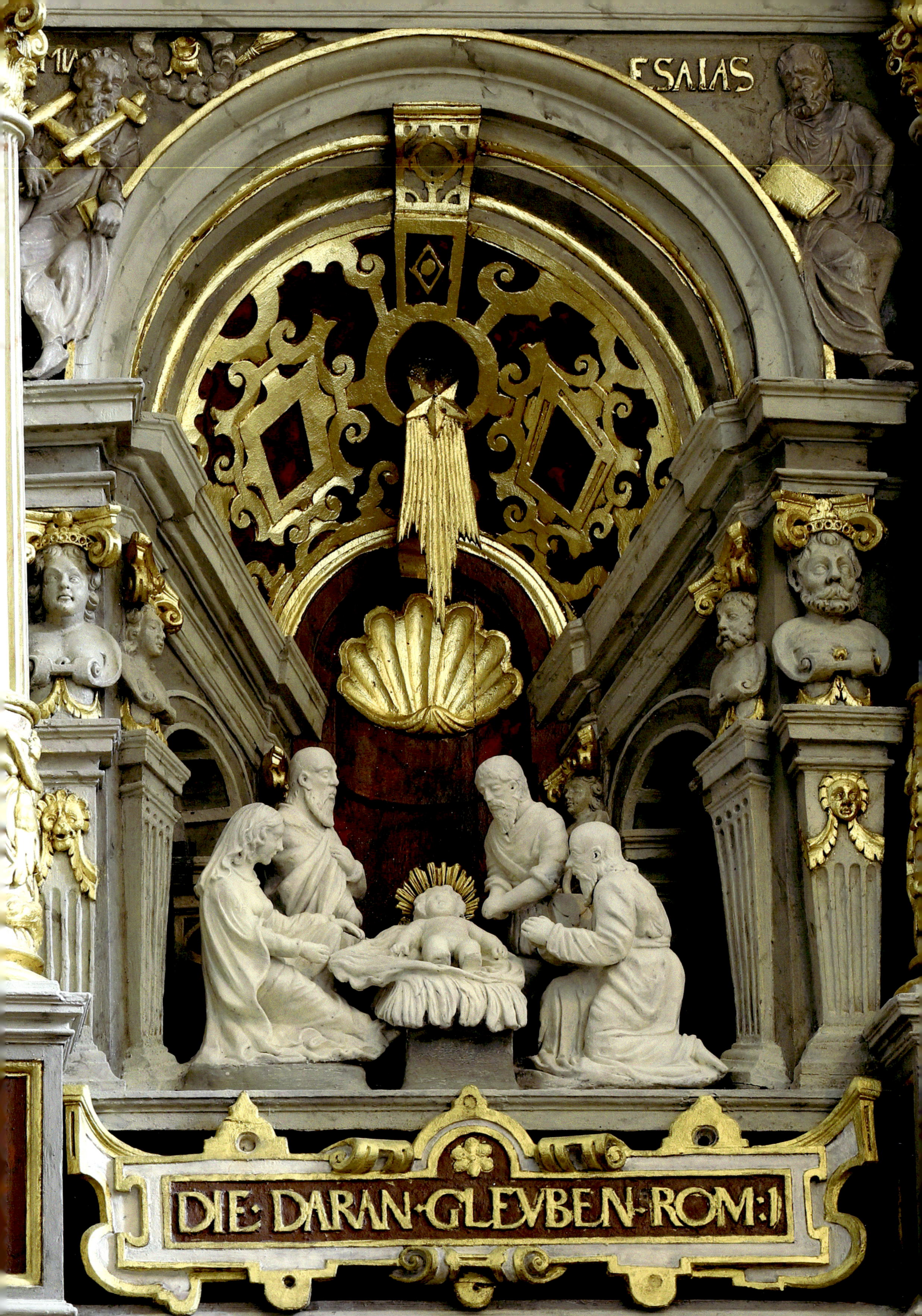
ESAIAS
DIE·DARAN·GLEVBEN·ROM:1

Kanzelkorb und Kanzelaufgang

Bildprogramm

Die am Kanzelkorb dargebotenen Szenen entstammen sämtlich den neutestamentlichen Evangelien und sind entgegen der Leserichtung, welche die Inschriften vorgeben, chronologisch von rechts nach links angeordnet.

Zu sehen ist zunächst 1. die Anbetung des neugeborenen Christus durch die Hirten im Stall zu Bethlehem (Abb. 18), die bereits im Gesetz- und Gnade-Relief als Empfänger der Weihnachtsbotschaft des Engels sichtbar waren. Über der Szenerie sind in den beiden Bogenzwickeln die Propheten Jesaja (mit goldenem Buch, rechts [Abb. 19]) und Jeremia (links) mit ihren Namenszügen untergebracht. Jeremia ist auch anhand des Joches erkennbar (Abb. 20), das er sich um seinen Hals legte (Jeremia 27,2), um vermittels dieser Zeichenhandlung das Königreich Juda und andere Völker dazu aufzufordern, sich unter das Joch der Hegemonialmacht Babylon und des Königs Nebukadnezar zu begeben. Rechts neben dem Kopf des Propheten werden die beiden Visionen verbildlicht, die Jeremia unmittelbar nach seiner Berufung zuteil wurden, wobei der Stab für die von Gott zugesagte Wachsamkeit und der siedende Topf für das von Gott verhängte Unheil (Eroberung Jerusalems durch die Babylonier) stehen. »Jeremia, was siehest du? Ich sprach: Ich sehe einen wackeren Stab. [...] Und es geschah des Herrn Wort zum anderenmal zu mir und sprach: Was siehest du? Ich sprach: Ich sehe einen heiß siedenden Topf von Mitternacht her« (Jeremia 1,11.13).

Insbesondere in seinen Weihnachtspredigten ist es Luther darum zu tun, die tiefe Erniedrigung

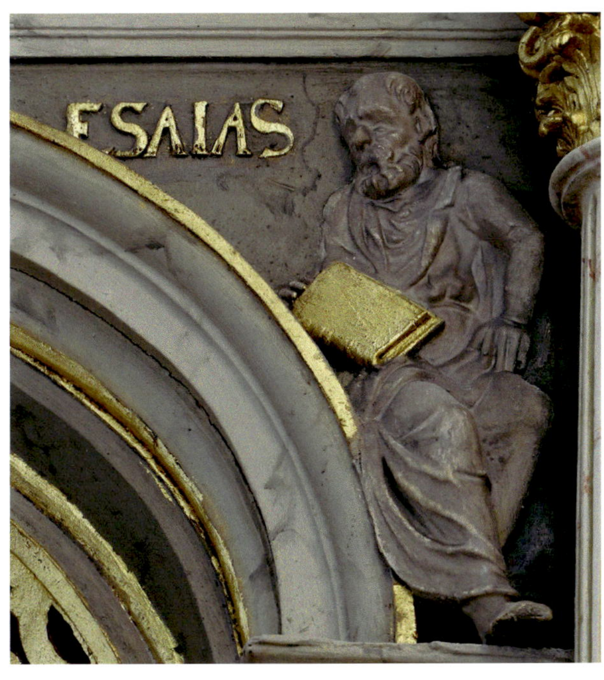

19 Kanzelkorb: Jesaja.

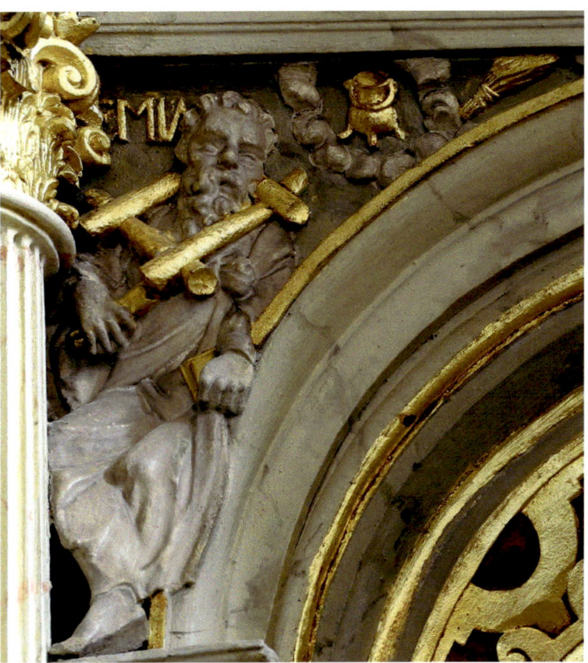

20 Kanzelkorb: Jeremia.

◁ *18 Kanzelkorb: Anbetung des neugeborenen Christus durch die Hirten.*

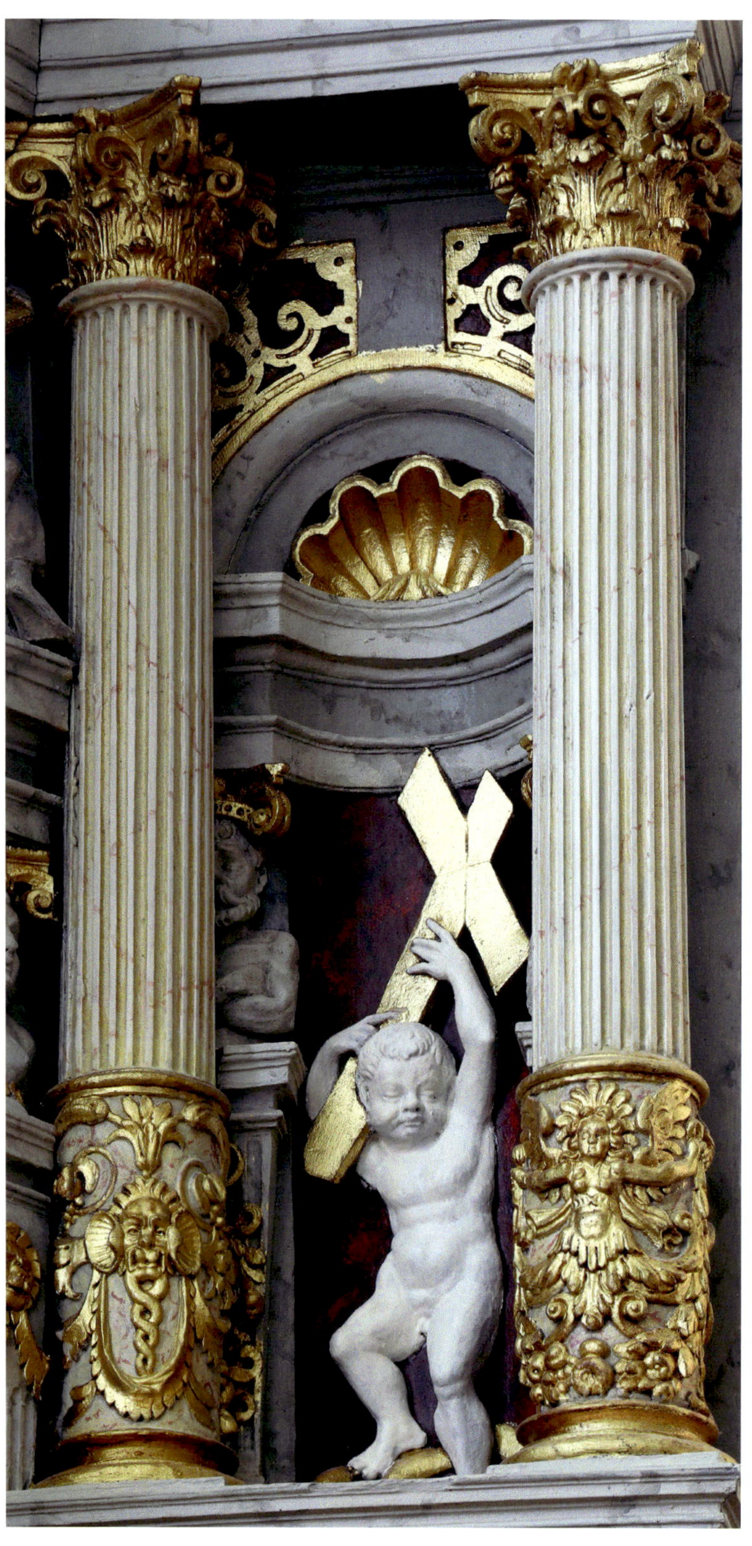

Gottes in Christus in der Szenerie des armseligen Viehstalls in Bethlehem greifbar werden zu lassen, mit der die Passionsgeschichte des Gottessohnes bereits beginnt. Nicht in einem Palast, so Luther, ist Christus zur Welt gekommen, sondern in einer »schändlichen Herberge«[51]; nicht im Kontext weltlicher Pracht, sondern »bei einem verschmähten Völklein, [bei] Maria und Joseph und Hirten, Eselein und Öchslein, da will Christus gefunden sein, wo man es am wenigsten vermutet«.[52] Genau diese Szene ist am Kanzelkorb festgehalten (Abb. 18), und doch ist sie umgeben von architektonischer Pracht und goldenem Glanz, der vom am Himmel stehenden Stern ausgeht. Dies deckt sich durchaus mit Luthers Sicht der Dinge, der – paradoxerweise – in dem verächtlichen Stall die Überbietung der landläufigen Kriterien von Herrlichkeit erblickt, weil an diesem Ort Gott selbst menschliche Natur annahm: »Das mag ein herrlicher Stall sein denn kein Königs Saal und ein köstlicher Esel. O, daß ich auch möcht' in dem Stall sein, wo mein Herr zur Herberg ist gelegen. Das mögen edle Tiere sein, welche einen solchen Gast gehabt haben«.[53]

Es folgt in der nächsten (schmaleren) Nische des Kanzelkorbs 2. eine Darstellung des Jesuskindes mit einem Kreuz (Abb. 21). Hier wird nochmals sichtbar, daß das Leiden Jesu Christi nicht erst mit der Passionsgeschichte im engeren Sinne seinen Anfang nahm, sondern von seiner Geburt an dessen irdische Existenz bestimmte. Es ist dies ein bereits im antiken und mittelalterlichen Christentum verbreiteter Aspekt, der in Luthers Deutung freilich eine starke Zuspitzung erfuhr.[54]

Fortgesetzt wird die Bildserie 3. mit der Darbietung der Taufe Jesu durch Johannes den Täufer am Jordan (Abb. 22). Hinter dem Täufer, der mit einer Siegesfahne ausgestattet ist, steht eine Engelsgestalt, welche ein Tuch bereithält, während sich über dieser Gruppe der Himmel öffnet und den Blick auf eine Glориole freigibt, in welcher der Gottesname (Tetragramm) erscheint. Die vermutlich ursprüng-

21 *Kanzelkorb: Kreuztragender Jesusknabe.*

22 *Kanzelkorb: Taufe Jesu.* ▷

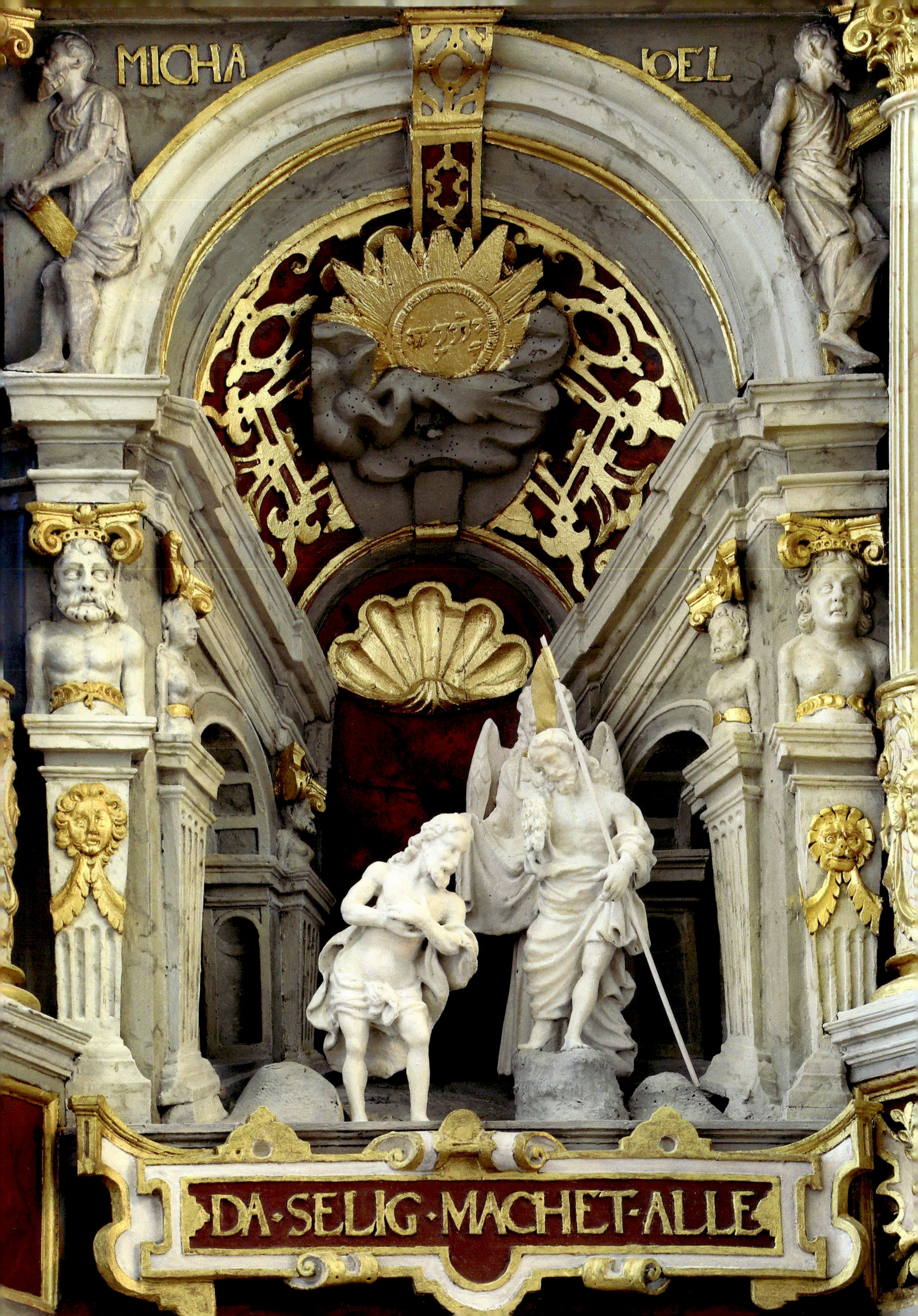
MICHA
IOEL
DA·SELIG·MACHET·ALLE

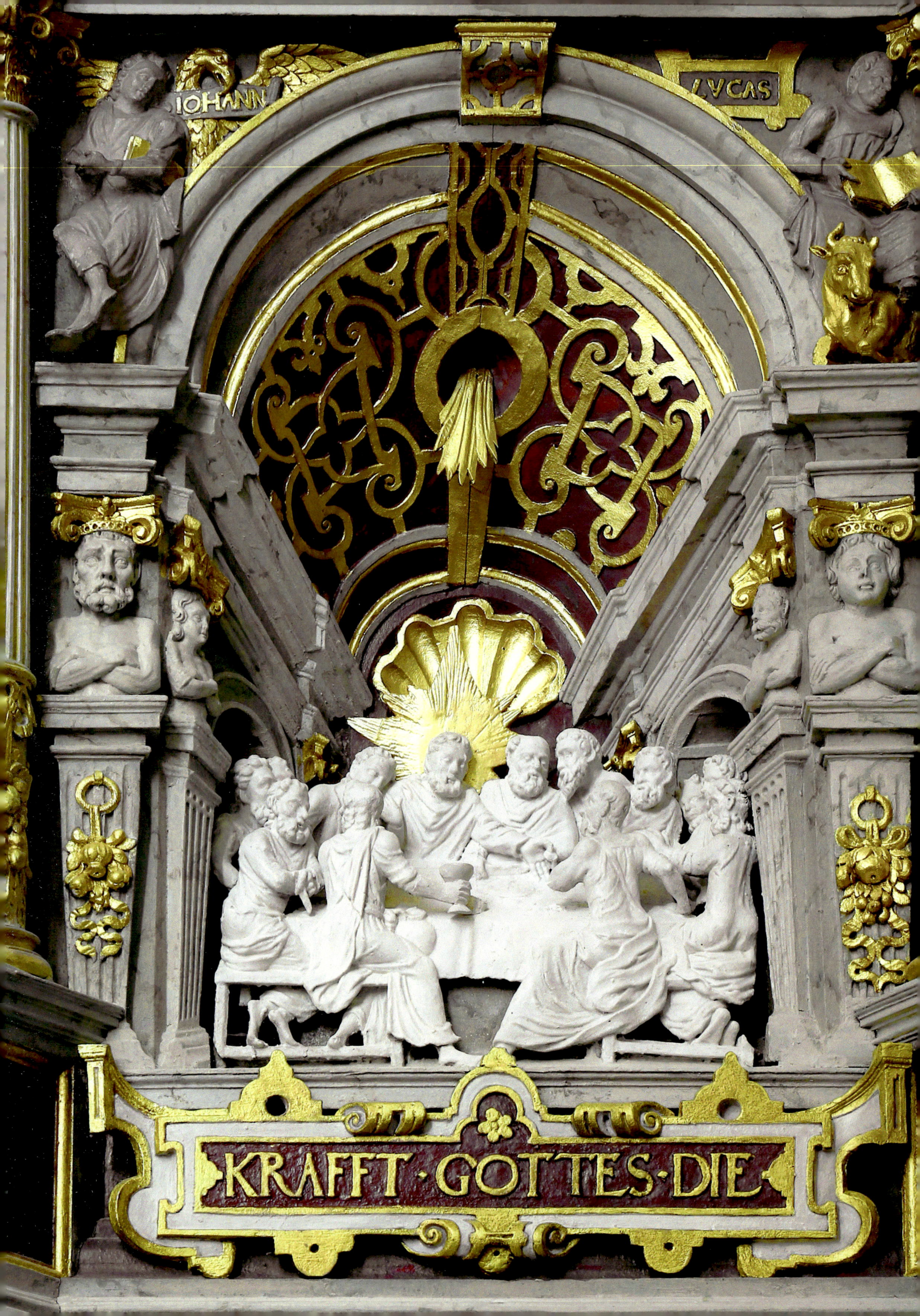
IOHANN
LVCAS
KRAFFT·GOTTES·DIE

lich im Gewölk angebrachte Taube des Heiligen Geistes scheint verlorengegangen zu sein. In den Zwickeln erblickt man die kleinen Propheten Joel (rechts) und Micha (links), die einander die Rücken zuwenden. Jesu Taufe steht nicht nur chronologisch korrekt neben der Abendmahlsszene, sondern auch sachlich ist diese Anordnung geboten, da es nach reformatorischer Auffassung nur diese beiden Sakramente gibt (und nicht sieben wie nach römisch-katholischer Sicht). Nicht nur in der bildlichen Schilderung des Abendmahls geht es übrigens um die Einsetzung des besagten Sakraments; vielmehr gilt ähnliches von Jesu Taufe. Denn Luther zufolge konstituierte der Sohn Gottes dieses Sakrament (aktiv), indem er (passiv) die Taufe des Johannes empfing, weswegen sich die Stiftung der Taufe nicht erst mit der Erteilung des sogenannten Taufbefehls (Matthäus 28,18–20) ereignete. Darum heißt es in der ersten Strophe von Luthers Tauflied:

> Christ, unser Herr, zum Jordan kam
> nach seines Vaters Willen,
> von Sankt Johann die Taufe nahm,
> sein Werk und Amt zu erfüllen.
> Da wollt er stiften uns ein Bad,
> zu waschen uns von Sünden,
> ersäufen auch den bittern Tod
> durch sein selbst Blut und Wunden.
> Es galt ein neues Leben.[55]

Die Betrachter der Kanzel, welche die Taufe Jesu vor Augen haben, werden so freilich nicht nur auf die Stiftung dieses neues Leben und Sündenvergebung bewirkenden Sakraments verwiesen, sondern auch dazu angehalten, sich ihrer eigenen Taufe zu erinnern. Dies fügt sich in die genuin Luthersche Tauftheologie, der zufolge die Wirkung der Taufe zu ihrem Ziel kommt, wo sie vom Christen lebenslang in der täglichen »Rückkehr zur Taufe« (»reditus ad Baptismum«[56]) geübt wird, bis Tod und leibliche Auferstehung sie vollenden.

Überdies eignet sich die Taufe Jesu auch insofern bestens als Stoff einer bildlichen Darstellung, da die betreffenden Erzählungen der Evangelien Luther zufolge den Willen des dreieinigen Gottes zur Bild- und Sichtbarwerdung in dreierlei Gestalt offenlegen:

> Denn hier sehen wir klar und deutlich [...], wie alle drei Personen [der Trinität] unterschiedlich sich offenbaren, eine jegliche in einer sonderlichen Gestalt oder Bild, denn des Heiligen Geists, welcher in einer Taubengestalt erscheinet, ist ja ein unterschiedliche Person und Gestalt von der Gestalt, Figur und Bild Gottes und Marien Sohn, unsers Herrn Jesu Christi, der im Wasser bei Johannes im Jordan stehet und sich taufen lässet. So erzeiget sich der Vater vom Himmel herab auch in einer andern sonderlichen Gestalt und bildet sich in eine Stimme, läßt sich hören und sagt: ›Dies ist mein lieber Sohn‹ etc. Da sind je klar und deutlich drei unterschiedliche Personen angezeigt göttlicher Allmächtigkeit, und ist doch nicht mehr denn allein ein einiger, ewiger Gott in dreien Personen, wie er sich da geoffenbart, abgemalet und gebildet hat [...].[57]

Sodann wird dem Betrachter 4. das letzte Abendmahl vor Augen gestellt, das Jesus mit seinen zwölf Jüngern am Gründonnerstag, mithin einen Tag vor der Kreuzigung, feierte (Abb. 23). In den Bogenzwickeln sitzen zwei Evangelisten: Rechts Lukas mit dem Stier und links Johannes mit dem Adler.

5. Die Golgathaszene (Abb. 24) begleiten die Evangelisten Matthäus mit dem Engel und Markus mit dem Löwen.

Hinsichtlich der Darstellung der Evangelisten folgt die Rostocker Kanzel einer Gepflogenheit, die bis in das antike Christentum zurückreicht. Denn die Parallelisierung der Vierzahl der Tiere aus der Offenbarung des Johannes 4,7 mit den vier

◁ **23** *Kanzelkorb: Letztes Abendmahl Jesu mit seinen Jüngern.*

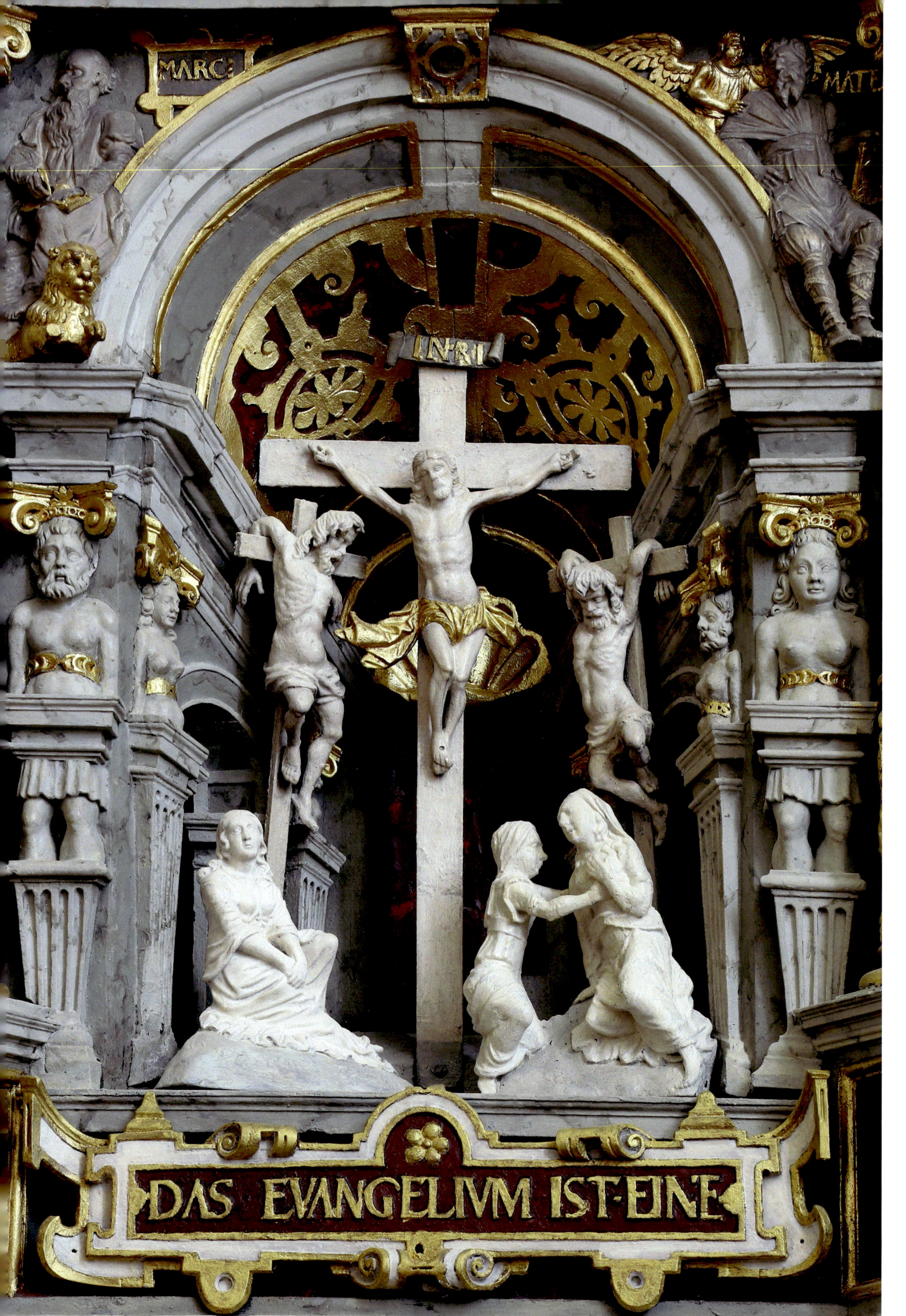
MARC
INRI
DAS EVANGELIVM IST EINE

Evangelisten findet sich schon bei dem Kirchenvater Irenäus von Lyon (gest. ca. 200) – in dessen drittem Buch gegen die Häresien (Kapitel 11,8).[58] Hieronymus (ca. 347–419) war es, der in der Vorrede zu seinem Matthäus-Kommentar für die Zuordnung der Symbole zu den einzelnen Evangelisten sorgte.[59]

Den Abschluß der Sujets am Kanzelkorb bildet 6. der auferstandene Christus, der mit Kreuzfahne und Kreuzstab ausgestattet den als Knochengerippe ins Bild gesetzten Tod überwindet (Abb. 25); der unten rechts untergebrachte Satan blickt auf diese Szene empor. Hiermit wird ein Motiv wiederaufgegriffen und verstärkt, das als Bilddetail bereits im Gesetz- und Gnade-Relief zu sehen war. Und mehr noch: Vergleicht man den Kupferstich von Groenning und Nagel (Abb. 9), der als Vorbild für das Gesetz- und Gnade-Relief gedient hat, mit der Darlegung des Auferstandenen mit Kreuzstab am Kanzelkorb, so erkennt man zweifelsfrei, daß auch diesbezüglich die entsprechende Zone des Stichs (Abb. 26) als Vorlage genutzt wurde. Dies läßt sich bis in die Bilddetails hinein verfolgen; selbst der zerbrochene Pfeil (vgl. Epheser 6,16) in der ausgestreckten Hand des Todes verbindet Stich, Gesetz- und Gnade-Relief sowie die in Rede stehende Szene am Kanzelkorb. Sichtbar wird hier erneut, daß Christi Tod auf Golgatha und seine Auferstehung dem durch die Sünde in die Welt gekommenen Tod den Tod brachte (Hosea 13,14), was im Kupferstich in Form einer Inschrift festgehalten wird (»O mors ero tua mors, et morsus tuus inferne, Oze. 13«). Die üblicherweise auf Christus bezogene Weissagung in Hosea 13,14 (»Tod, ich will dir ein Gift sein, Hölle, ich will dir eine Pestilenz sein«), brachte der Rostocker Theologe Johann Tarnow (1586–1629) auf die prägnante Formel »Christi mors morti mors«[60] (Christi Tod ist dem Tod ein Tod). Luther zufolge ist aufgrund von Hosea 13,14 gewiß, daß der Sohn Gottes

> selbst will dem Tod ein Gift und der Hölle Pestilenz sein, die alle sein Gift, damit er die Leute gewürgt und verderbt hat, soll verzehren. Denn dieses Gift ist nichts anderes, weder [= als] der Fluch, der über alle Welt gegangen ist durch den Teufel in uns geblasen und geschlagen, daß wir alle daran sterben müssen. Das ist das Trünklein, das er Adam geschenkt hat und wir alle mitgetrunken haben, da wir geboren sind und durch den Leib und alle Glieder gegangen ist, und erzeigt sich auch auswendig mit allerlei Plage und Unglück. Aber dagegen zeigt uns die Schrift eine heilsame Arznei [...], von Gott gegeben in dem Wort, dadurch er gewißlich verheißet, daß er den Tod will wieder töten und dem Teufel auch ein Trünklein geben, daran er sich ewig zu Tod saufe und sein Gift, Fluch, Sünde, Hölle und Tod, so er an die Natur gehängt hat, selbst fressen soll, wir aber ewig davon erlöset sollen werden, dadurch daß wir an den Samen [= Christus; 1. Mose 3,15] glauben und hangen.[61]

Die einander benachbarten Schilderungen der Kreuzigung und der Auferstehung des den Tod besiegenden Christus sind demnach einerseits als Repräsentation des chronologischen Nacheinanders von Karfreitag und Ostern zu entziffern, deuten aber andererseits auf die Gleichursprünglichkeit beider Ereignisse hin. Denn Luther zufolge greift eine allein oder hauptsächlich von Mitleiden mit dem Gekreuzigten bestimmte Betrachtung des auf Golgatha Geschehenen entschieden zu kurz. Vielmehr müsse es das Ziel sein, zu erkennen, daß Christus am Kreuz die Sünde aller Menschen – auch diejenige des ihn aktuell im Medium eines Bildes Betrachtenden – getragen hat und noch trägt, er mithin einzig und allein »der Gnaden Bild«[62] ist. Erst so wird es Luther zufolge möglich, in Christi Tod paradoxerweise die Ermöglichung des ewigen Lebens, in der Gesamtheit der Sünden, die er trug, die Gerechtigkeit und in der von ihm erlittenen hölli-

◁ **24** *Kanzelkorb: Golgatha.*

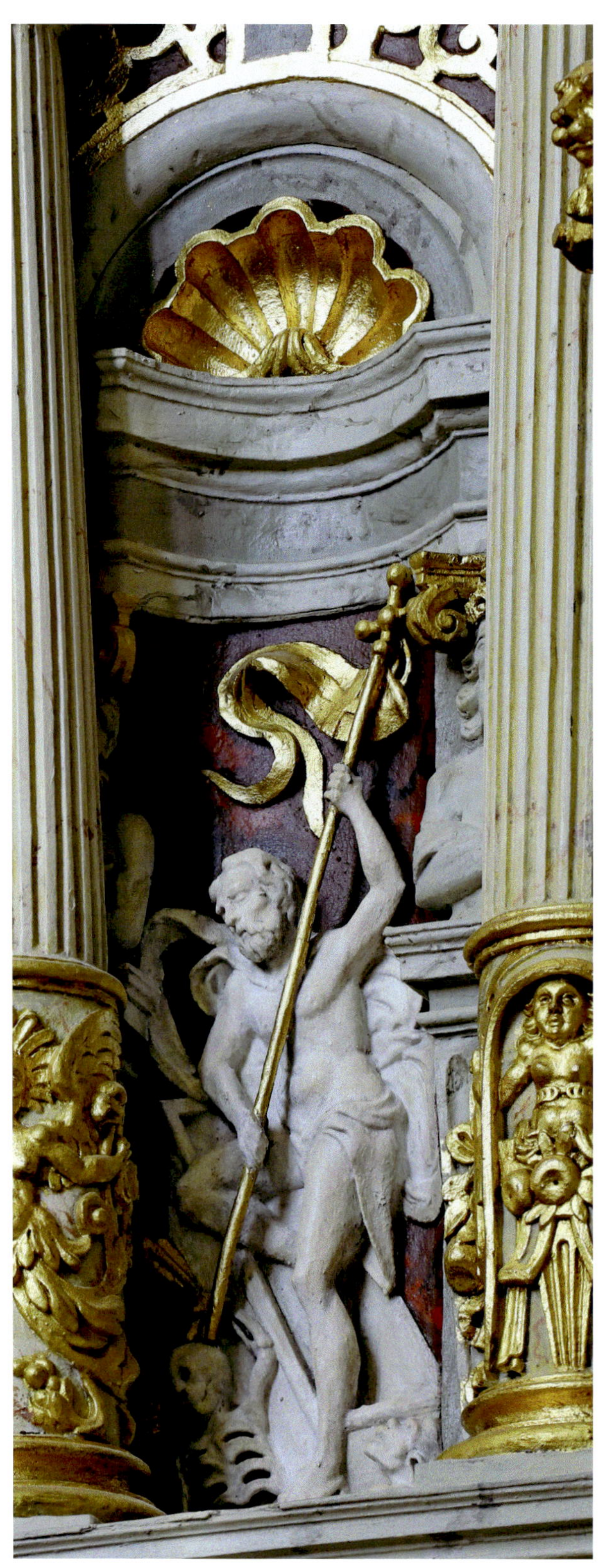

25 *Kanzelkorb: Auferstandener Christus überwindet den Tod.*

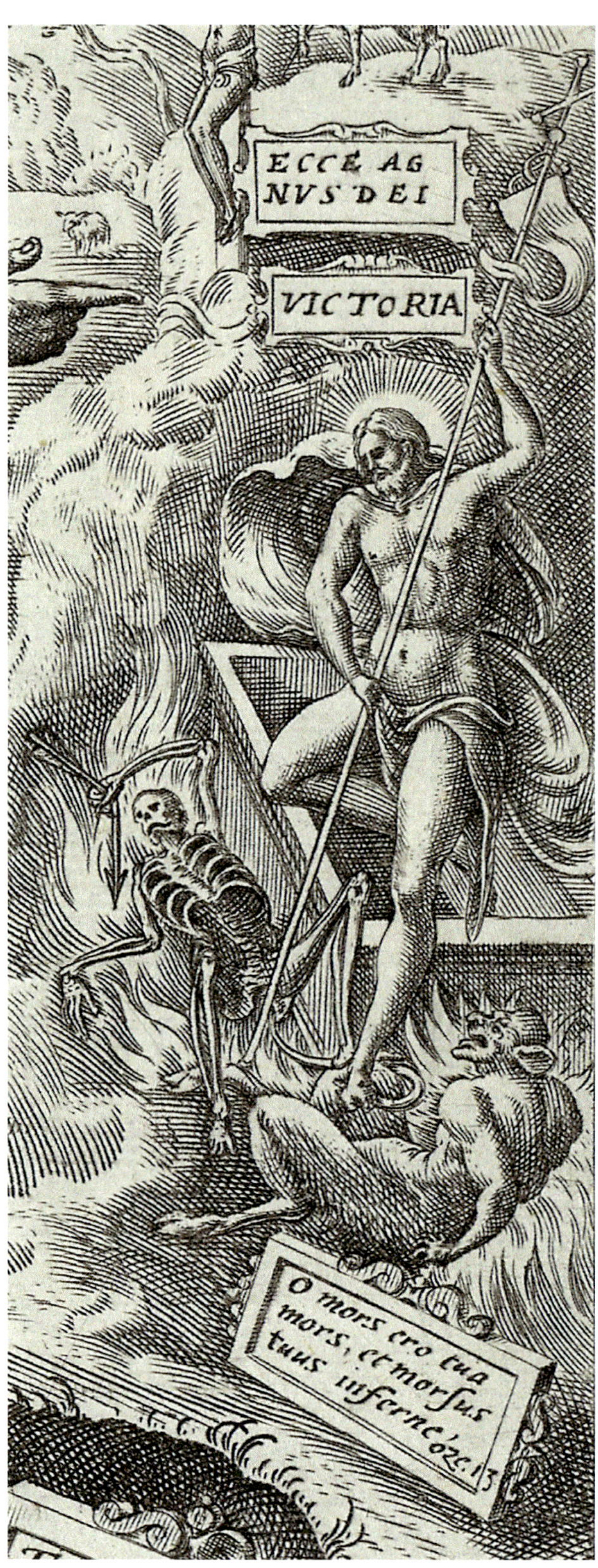

26 *Kupferstichblatt, entworfen von Gerard Groenning, gestochen von Pieter Nagel, ca. 1567 (British Museum London 1868,0612.472), Detail.*

schen Anfechtung den Himmel zu erblicken. Genau um diese »Kunst«, zu der nur der Glaube fähig ist, geht es, wenn Luther seinen Leser im *Sermon von der Bereitung zum Sterben* (1519) folgende Instruktion gibt, wie die Golgathaszene recht zu meditieren sei: »Du mußt den Tod in dem Leben, die Sünde in der Gnaden, die Hölle im Himmel ansehen«.[63]

Das Bildprogramm findet seine Fortsetzung an der Brüstung des Kanzelaufgangs, an der 7. die Ausgießung des Heiligen Geistes an Pfingsten und schließlich 8. die Verklärung des Sohnes Gottes auf dem Berg dargestellt sind. Diese letzte Szene scheint auf den ersten Blick die chronologische Anordnung der Sujets zu durchbrechen, da sie dem Erzählduktus der drei ersten Evangelien gemäß zwischen der Taufe Jesu und dem Letzten Abendmahl stehen müßte. Da jedoch die Verklärung Jesu in der zeitgenössischen (wie bereits in der älteren) Auslegungspraxis als Vorwegnahme der Wiederkunft des Sohnes Gottes in Herrlichkeit (*reditus* bzw. *adventus in gloria*) am Jüngsten Tag verstanden wurde, ist die Anordnung der Bildmotive als stringent anzusehen.

Inschriften

Am oberen Rand der Brüstung des Aufgangs zur Kanzel ist eine Inschrift untergebracht, die den leicht gekürzten Luther-Wortlaut von Lukas 24,46 f. wiedergibt: »ALSO MVSTE CHRISTVS LEIDEN VND AVFERSTEHEN VON DEN TODTEN VND PREDIGEN LASSEN IN SEINEM NAMEN BVSSE VND VERGEBVNG DER SVNDE VNTER ALLEN VOLCKERN LVCAE 24«. Es handelt sich um diejenigen Worte, mit denen der vom Tod auferstandene Christus seinen Jüngern den Sinn und die Notwendigkeit seines Leidens, Sterbens und seiner Auferstehung vor dem Hintergrund der im Gesetz des Mose, in den Büchern der Propheten und den Psalmen zu lesenden Weissagungen zusammenfassend erläuterte. In der Luther-Bibel (1545) ist diese Passage typographisch als sogenannte Kernstelle hervorgehoben. Daß der Auferstandene seinen Jüngern das rechte Verständnis der heiligen Schriften des Alten Bundes eröffnete, wird im letzten Kapitel des Lukas-Evangeliums zweimal berichtet. Denn zunächst nahm der auferstandene Christus eine Deutung der heiligen Texte des Alten Bundes vor, während er mit den beiden (ungenannten) Jüngern, die ihn noch nicht erkannt hatten, auf dem Weg nach Emmaus war (Lukas 24,25–27). Dies wiederholte sich, als der Auferstandene die elf Jünger aufsuchte, die ihn zunächst für einen Geist hielten, ihn sodann aber an seinen Wundmalen erkannten (Lukas 24,37–39). Lukas berichtet, daß Jesus, nachdem er sich mit Fisch und Honigseim gestärkt hatte, folgende Ansprache – und aus ihr stammt die Inschrift an der Kanzel – an die Jünger gerichtet habe:

> Das sind die Reden, die ich zu euch sagte, da ich noch bei euch war; denn es muß alles erfüllet werden, was von mir geschrieben ist im Gesetz des Mose, in den Propheten und in Psalmen. Da öffnete er ihnen das Verständnis, daß sie die Schrift verstanden, und sprach zu ihnen: Also ists geschrieben, und also mußte Christus leiden und auferstehen von den Toten am dritten Tage und predigen lassen in seinem Namen Buße und Vergebung der Sünden unter allen Völkern und anheben zu Jerusalem. Ihr aber seid des alles Zeugen. Und siehe, ich will auf euch senden die Verheißung meines Vaters. Ihr aber sollt in der Stadt Jerusalem bleiben, bis daß ihr angetan werdet mit Kraft aus der Höhe (Lukas 24,44–49).

In der zeitgenössischen Bibelauslegung werden ausgehend von Lukas 24 bibelhermeneutische Fragestellungen aufgeworfen, das heißt solche, die mit der Kunst der Auslegung der Heiligen Schrift zusammenhängen. Die sich aufdrängende Frage, weswegen der Evangelist (bzw. der Heilige Geist) die von Christus vorgetragene Deutung der Textstellen des Alten Testaments, die sein Leiden und Sterben prophezeien, nicht aufgezeichnet hat, wird von den frühneuzeitlichen Auslegern dahingehend beantwortet, daß der Auferstandene es einem jeden habe überlassen wollen, die betreffenden Texte selbst aufzufinden und zu entziffern – ganz im Sinne des hermeneutischen Imperativs: »Suchet in der Schrift« (Johannes 5,39).[64] Dies führte etwa dazu, daß der braunschweig-lüneburgische Reformator Urbanus Rhegius (1489–1541)[65] im Jahre 1537 eine höchst umfängliche (mehr als 500 Seiten umfassende), äußerst erfolgreiche, in vielen Auflagen neugedruckte Schrift[66] publizierte, in der er in Dialogform die vom Auferstandenen auf dem Weg nach Emmaus vorgenommene christologische Interpretation des Alten Testaments gewissermaßen rekonstruierte. Auf diese Weise entschlüsselte Rhegius diejenige unaufgezeichnet gebliebene Predigt Jesu, mit der dieser seinen Jüngern die Texte des Alten Bundes erschlossen hatte.

Genau diese Aufgabe – und dies macht die Inschrift an der Kanzel programmatisch deutlich – kommt allen Predigern zu, auch denen, die den Rostocker Predigtstuhl nutzen: Die Texte des Alten und Neuen Testaments derart aufzuschließen, daß Christus selbst als Schlüssel der Heiligen Schrift (*clavis scripturae sacra*) in Erscheinung tritt und als derjenige greifbar wird, der durch sein Leiden und Sterben allen, die glauben, Sündenvergebung erworben hat.

Am oberen Rand des Kanzelkorbes befinden sich zwei weitere biblische Inschriften. Deren erste lautet: »DIS IST MEIN LIEBER SON AN WELCHEM ICH WOLGEFALLEN HABE DEN SOLT IR HOREN MATTH 3 17«. Hier werden, worauf auch die Stellenangabe »MATTH 3 17« hindeuten dürfte, zwei Bibelverse zusammengeführt, nämlich die Worte, die Gottvater während der Taufe Jesu spricht (Matthäus 3,17: »Dies ist mein lieber Sohn, an welchem ich Wohlgefallen habe«), und diejenigen, die er anläßlich der Verklärung seines Sohnes zu Gehör bringt (Matthäus 17,5: »Dies ist mein lieber Sohn, an welchem ich Wohlgefallen habe, den sollt ihr hören«). Insofern beide Szenen – Jesu Taufe und seine Verklärung – am Kanzelkorb gezeigt werden (Abb. 22 und 38), dient die besagte Inschrift der Verklammerung und Erläuterung derselben. Adressatin dieser Gottesrede ist die unter der Kanzel versammelte Gemeinde, die dazu aufgefordert und ermutigt wird, ihr Gehör dem Wort Gottes zu öffnen, das durch die Prediger – und wohlgemerkt durch die Kanzel selbst, die in Wort und Bild am Predigtgeschehen permanent teilnimmt – promulgiert wird. Doch ein weiterer wichtiger Aspekt kommt hinzu: Seit der Menschwerdung Gottes in Christus und seitdem sich der Himmel bei der Taufe Jesu öffnete (Matthäus 3,16), steht dieser, so Luther, unverschließbar offen und läßt das Wort des himmlischen Vaters zu den Menschen hinabdringen, die diesem in der Predigt, in den Sakramenten Taufe und Abendmahl sowie der Sündenvergebung begegnen:

> Da Christus Mensch ward und ins Predigtamt getreten ist und anfing zu predigen, da hat sich der Himmel aufgetan und bleibet offen und ist von der Zeit her, seit der Taufe Christi am Jordan, da er sich aufgetan hat, nie zugeschlossen, wird auch nicht zugetan werden, ob wir's gleich mit den leiblichen Augen nicht sehen. [...] Denn das Wort ›dies ist mein geliebter Sohn‹ redet der himmlische Vater noch immer mit uns, höret nicht auf bis an den Jüngsten Tag solches zu reden und wird der Himmel nicht zugesperret. Kommst du zur Taufe oder nimmest du das Abendmahl oder holest du die Absolution, oder wenn man prediget, so stehet der Himmel offen und wir hören die Stimme des himmlischen Vaters und kommen diese Werk' alle aus dem Himmel. Und ist der Himmel über uns offen, denn Gott redet mit uns und regiert uns, sorget auch für uns und schwebet Christus über uns, aber unsichtlicher [= unsichtbarer] Weise.[67]

Es folgt an der Brüstung des Kanzelkorbes ein weiteres Zitat, das mit dem Hören zu tun hat, nämlich Johannes 8,47: »WER VON GOTT IST DER HORET GOTTES WORT IOHAN 8«. Hierbei handelt es sich erneut um einen Ausspruch Jesu, so daß innerhalb der Zitat-Trias in der oberen Zone der Brüstungen von Kanzelaufgang und -korb das von Gottvater während der Taufe bzw. der Verklärung Jesu gesprochene Wort im Zentrum steht und von zwei Jesusworten flankiert wird. Wird hierbei drei der vier Evangelien Beachtung geschenkt, findet sich im unteren Bereich ein Zitat aus der neutestamentlichen Briefliteratur, genauer: aus dem ersten Kapitel des ersten Briefes im Neuen Testament, nämlich Römer 1,16: »DAS EVANGELIVM IST EINE KRAFFT GOTTES DIE DA SELIG MACHET ALLE DIE DARAN GLEVBEN ROM: 1«. Der Vers lautet in Gänze: »Denn ich schäme mich des Evangeliums von Christo nicht, denn es ist eine Kraft Gottes, die da selig machet alle, die daran glauben, die Juden vornehmlich und auch die Griechen.« Diese Inschrift dient dazu, die reformatorische Überzeugung zu artikulieren, daß die Seligkeit einzig im Glauben (*sola fide*) an Jesus Christus zu erlangen ist und das Evangelium allein das Instrument ist und nur ihm die Dynamik innewohnt, eben diese Seligkeit zu bewirken, wie Johannes Bugenhagen sagt.[68] Martin Luther führt in einer 1522 gehaltenen Predigt über Römer 1,16 folgendes aus:

> Sankt Paul sagt in Römer 1: ›Ich schäme mich nicht des Evangeliums, denn es ist die Kraft Gottes zum Heil allen Glaubenden, die Gerechtigkeit Gottes wird in dem offenbart aus dem Glauben in dem Glauben, als [= wie] geschrieben ist: Der Gerechte lebt aus dem Glauben‹. Evangelium ist die Kraft zur Seligkeit, das Evangelium macht mich fromm durch den Glauben [...]. Die Gerechtigkeit Gottes wird in ihm offenbart, das ist: Deine Gerechtigkeit ist nichts, sondern Christus ist sie (das ist erst die Gerechtigkeit), er hat für dich erfüllet das Gebot. Das Evangelium sagt von keiner Gerechtigkeit denn von der Gerechtigkeit Christi. Er nimmt auch den Tod hinweg, denn der Gerechte lebt aus dem Glauben. So du das glaubst, so wird dir gegeben alles, was im Evangelium steht. Was du glaubest, wird dir gegeben.[69]

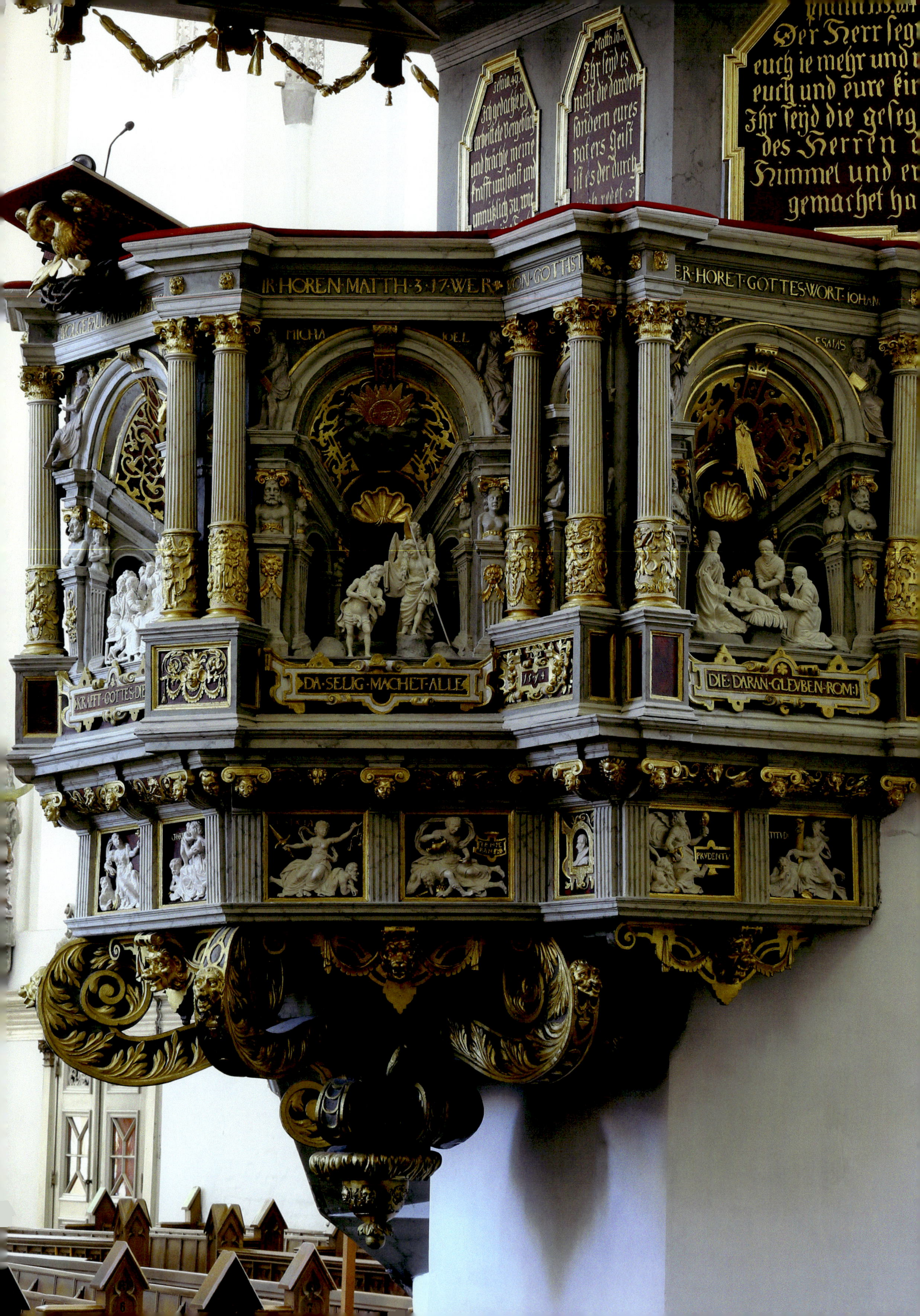

Der Herr seg
euch ie mehr und
euch und eure ki
Ihr seyd die geseg
des Herren
Himmel und er
gemachet ha
Ihr seyd es
nicht die da reden
sondern eures
vaters Geist
ist es der durch
IR HOREN MATTH 3 17 WER
ER HORET GOTTES WORT IOHA
KRAFFT GOTTES DIE
DA SELIG MACHET ALLE
DIE DARAN GLEVBEN ROM I

Basis des Kanzelkorbes

Erkenntnis und die sieben Tugenden

An der Basis des Kanzelkorbes sind Reliefs zu finden, die weibliche Personifikationen der Erkenntnis sowie der sieben Tugenden vor Augen stellen, wobei zunächst die drei geistlichen Tugenden Glaube, Liebe und Hoffnung (1. Korinther 13,13) und sodann die vier sogenannten Kardinaltugenden (Gerechtigkeit, Mäßigkeit, Klugheit, Tapferkeit) thematisiert werden. Während an Kanzelbrüstung und -aufgang wichtige Stationen aus der Erzählwelt der Evangelien in konsequenter Konzentration auf das durch den Sohn Gottes aufgerichtete Heilswerk dargeboten werden, ist es die Aufgabe der Tugendreliefs, die angemessene christliche Lebensführung vor Augen zu stellen. Maßgeblich ist hierbei erneut die rechte Unterscheidung von Gesetz und Evangelium. Die Reliefserie basiert – wie das Gesetz- und Gnade-Relief – auf von Gerard Groenning entworfenen Vorlagen. Es handelt sich um eine Kupferstichserie, die von Harmen Jansz Muller (ca. 1539–1617) gestochen und zunächst in Antwerpen sowie hernach (ca. 1567 bis 1570) überarbeitet in Paris von Nicolas de Mathoniére (¿–¿) gedruckt wurde.[70] Die Kupferstiche beziehen sich auf das Vaterunser und sind (so wie an der Kanzel) paarweise dargestellt. Die Tugenden werden in Form von weiblichen Personifikationen verbildlicht und in der Mehrzahl der Fälle den jeweiligen Lastern kontrastiv gegenübergestellt, die in männlichen Gestalten visualisiert werden. Anhand ihrer Epitheta und vermittels lateinischer Inschriften sind die Tugenden genau zu identifizieren. Den Anfang bilden Erkenntnis und Glaube (Abb. 27 f.). Die Erkenntnis (»COGNITIO«) wird durch eine weibliche Gestalt verkörpert, die auf dem am Boden liegenden König Saul hockt. Ihr gegenüber sitzt der mit einem Crucifixus, einem Abendmahlskelch und einer Bibel ausgestattete Glaube (»FIDES«) auf dem besiegten Goliath. Es folgen Hoffnung und Liebe (Abb. 29 f.). Die Hoffnung (»SPES«) stützt sich auf einen Anker, womit auf Hebräer 6,18 f. Bezug genommen wird, wo die Hoffnung als ein »sicherer und fester Anker unserer Seele« bezeichnet wird. Auf der ausgestreckten linken Hand der *spes* sitzt ein Vogel (wohl eine Taube). Am linken unteren Bildrand ist der alttestamentliche Richter Simson dargestellt, der an dem Eselskinnbacken erkennbar ist, mit dem er heldenhaft 1000 Philister erschlug (Richter 15,15–17). Die Liebe (»CHARITAS«) erscheint den üblichen ikonographischen Gepflogenheiten gemäß mit zwei Kleinkindern. Links unten ist der Oberkörper einer männlichen Person mit Schwert zu sehen, bei der es sich wohl um Ismael handelt.[71]

Das nächste Tugendpaar sind Gerechtigkeit und Mäßigkeit (Abb. 31 f.). Die Gerechtigkeit (»IVSTITIA«) ist mit Schwert und Waage ausgestattet und sitzt auf einer nicht identifizierbaren männlichen liegenden Gestalt, während die Mäßigkeit (»TEMPERANTIA«) mit Hilfe von Kanne und (verlorener) Schale Wein mit Wasser verdünnt. Die Mäßigkeit hat ihren Platz auf ihrem moralischen Kontrastbild gefunden: auf einem sich übergebenden König, dessen Krone und Zepter zu Boden gefallen sind. Das letzte Paar wird von Klugheit und Tapferkeit gebildet (Abb. 33 f.). Die Frau mit einer Schlange um den Arm und dem Spiegel in der Hand, in dem sie ihr eigenes Gesicht erblickt, ist die Klugheit (»PRVDENTIA«). Unter ihr liegt eine Gestalt des Alten Testaments, nämlich der Moabiterkönig Eglon mit einem Geldsack. Hier wird an eine alttestamentliche Erzählung erinnert, die berichtet, daß der kluge

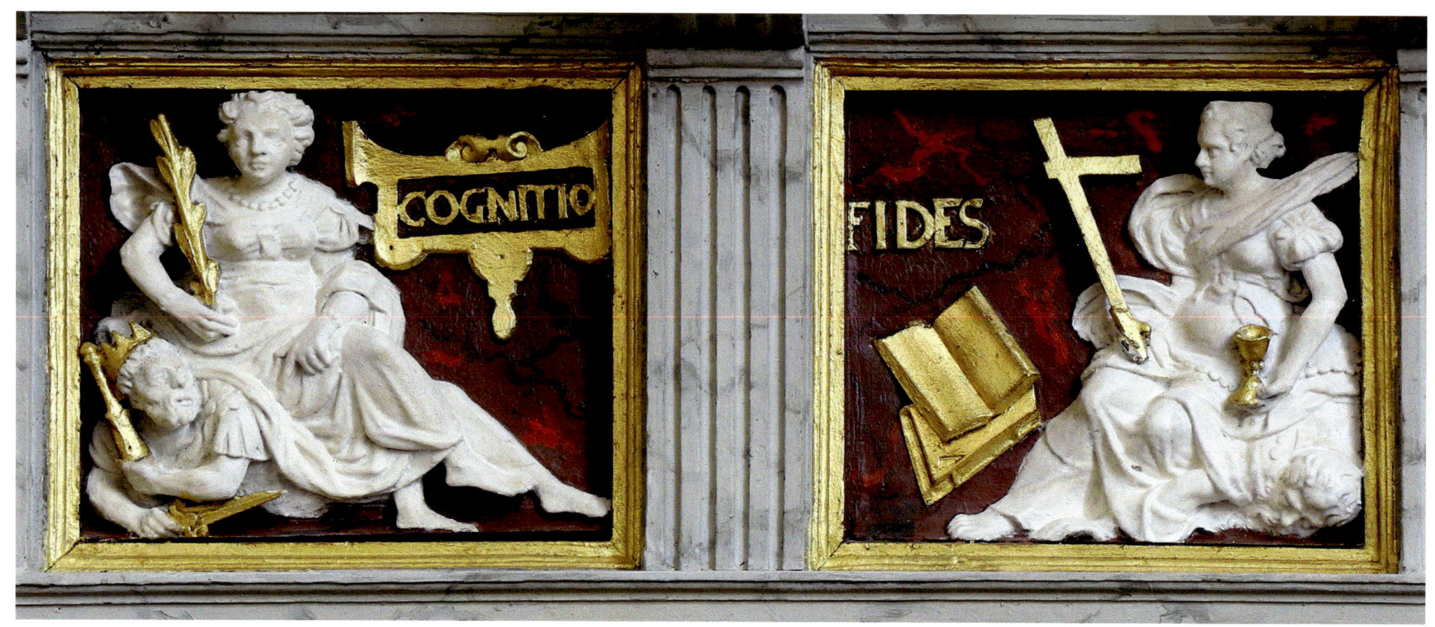

27 Kanzelkorb: Erkenntnis und Glaube.

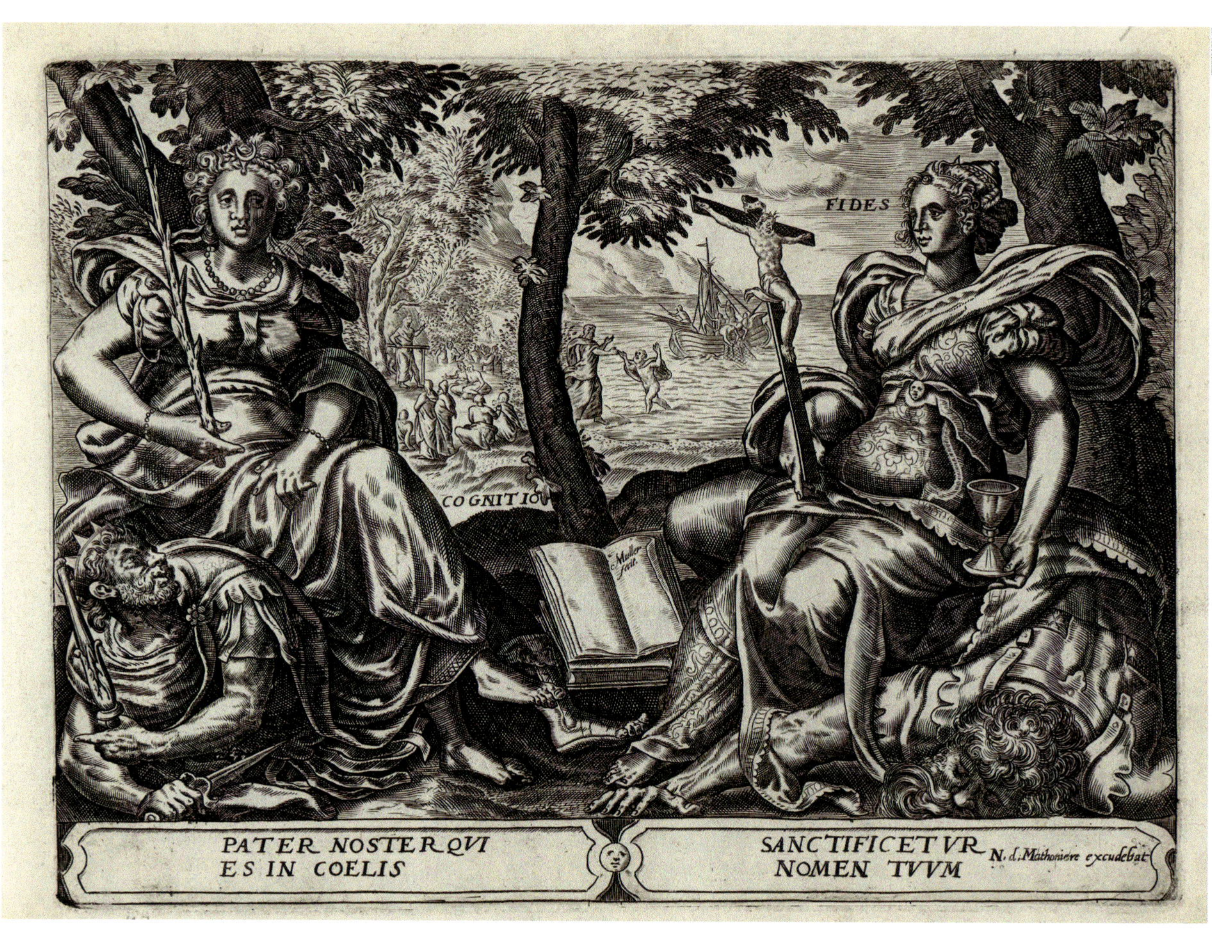

28 Erkenntnis und Glaube. Kupferstich, entworfen von Gerard Groenning, gestochen von Harmen Jansz Muller, ca. 1567–1570 (British Museum London 1948,0410.4.128).

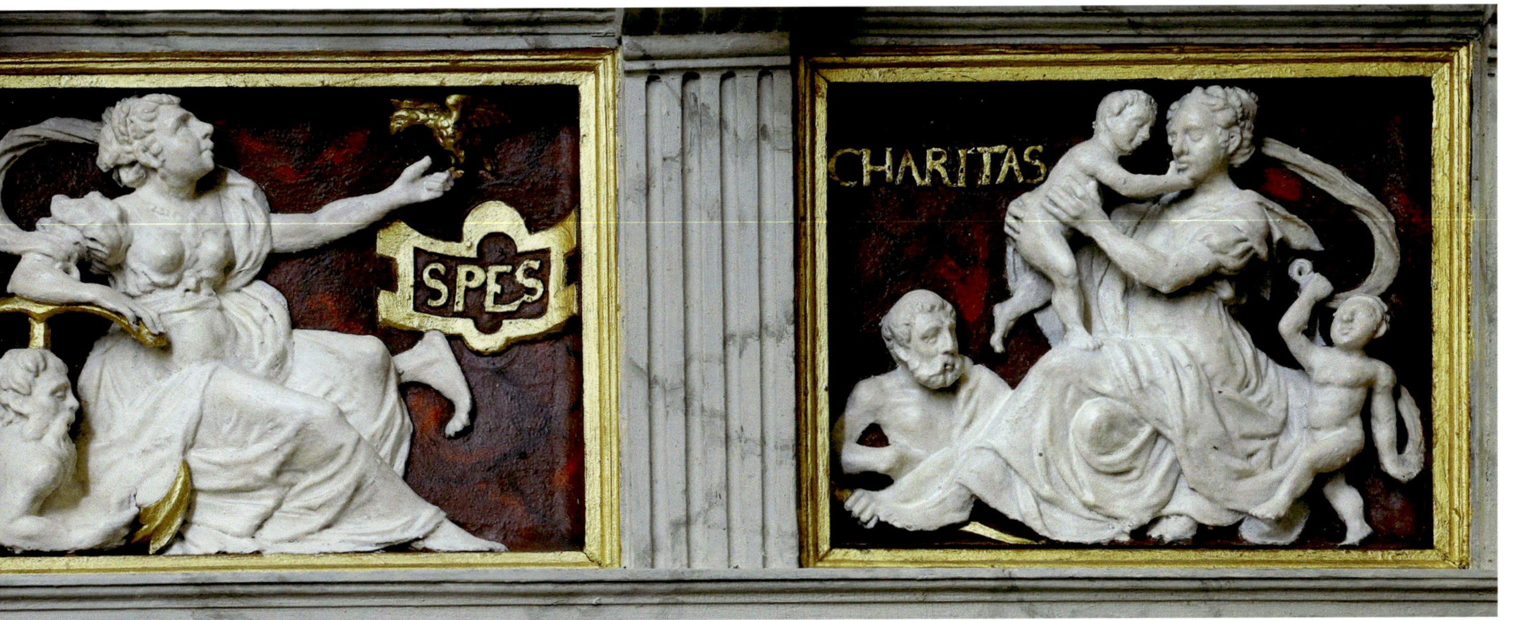

29 *Kanzelkorb: Hoffnung und Liebe.*

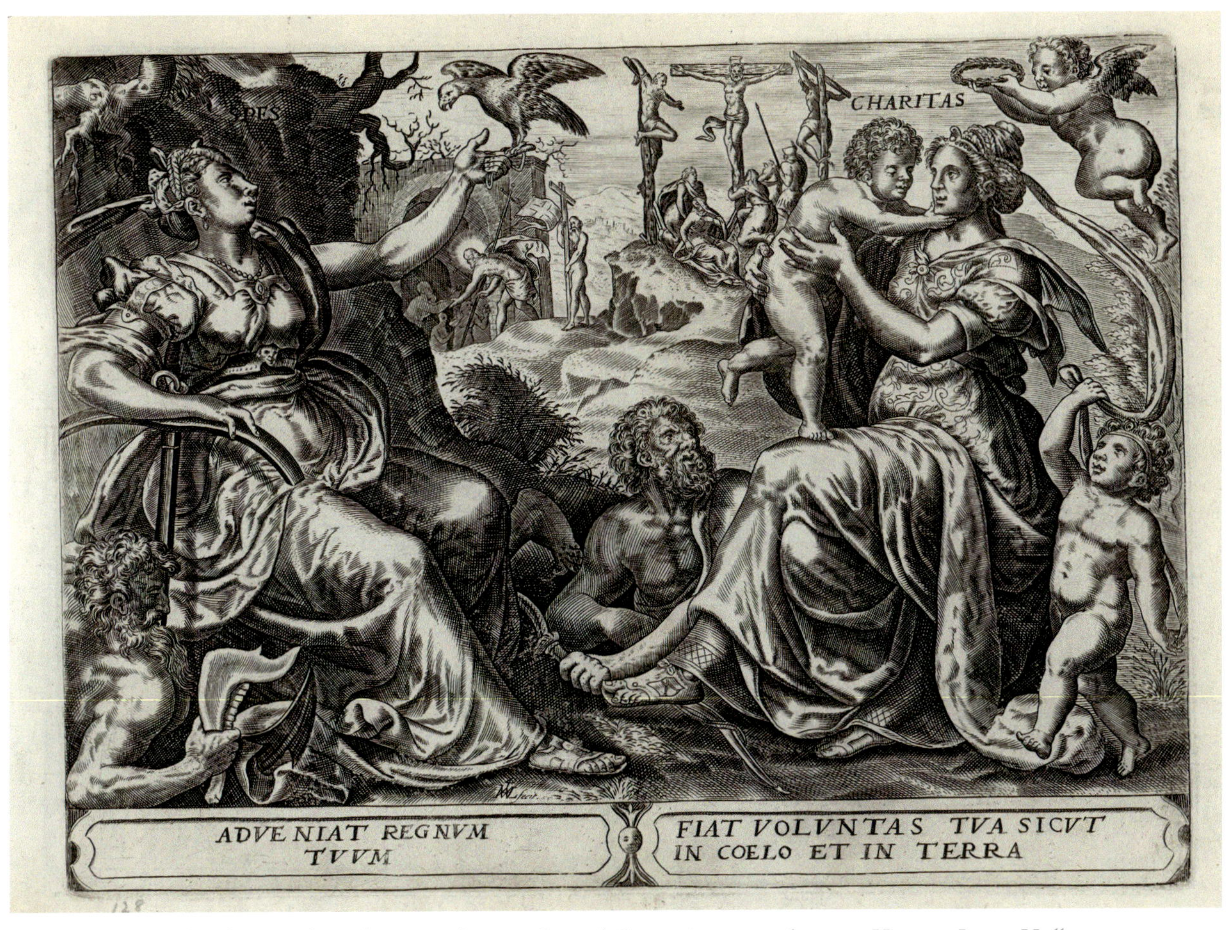

30 *Hoffnung und Liebe. Kupferstich, entworfen von Gerard Groenning, gestochen von Harmen Jansz Muller, ca. 1567–1570 (British Museum London 1948,0410.4.129).*

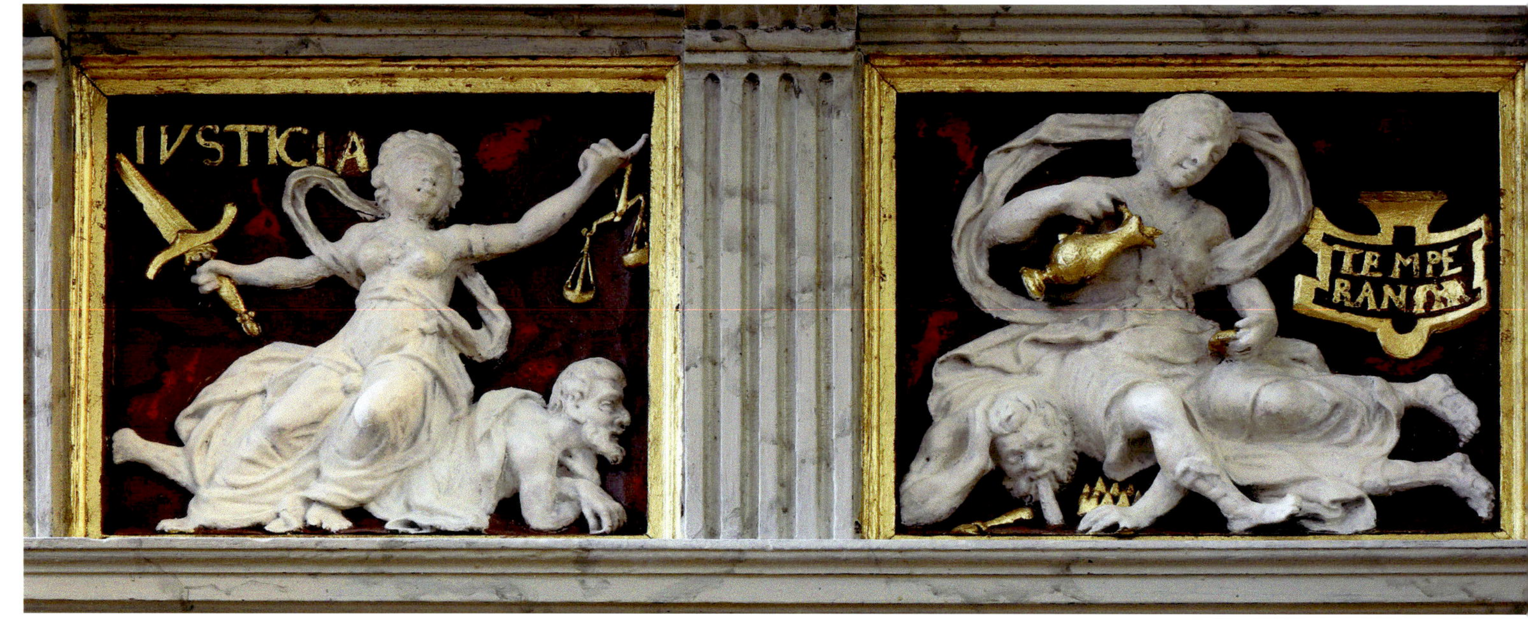

31 *Kanzelkorb: Gerechtigkeit und Mäßigkeit.*

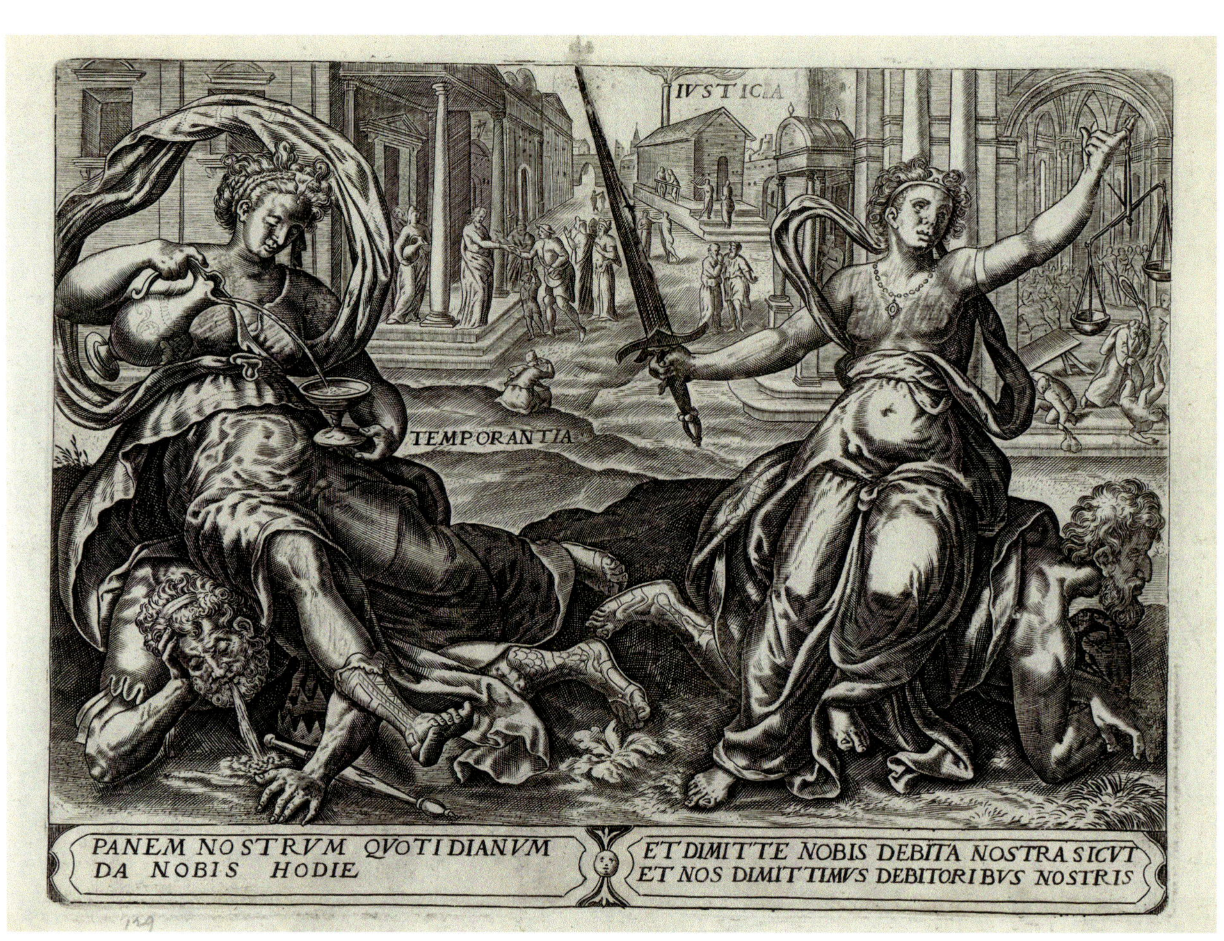

32 *Gerechtigkeit und Mäßigkeit. Kupferstich, entworfen von Gerard Groenning, gestochen von Harmen Jansz Muller, ca. 1567–1570 (British Museum London 1948,0410.4.130).*

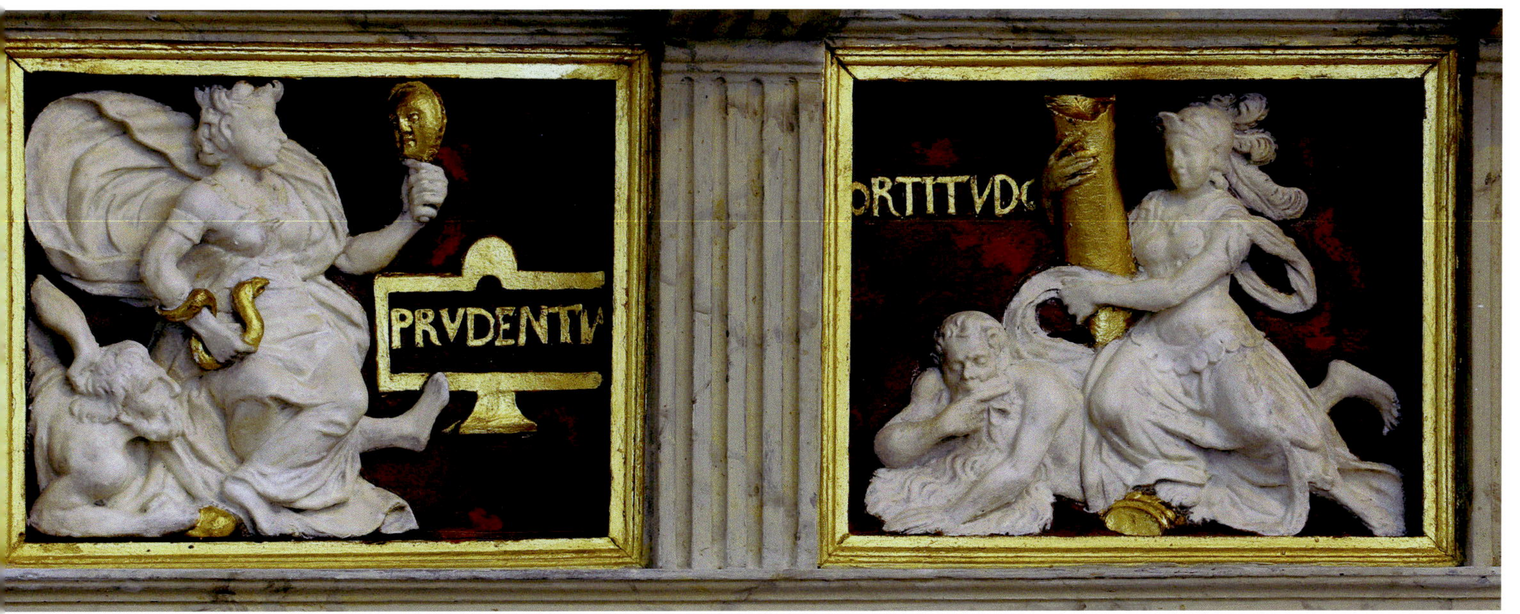

33 *Kanzelkorb: Klugheit und Tapferkeit.*

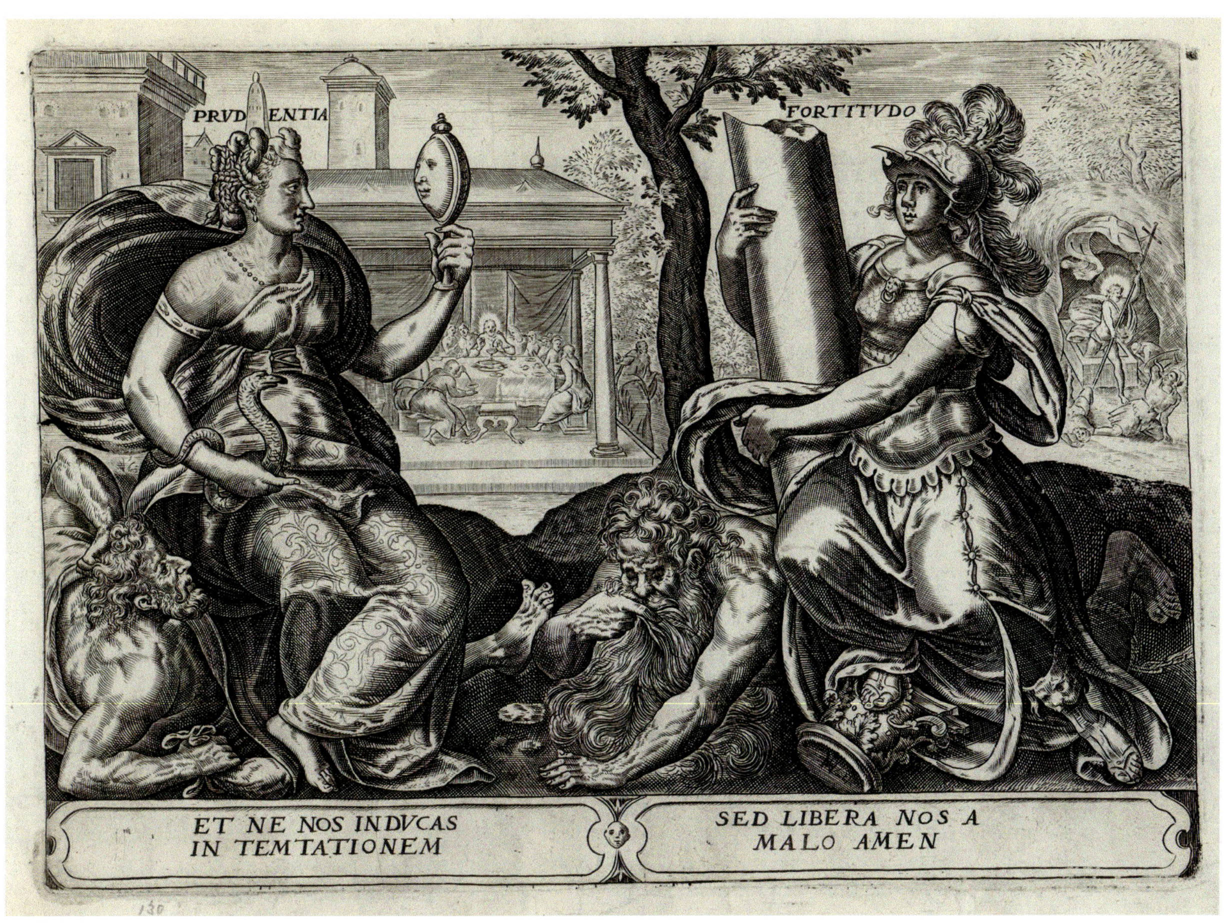

34 *Klugheit und Tapferkeit. Kupferstich, entworfen von Gerard Groenning, gestochen von Harmen Jansz Muller, ca. 1567–1570 (British Museum London 1948,0410.4.131).*

israelitische Richter Ehud sich vermittels der Überreichung eines Geschenks bei Eglon Zugang verschaffte, diesen hernach tötete und Israel so von seinem Bedrücker befreite (Richter 3,15–25). Den Abschluß der Serie bildet die Tapferkeit (»FORTITVDO«) mit Säule und Helm, die den babylonischen König Nebukadnezar bezwungen hat.

Die besagte Kupferstichserie bildet eindeutig die Vorlage für die Visualisierung der Tugenden an der Rostocker Kanzel. Allerdings verzichtete der für die Schnitzarbeiten verantwortliche Künstler auf zahlreiche Details seiner Vorlagen, so daß an der Kanzel die Bezüge zu den einzelnen Bitten des Vaterunser unsichtbar bleiben und auch die in den Kupferstichen untergebrachten biblischen Hintergrundsszenen entfielen. Die angesprochene Kombinatorik der Kupferstichserie ist der unten stehenden Tabelle zu entnehmen.

An der Basis des Kanzelkorbes fällt unter der Jahreszahl »1574« das Portrait einer unbekannten männlichen Person auf (Abb. 35). Ob es »wahrscheinlich« ist, in ihr »den Verfertiger des kunstreichen Werkes [...], vielleicht auch den Stifter«[72] zu sehen, muß offenbleiben.

Tugend	Vaterunser-Bitte	Hintergrund
Erkenntnis	Vater unser im Himmel,	Bußpredigt Johannes des Täufers
Glaube	geheiligt werde dein Name,	Seewandel des Petrus
Hoffnung	dein Reich komme,	Der Auferstandene befreit die Erzeltern aus dem Limbus
Liebe	dein Wille geschehe, wie im Himmel so auf Erden,	Kreuzigung Christi
Gerechtigkeit	vergib uns unsere Schuld,	Jesus tränkt die Dürstenden
Mäßigkeit	wie auch wir vergeben unseren Schuldigern,	Vertreibung der Händler aus dem Jerusalemer Tempel
Klugheit	und führe uns nicht in Versuchung,	Letztes Abendmahl Jesu mit seinen Jüngern
Tapferkeit	sondern erlöse uns von dem Übel.	Auferstehung Jesu

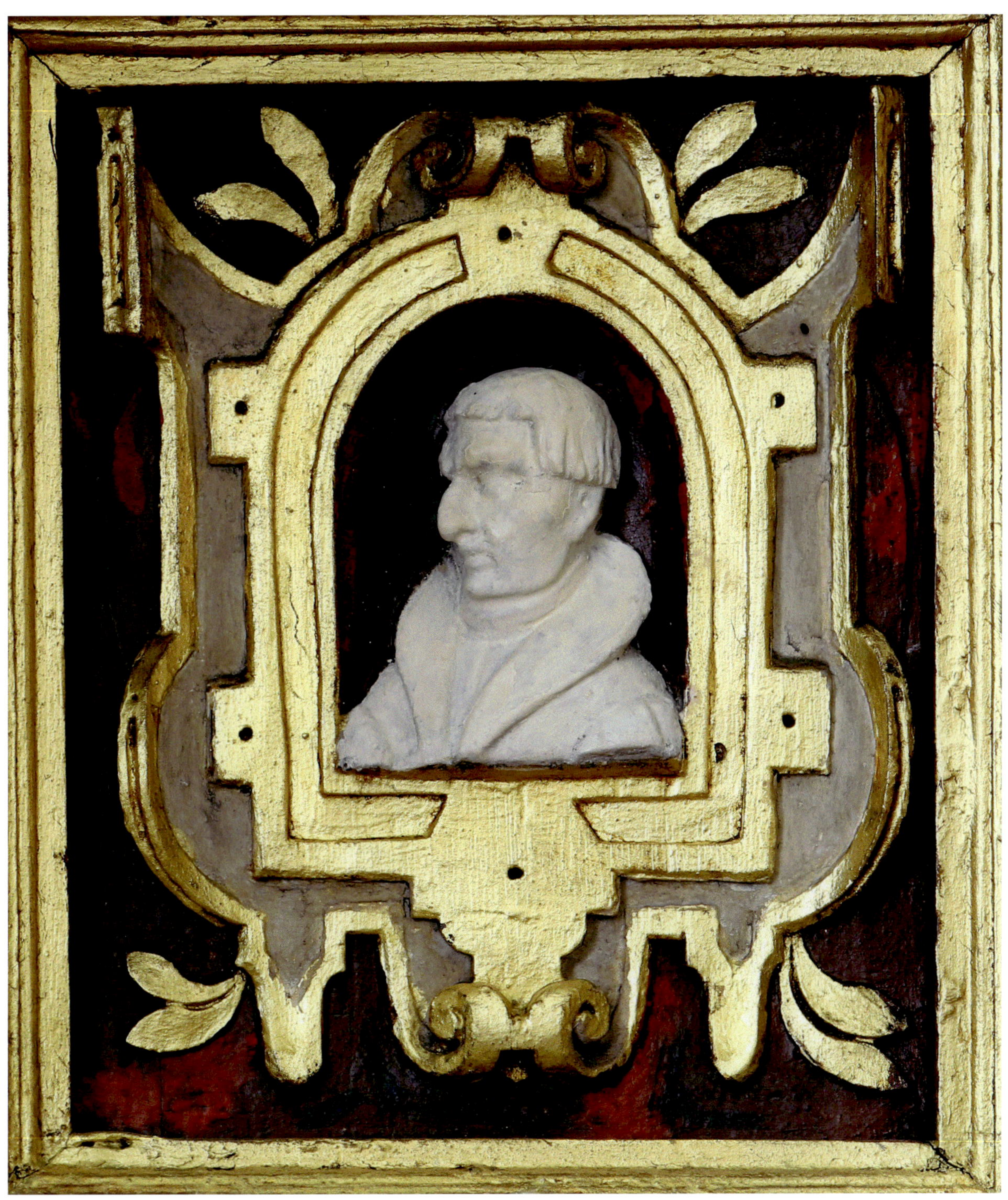

35 *Kanzelkorb: Portrait einer unbekannten männlichen Person.*

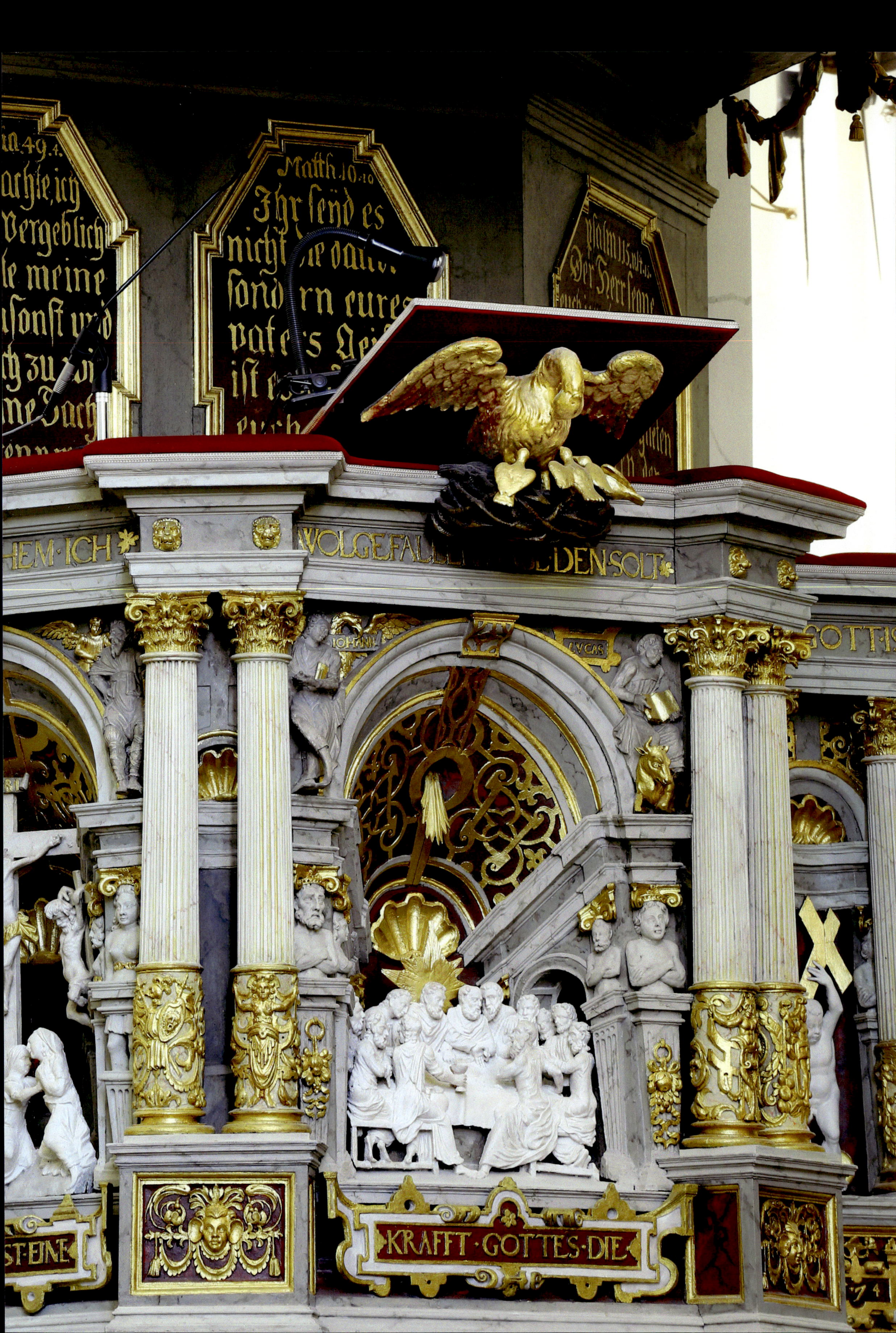
Matth 10.20
Ihr send es
HEM·ICH
KRAFFT·GOTTES·DIE
ST·EINE
LUCAS

Kanzelpult

Pelikan

An demjenigen Teil der Brüstung des Kanzelkorbes, der am weitesten in den Kirchenraum hineinragt, ist Jesu letztes Abendmahl mit seinen Jüngern dargestellt (Abb. 23). Direkt darüber befindet sich das Pult der Kanzel, wodurch eine enge Verbindung zwischen Predigt und Altarsakrament angezeigt wird. Die Feier des Abendmahls, in dessen Vollzug – anders als in der spätmittelalterlichen liturgischen Praxis – die Einsetzungsworte der Gemeinde deutlich hörbar zu rezitieren sind, wird in der reformatorischen Sicht der Dinge als Akt der Verkündigung der Worte Jesu Christi aufgefaßt, in denen dieser gegenwärtig wird. Umgekehrt wird die Predigt, in der Gott durch sein Wort präsent ist, stark auf die Sakramente bezogen, in denen Christus sich nach frühneuzeitlich-lutherischer Auffassung in, mit und unter den Elementen (Brot und Wein) leiblich vergegenwärtigt.[73] Daher gelten die Sakramente als sichtbare Worte (*verba visibilia*) und die Predigt als hörbares Sakrament (*sacramentum audibile*).

Das Kanzelpult wird getragen von einem Pelikan, der mit drei Jungtieren in bzw. auf einem Nest positioniert ist (Abb. 36). Der Vogel hat die Flügel ausgebreitet und hackt mit dem Schnabel seine Brust auf. Dieses Motiv nimmt Bezug auf einen im Mittelalter und in der Frühen Neuzeit (etwa auch in der Emblematik[74]) äußerst verbreiteten tierallegorischen Topos,[75] dessen Wurzeln in das antike Christentum zurückreichen. Im *Physiologus*, einer anonymen, aus dem zweiten Jahrhundert stammenden Sammlung christlich-allegorischer Deutungen von Tieren und anderen Kreaturen, ist über den Pelikan zu lesen,

> er liebe seine Kinder über die Maßen. Hat er nämlich die Jungen ausgebrütet und sind sie ein wenig gewachsen, hacken sie ihren Eltern ins Gesicht; die Eltern aber hacken zurück auf die Jungen und töten sie. Später aber tut es den Eltern der Kinder leid, und sie betrauern die Jungen, die sie getötet haben, drei Tage lang. Am dritten Tag nun reißt sich ihre Mutter die Seiten auf, und ihr Blut, das auf die toten Körper der Jungen herabtropft, erweckt diese wieder zum Leben. So sprach auch der Herr bei Jesaja [1,2]: ›Ich zeugte Söhne und erhöhte sie, doch sind sie von mir abgefallen.‹ Der Schöpfer aller Dinge hat uns erzeugt, und wir haben ihn geschlagen. Wie nun schlugen wir ihn? Wir dienten der Schöpfung statt ihrem Schöpfer. Nun stieg unser Erlöser zum Kreuz empor und öffnete seine Seite; Blut und Wasser tropften herab zu Erlösung und ewigem Leben; das Blut, weil gesagt ist [Matthäus 26,27]: ›Er nahm den Kelch und dankte‹, das Wasser aber zur Taufe und Buße.[76]

Diese Deutung fand (mit manchen Variationen im Detail) erstaunlich rege Rezeption und wurde in der Frühen Neuzeit gerne in den Zusammenhang mit dem Sakrament des Abendmahls gebracht. Der schlesische Pastor, Schriftsteller und Kirchenlieddichter Johann Heermann (1585–1647)[77] beispielsweise kommt auf das beliebte Naturbild folgendermaßen zu sprechen:

> Der Pelikan, ein ägyptischer Vogel, wann seine Jungen von der Schlange zu Tode gestochen worden, erzeiget sich darob [= darüber] ganz traurig. Endlich aber eröffnet er ihm [= sich] selbst seine Brust und besprenget die toten Jungen mit

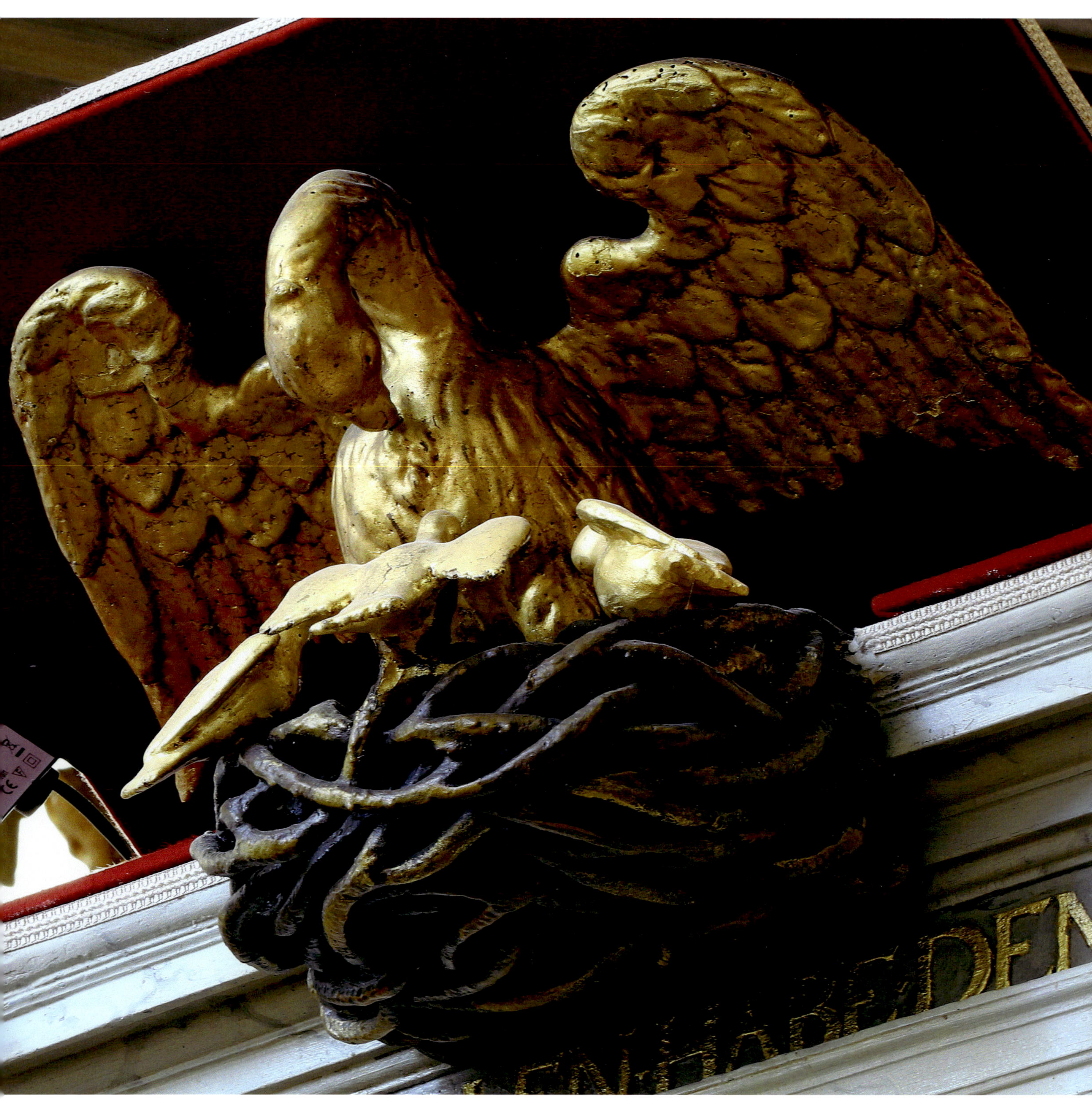

36 *Kanzelpult: Pelikan mit drei Jungtieren.*

> seinem Blute, dadurch sie erquicket und wieder lebendig werden. Uns arme Menschen, o christliche Seele, uns hat die höllische Schlange, der Teufel, durch die Sünde in den ewigen Tod gestürzet. Christus aber hat uns mit seinem lebendigmachenden Blute aus seinen allerheiligsten fünf Wunden besprenget, erquicket und das Leben wiedergegeben.[78]

Bemerkenswerterweise geht der lutherische Pastor Clemens Streso (gest. 1586) in seiner Predigt, die er anläßlich der Einweihung der neuen Kanzel in St. Bartholomäus zu Zerbst im Jahre 1579 hielt, in eben diesem Sinne auf das Pelikan-Motiv ein. Der Pelikan, der an der (nicht mehr existenten) Zerbster Kanzel über deren Tür zu sehen war, symbolisiert Streso zufolge »die unermeßliche Liebe und Wohltat Christi gegen uns Menschen, der sein Blut und sein Leben lässet für uns arme Sünder und damit uns von dem giftigen Schlangenbiß und ewigen Tod [...] errettet und lebendig macht [...].«[79]

Vor diesem Hintergrund wird deutlich: Die Predigt hat die Aufgabe, den als Pelikan versinnbildlichten, auf Golgatha gestorbenen Christus zu vergegenwärtigen, dessen heilbringendes Wasser und Blut, die er am Kreuz vergoß, in den Sakramenten Taufe und Abendmahl zur Vergebung der Sünden dargeboten werden. Insofern fungiert der Pelikan am Kanzelpult als sinnbildliche Zusammenfassung dreier am Kanzelkorb dargestellter Szenen: der Kreuzigung, der Taufe Jesu und der Einsetzung des Abendmahls an Gründonnerstag.

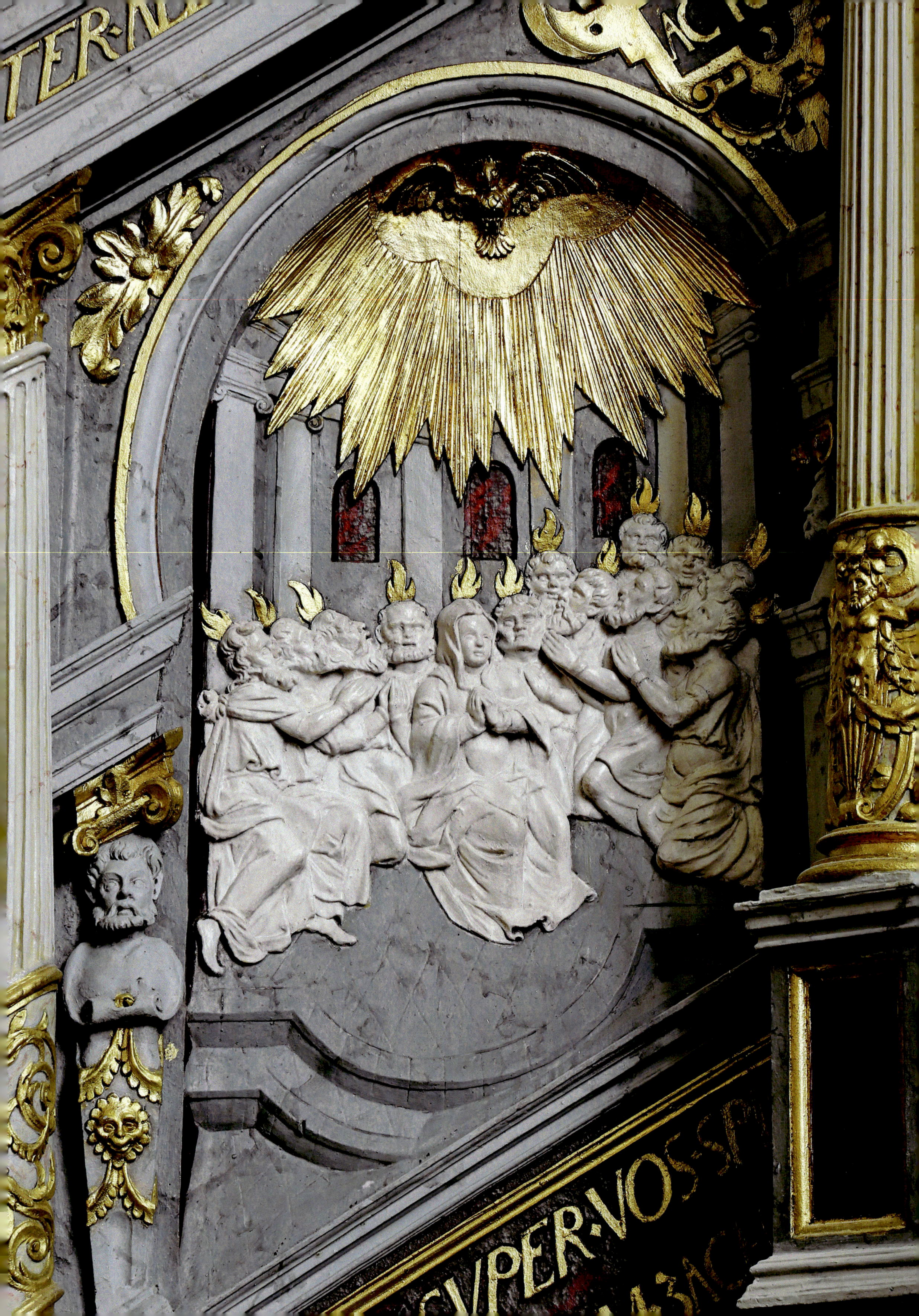
TER
VPER·VOS

Kanzelaufgang

Pfingsten und Verklärung Jesu

Im Unterschied zu den Bildmotiven am Kanzelkorb verfügen die Darstellungen des Pfingstfestes und der Verklärung Jesu am Kanzelaufgang über je eine eigene Inschrift. Eine weitere Differenz ist darin zu erkennen, daß die Inschriften sich nicht der (frühneu-)hochdeutschen, sondern der lateinischen Sprache bedienen. Die Schilderung der Geistausgießung am ersten Pfingstfest (Abb. 37) ist mit einem Zitat aus dem alttestamentlichen Buch des Propheten Sacharja kombiniert, in dem Gott selbst die endzeitliche Ausgießung des Heiligen Geistes ankündigt: »EFFVNDAM SVPER VOS SPIRITVM CRAE [= GRATIAE] ET PRECVM ZACHA. 12«. In Luthers Bibelübersetzung lautet der Vers im Zusammenhang folgendermaßen: »Aber über das Haus David und über die Bürger zu Jerusalem will ich ausgießen den Geist der Gnaden und des Gebets, denn sie werden mich ansehen, welchen jene zerstochen haben, und werden ihn [be]klagen, wie man [be]klagt ein einiges Kind, und werden sich um ihn betrüben, wie man sich betrübt um ein erstes Kind« (Sacharja 12,10). In einer seiner Pfingstpredigten kommt Luther recht detailliert auf Sacharja 12,10 zu sprechen und thematisiert dabei auch die Wirksamwerdung des in den Glaubenden wohnenden Heiligen Geistes durch das Gebet:

> Also ist in dem Reich Christi ausgegossen (wie der Prophet Sacharja 12 mit schönen Worten sagt) der Geist der Gnaden und des Gebets, denn das ist der Heilige Geist, der da wohnet in den Herzen der Gläubigen samt dem Vater und Sohn, durch sie redet und wirket und ihnen Trost und Sieg gibt wider die Sünde, Tod und Teufels Gewalt zu bestehen. [Er] tut aber solches nicht durch eitel offenbarliche mächtige Beweisung großer Kraft und Stärke, sondern, weil sie noch ihre Sünde und Unwürdigkeit fühlen, trägt er dieselbigen und decket und tröstet sie der Gnaden und Vergebung in Christo. Und weil sie auch in solchem Kampf große Schwachheit fühlen, werden sie von ihm getrieben zum Gebet, das ist, um Hilfe und Stärkung zu rufen, und also durch solch Rufen und Schreien derselbige Geist in ihnen überwindet. Wie Sankt Paulus Römer 8,16 auch beides sagt von dem Heiligen Geist: ›Derselbige Geist gibt Zeugnis unserm Geist, daß wir Gottes Kinder sind‹. Item: ›Der Geist hilft unserer Schwachheit auf und vertritt uns mit unaussprechlichem Seufzen‹ (Römer 8,26) etc.[80]

Der an Pfingsten ausgegossene und die Kirche konstituierende »Geist der Gnade und des Gebets« setzt die Glaubenden mithin in den Stand, in der betenden Kommunikation mit Gott durch den Heiligen Geist Stärkung zu erfahren und mit seiner Hilfe überhaupt die Gotteskindschaft in Erfahrung zu bringen. Die Kombination der Pfingstszene mit Sacharja 12,10 stellt mithin einen Aspekt zentral, der mit dem Gebet zu tun hat und erinnert daran, daß die Jünger nach der Ausgießung des Heiligen Geistes Apostelgeschichte 2,42 zufolge »beständig blieben in der Apostel Lehre und in der Gemeinschaft und im Brotbrechen und im Gebet«. Dem gemäß vollbringt sich die Gemeinschaft (*communio*) der an Pfingsten begründeten Kirche in der Anerkenntnis der Lehre (*doctrina*), wie sie in der Predigt verkündigt wird, in der Feier des Abendmahls sowie im Gebet – also in Praktiken, die beständig im Gottesdienst geübt werden. Auf die pfingstliche Geistbegabung respondiert die Gemeinde der Glaubenden im Medium des Gebets, das freilich erst durch den

◁ **37** *Kanzelaufgang: Pfingsten.*

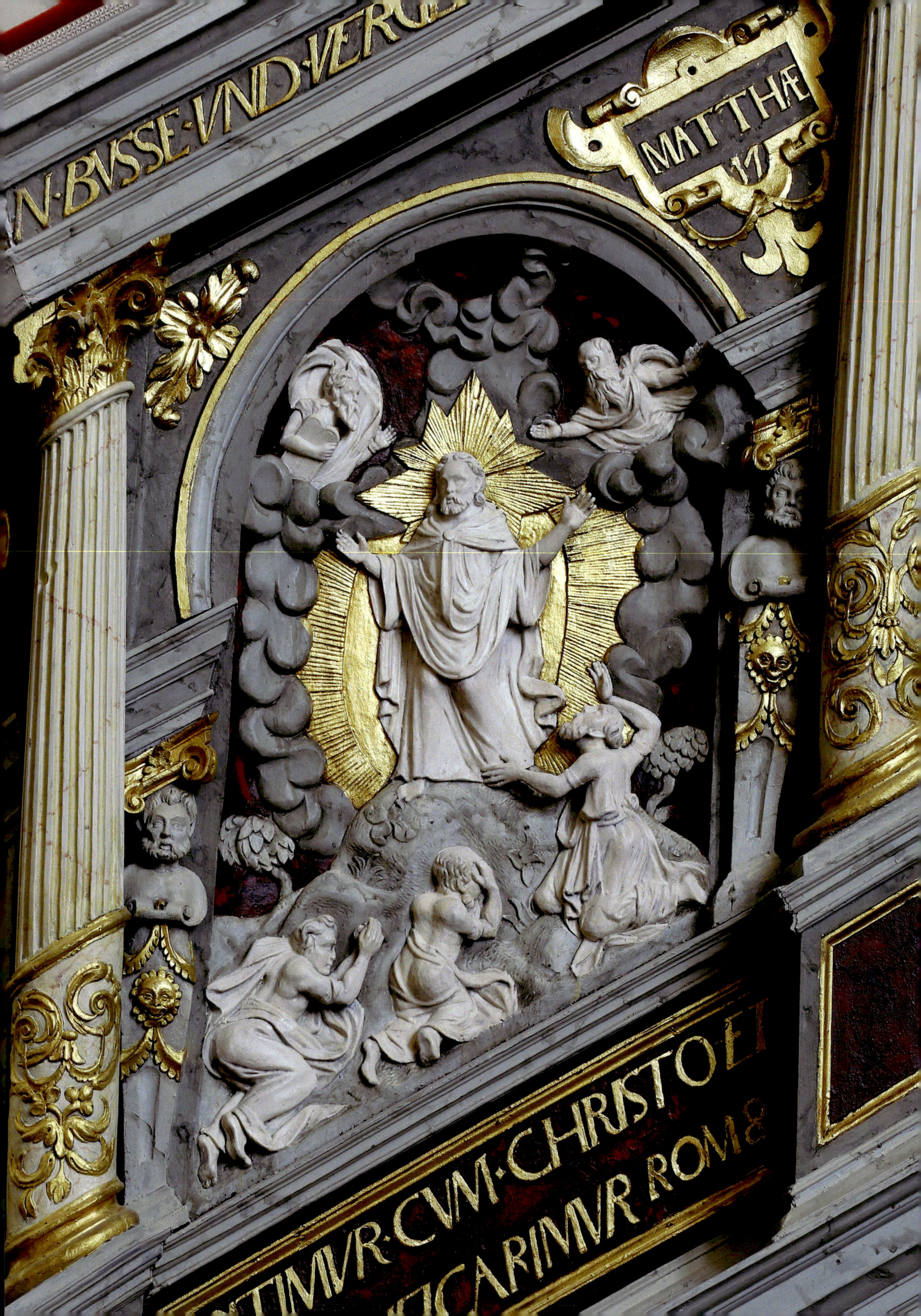
N·BVSSE·VND·VERG
MATTHÆ 17
TIMVR·CVM·CHRISTO·ET
ICARIMVR ROM 8

Heiligen Geist möglich wird. Zu erinnern ist in diesem Zusammenhang auch daran, daß dem gemeinschaftlichen liturgischen Gebet Luther zufolge eine höher kaum denkbare Relevanz zukommt: als Antwort der (verkündigenden) Gemeinde auf das auf der Kanzel zu Gehör gebrachte Wort Gottes. So sagt Luther zu Beginn seiner 1544 anläßlich der Einweihung der Torgauer Schloßkirche gehaltenen Predigt:

> Meine lieben Freunde, wir sollen jetzt dies neue Haus einsegnen und weihen unserm Herrn Jesu Christo, welches mir nicht allein gebührt und zustehet, sondern ihr sollt auch zugleich an den Sprengel und Rauchfaß greifen, auf daß dies neue Haus dahin gerichtet werde, daß nichts anderes darin geschehe, denn daß unser lieber Herr selbst mit uns rede durch sein heiliges Wort und wir wiederum mit ihm reden durch Gebet und Lobgesang.[81]

Von diesem Kontext aus wird erkennbar, daß die Rostocker Kanzel keinesfalls im Verdacht stehen kann, einer Kommunikation der göttlichen Botschaft in nur eine Richtung das Wort zu reden. Vielmehr wird sinnenfällig, daß an dieser Kommunikation nicht nur alle Sinne des Menschen beteiligt sind, sondern auch der betenden und singenden Gemeinde diesbezüglich eine konstitutive Funktion zukommt.

Unter der Darstellung der Verklärung Jesu (Abb. 38) steht (erneut) ein Teilvers aus dem Römerbrief des Paulus: »SI PATIMVR CVM CHRISTO ET CONGLORIFICABIMVR ROM 8«. Der ganze Vers lautet in der Verdeutschung Luthers: »Sind wir denn Kinder, so sind wir auch Erben, nämlich Gottes Erben und Miterben Christi, so wir anders mit leiden, auf daß wir auch mit zur Herrlichkeit erhoben werden« (Römer 8,17). In der Kombination der bildlichen Schilderung der Verklärungsgeschichte Jesu (Matthäus 17,1–8) mit dem Text aus dem Römerbrief wird mehrerlei deutlich: Die Verklärung des Sohnes Gottes wird sowohl als Vorwegnahme seiner Erhebung in die himmlische Herrlichkeit während der Himmelfahrt wie auch seiner Wiederkunft zum Jüngsten Gericht aufgefaßt (s. o. S. 35). Überdies aber darf der Glaubende gewiß sein, dereinst in die Verherrlichung Christi mithineingenommen zu werden, während zugleich umgekehrt gilt, daß alle, die auf Erden Widrigkeiten erfahren, auch und gerade in solchen Krisensituationen ebenfalls dem Sohn Gottes – dem leidenden – ähnlich sind. Dies deckt sich mit Luthers Deutung dieses Sachverhalts. Luther zufolge hat der Mensch durch den Sündenfall die Gottebenbildlichkeit vollständig verloren. Ziel des Heilswerkes Christi ist es, die Gottebenbildlichkeit der Menschen wiederherzustellen, weswegen zunächst Gott sich selbst in seinem Sohn ebenbildlich wird, damit alle, die an ihn glauben, in das Bild Christi hinübergebildet werden und so, d. h. in der Vereinigung mit dem Gottessohn, die Ebenbildlichkeit zurückerlangen.[82] Die Verebenbildlichung des Menschen mit Christus schließt seine Verähnlichung mit dem leidenden Gottessohn jedoch ausdrücklich ein und bezieht sich nicht lediglich auf die in die Herrlichkeit eingegangene Person Christi. So heißt es bei Luther etwa:

> Wiederum das himmlische Bild ist Christus [...]. Des Bild müssen wir auch tragen und ihm gleichförmig werden. In das Bild gehöret auch, wie er gestorben ist und gelitten hat. Und alles, was an ihm ist, seine Auferstehung, Leben, Gnade und Tugend, ist alles dahin gerichtet, daß wir dasselbe Bild auch anziehen.[83]

Und mit direktem Bezug auf Römer 8,17 ist bei Luther andernorts zu lesen:

> Wer Christi Bruder und Miterbe will sein, der denke, daß er auch ein Mitmärtyrer und Mitleider sei, als wollte er [= Paulus] sagen: Es sind wohl viel Christen, die gern Miterben wollten sein [...], aber sie wollen nicht mit ihm leiden, sondern tei-

◁ **38** *Kanzelaufgang: Verklärung Jesu.*

len sich ab von ihm in diesem Stück, daß sie seiner Leiden nicht wollen teilhaftig sein. Das aber wird's nicht tun, spricht er, das Erbe wird nicht folgen, es gehe denn das Leiden vorher. Ursache: Denn Christus, unser lieber Herr und Heiland, hat selbst müssen zuvor leiden, ehe er ist gekommen zur Herrlichkeit. Also müssen wir auch Mitmärtyrer sein und mit dem Herrn Christus verspottet, geschmäht, verspeiet, [mit Dornen] gekrönet und getötet werden von der ganzen Welt, ehe wir zu der Erbschaft kommen [...].[84]

Der Rostocker Theologieprofessor und Pastor an St. Marien Lucas Bacmeister[85] macht in seinem Predigtlehrbuch aus dem Jahr 1570 anhand von Römer 8,17 auf eine Hauptaufgabe der Kanzelberedsamkeit aufmerksam, die stets zum Ziel haben müsse, tröstlich zu sein. Bacmeister sieht in diesem Vers die »Basis« jeglichen Trostes (*consolatio*).[86] Daß Kreuz und Anfechtung die Medien sind, mit Hilfe deren Gott diese Gleichförmigkeit (*conformitas*) des Menschen mit dem Ebenbild Christus schafft, hält z. B. auch der Wittenberger Theologe Leonhart Hütter (1563–1616)[87] in seinem berühmten Lehrbuch der Dogmatik fest und bezieht sich dabei auf Römer 8,29:

> Warum lässet Gott zu, daß die Gottseligen stets unter dem Kreuze und Widerwärtigkeit leben müssen? [...] Weil Gott will, daß die Gottseligen auch in diesem Leben mit Leiden und Trübsal gleichförmig werden dem Ebenbilde seines Sohnes, Römer 8,29. (Propter quas causas Deus permittit, ut pii subinde variis afflictionibus exerceantur? [...] Quia Deus vult, ut pii hac etiam in vita, conformes fiant imagini Filii DEI, Rom. 8,29.)[88]

Nicht unerwähnt bleiben darf, daß in der Darlegung der Verklärungsgeschichte am Kanzelkorb rechts der Prophet Elia (Matthäus 17,3) in Erscheinung tritt, dessen Wiederkunft vor dem Jüngsten Tag durch den Propheten Maleachi in Aussicht gestellt wird (Maleachi 3,5 f.), und erneut Mose mit den Gesetzestafeln sichtbar ist, der bereits im Gesetz- und Gnade-Relief doppelt präsent war und dessen Gesetzestafeln nochmals im Schalldeckel begegnen werden (s. u. S. 84, 86). Besondere Aufmerksamkeit schenken die zeitgenössischen Ausleger im übrigen der Tatsache, daß bei der Verklärung diejenigen drei Jünger zugegen waren, die sich später auch im Garten Gethsemane in der Nähe des in tiefster Anfechtung steckenden Jesus aufhalten sollten (Markus 14,33): die beiden Söhne des Zebedäus Jakobus und Johannes sowie Petrus. Die drei Jünger sind im Relief an der Brüstung des Kanzelaufgangs auf die Knie gefallen; die beiden rechts und links verharren in anbetender Haltung, während der mittlere mit den Händen sein Angesicht verbirgt.

Jesus und Maria Magdalena

Über dem unteren Ende der Brüstung des Kanzelaufgangs befindet sich ein Aufsatzstück, in dessen dreieckigem und nach außen gekehrtem Feld rechts eine gebückte Figur dargestellt ist (Abb. 39), deren Deutung von jeher Rätsel aufgibt. Im Relief links (Abb. 40) wird eine Passage aus dem Lukas-Evangelium aufgegriffen. Hier wird erzählt, daß eine stadtbekannte Sünderin mit Tränen Jesu Füße befeuchtete, diese mit ihren Haaren trocknete und sodann küßte und salbte. Diese Szene spielte sich ab, während Jesus im Hause des Pharisäers Simon bei Tisch lag (Lukas 7,36–38). Der Gastgeber, so wird berichtet, äußerte sein Erstaunen darüber, daß der Sohn Gottes die Frau gewähren ließ, und führte dies auf dessen Unkenntnis zurück, daß es sich um eine Sünderin handelte. Jesus trug dem Pharisäer daraufhin das Gleichnis von einem Gläubiger und zwei Schuldnern mit unterschiedlich hohen Schuldenlasten vor, die diesen erlassen wurden. Auf die Frage Jesu, wer von den beiden Schuldnern den gnädigen Gläubiger wohl mehr lieben würde, antwortet der

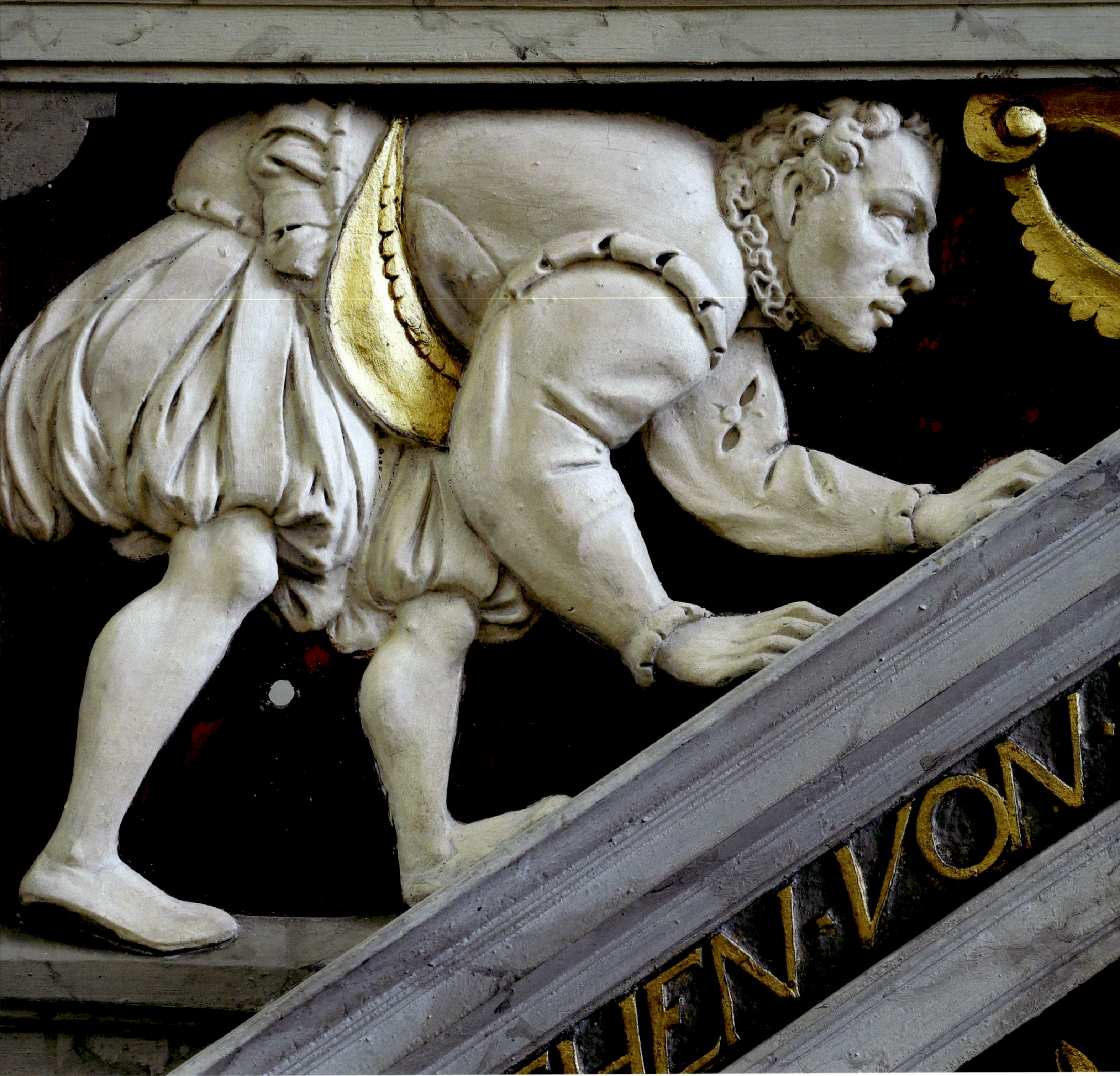

39 Kanzelaufgang: Gebückte männliche Person.

Pharisäer, daß dies bei dem Entschuldeten der Fall sein dürfte, der den höheren Schuldenerlaß erfahren habe. Daraufhin eröffnete Jesus dem Pharisäer einen anderen Blick auf das Verhalten der Sünderin, indem er zu diesem sagte:

> Siehest du dies Weib? Ich bin gekommen in dein Haus; du hast mir nicht Wasser gegeben zu meinen Füßen; diese aber hat meine Füße mit Tränen genetzt und mit den Haaren ihres Haupts getrocknet. Du hast mir keinen Kuß gegeben; diese aber, nachdem sie hereingekommen ist, hat sie nicht abgelassen, meine Füße zu küssen. Du hast mein Haupt nicht mit Öl gesalbt; sie aber hat meine Füße mit Salbe gesalbt. Derhalben sage ich dir: Ihr sind viele Sünden vergeben, denn sie hat viel geliebt; welchem aber wenig vergeben wird, der liebt wenig (Lukas 7,44–47).

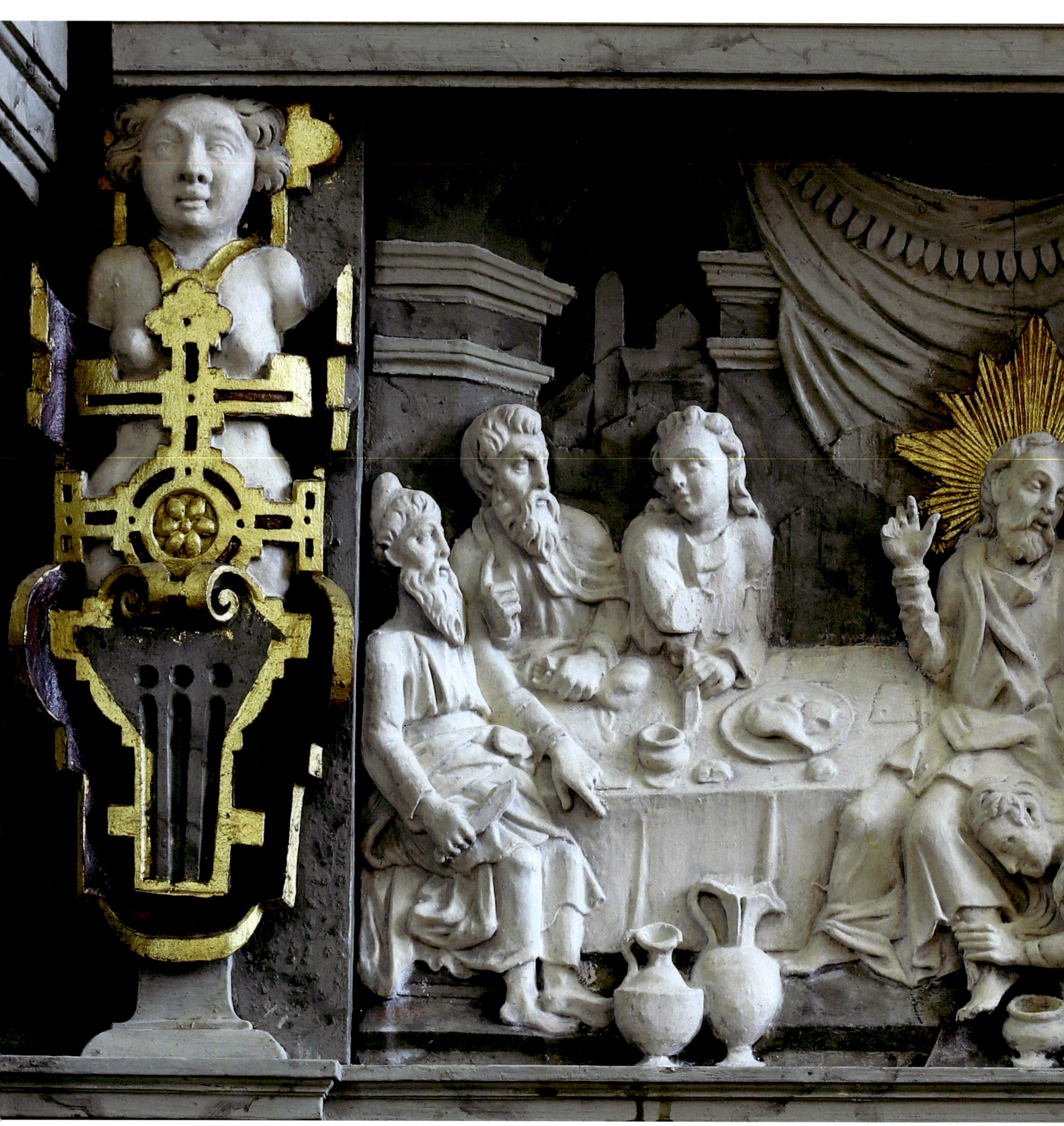

40 *Kanzelaufgang: Maria Magdalena mit Jesus im Hause des Pharisäers Simon.*

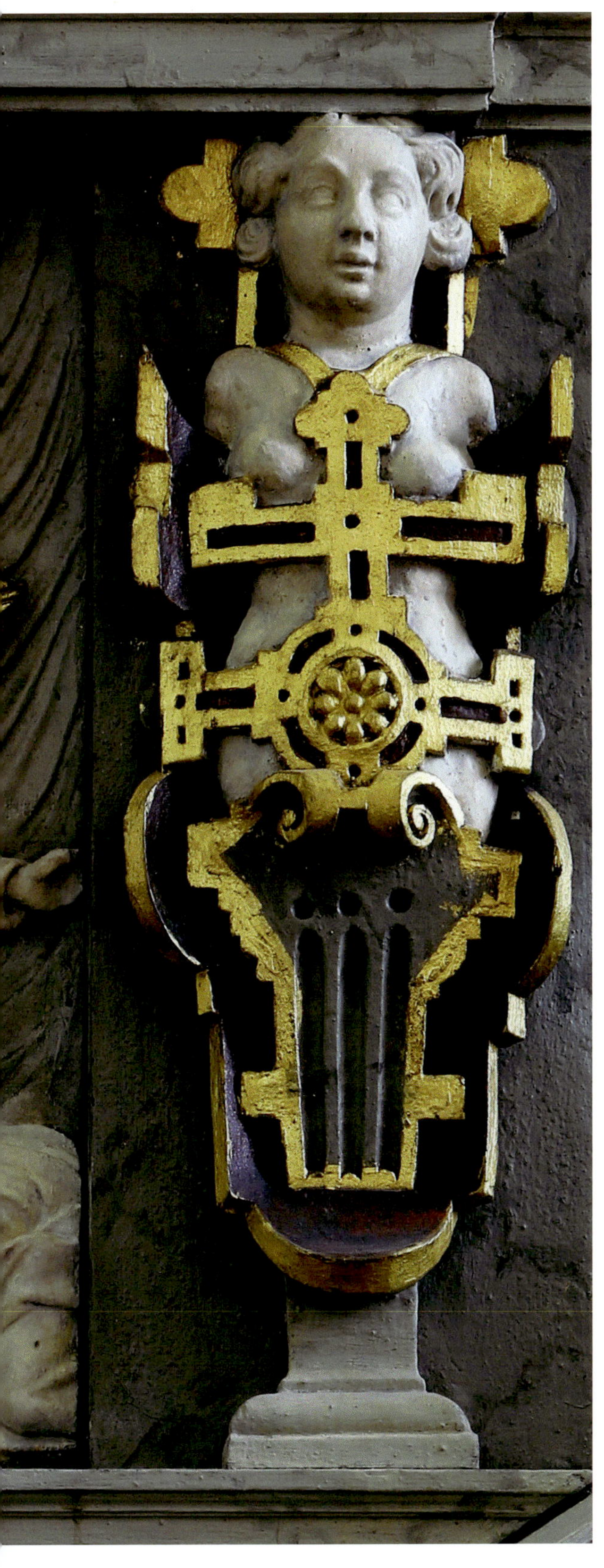

Zieht man die in der zweiten Hälfte des 16. Jahrhunderts gängige Auslegungs- und Predigttradition zu diesem Text zu Rate, so wird rasch deutlich, daß diese Erzählung des Lukas-Evangeliums als Exempel der von Christus allein um des Glaubens willen gewährten Sündenvergebung und Rechtfertigung aufgefaßt wurde. Johann Agricola (1492/94–1566)[89] etwa macht darauf aufmerksam, daß die reformatorische Rechtfertigungslehre in diesem Text gewissermaßen mit verteilten Rollen zur Aufführung gebracht wird, so daß es ein leichtes wäre, aus diesem Text ein geistliches Theaterstück zu machen, und zwar eine Komödie:

> Comoediam aber heißt [= nennt] man, wenn ein Handel hart angehet mit aller Beschwerung, und wird je länger je weitläufiger und gewinnet doch zuletzt [...] einen sehr göttlichen, allerbesten Ausgang mit herzlichen Freuden und Frohlocken.[90]

Daß auch die Darstellung der Jesu Füße salbenden Maria Magdalena am Kanzelaufgang letztlich konsequent auf die an der Kanzelpforte vorgetragene Gesetz- und Evangeliums-Thematik bezogen ist, läßt sich aus dem weiteren Verlauf der Predigt über Lukas 7 ersehen, in dem Agricola den von ihm auszulegenden Text mit Römer 5,20 (»wo aber die Sünde mächtig worden ist, da ist doch die Gnade viel mächtiger geworden«) in Verbindung bringt:

> An diesem Weib lernen wir, was der Apostel meinet, wenn er saget: Die Sünde ist überschwenglich groß worden (durchs Gesetz), die Gnade ist auch überschwenglich groß worden (durchs Evangelium), denn wo dieses Weib nicht überschwengliche Sünde gefühlt hätte, so wäre auch die Gnade nicht überschwenglich gewesen.[91]

Über diese Erzählung wurde in der Frühen Neuzeit regelhaft am Heiligengedenktag der Maria Magdalena gepredigt, da diese traditionellerweise mit der Sünderin identifiziert wurde. Die Sünderin sei, wie z.B. Johann Gerhard (1582–1637)[92] ausführt, eine

Hure gewesen, die sich nun in wahrer Reue und im festen Vertrauen darauf, Sündenvergebung zu finden, dem Sohn Gottes zugewandt habe.

> [...] darum eilete sie nunmehr mit geradem hungrigem Herzen, mit lechzender Seele, mit gläubigem Verlangen zu Christo, sie wurde ihren vorigen Sünden von Herzen feind, trug herzliche Reu' und Leid darüber. Zu Christo aber hatte sie ein gläubiges Vertrauen und brünstige Liebe, wie sie solches alles mit äußerlichen Gebärden bezeuget. Denn als sie in des Pharisäers Haus zu Christo kam, brachte sie ein Glas mit Salben und köstlichem Balsam, trat hinten zu seinen Füßen; sie scheuete sich vor Christi heiligem Angesicht zu erscheinen, sie war bisher durch Sünden von Gott abgewendet gewesen, darum wendet sie sich jetzt auch vom Angesicht der Menschen; sie fing an bitterlich zu weinen, ihr Herz war geängstet und gedrückt, darum flossen aus ihren Augen die Tränen, und zwar so mildiglich [= reichlich], daß auch die Füße Christi dadurch genetzt wurden. Ferner trocknete sie mit ihren eigenen Haaren die Füße Christi, sie machte ihre Haare, mit welchen sie bisher gepranget, zu einem Fußhadder [= Schuhputzlappen] und Wischlumpen, auch küsset sie aus wahrer Demut Christi Füße, achtete sich unwert, seinen Händen einen Kuß zu geben. Endlich salbte sie die Füße Christi mit köstlicher Salbe, achtete sich unwert, Christi Haupt mit Balsam zu salben, wie es wohl sonsten in denselben Morgenländern gebräuchlich war.[93]

Aus dieser Erzählung ist, wie die lutherische Auslegungstradition hervorhebt, nicht nur anhand eines Exempels zu lernen, wie wahre Buße auszusehen hat, die nicht ohne Bereuung (*contritio*) der Sünden und glaubendes Vertrauen darauf, dennoch Vergebung der Sünden zu finden, auskommen kann. Besonderes Augenmerk wird hierbei vielmehr auch auf die Szene gerichtet, in der Jesus der Sünderin Vergebung zukommen läßt – und zwar nur um ihres Glaubens und nicht um ihrer guten Taten willen:

> Und er sprach zu ihr: Dir sind deine Sünden vergeben. Da fingen die an, die mit ihm zu Tisch saßen, und sprachen bei sich selbst: Wer ist dieser, der auch die Sünde vergibt? Er aber sprach zu dem Weibe: Dein Glaube hat dir geholfen; gehe hin mit Frieden! (Lukas 7,48–50)

Nicht die Taten, die die bußfertige Sünderin dem Sohn Gottes mit der von ihr vorgenommenen Fußpflege angedeihen ließ, sind der Grund für die ihr gewährte Sündenvergebung, sondern ihr Glaube und ihr Vertrauen, die sich sekundär in den Werken der Liebe manifestieren. Diesen Aspekt hatte bereits Luther in den Vordergrund gehoben und sich damit von der im Spätmittelalter gängigen Auslegungstradition abgesetzt, die in Lukas 7 einen Beleg für die Lehre von der Verdienstlichkeit der guten Werke sah.[94] Luther zufolge wird aus der Erzählung von der Sünderin unmißverständlich klar, daß allein der Glaube die Vergebung der Sünden ergreift, während die guten Werke nachrangige Konkretionen des Glaubens sind, denen keine Verdienstlichkeit zukommt, die aber aus diesem notwendigerweise hervorzuwachsen haben wie ein guter Baum gute Früchte trägt: »Deinde post remissionem peccatorum debet sequi dilectio« (daher muß nach der Sündenvergebung die Liebe folgen[95]).

Grotesken

In den ersten drei Bogenfeldern des Kanzelaufgangs befinden sich drei sogenannte Grotesken, mithin phantasieartige Ornamentmotive. Im ersten Feld sieht man eine weibliche Gestalt, die ein Füllhorn in der rechten Hand sowie in der linken ein Schwert und einen Palmzweig mit sich führt (Abb. 42). Die

41 *Kanzelaufgang: Weibliche Phantasiegestalt mit Vase auf dem Kopf und blumenkelchähnlichen Armen.* ▷

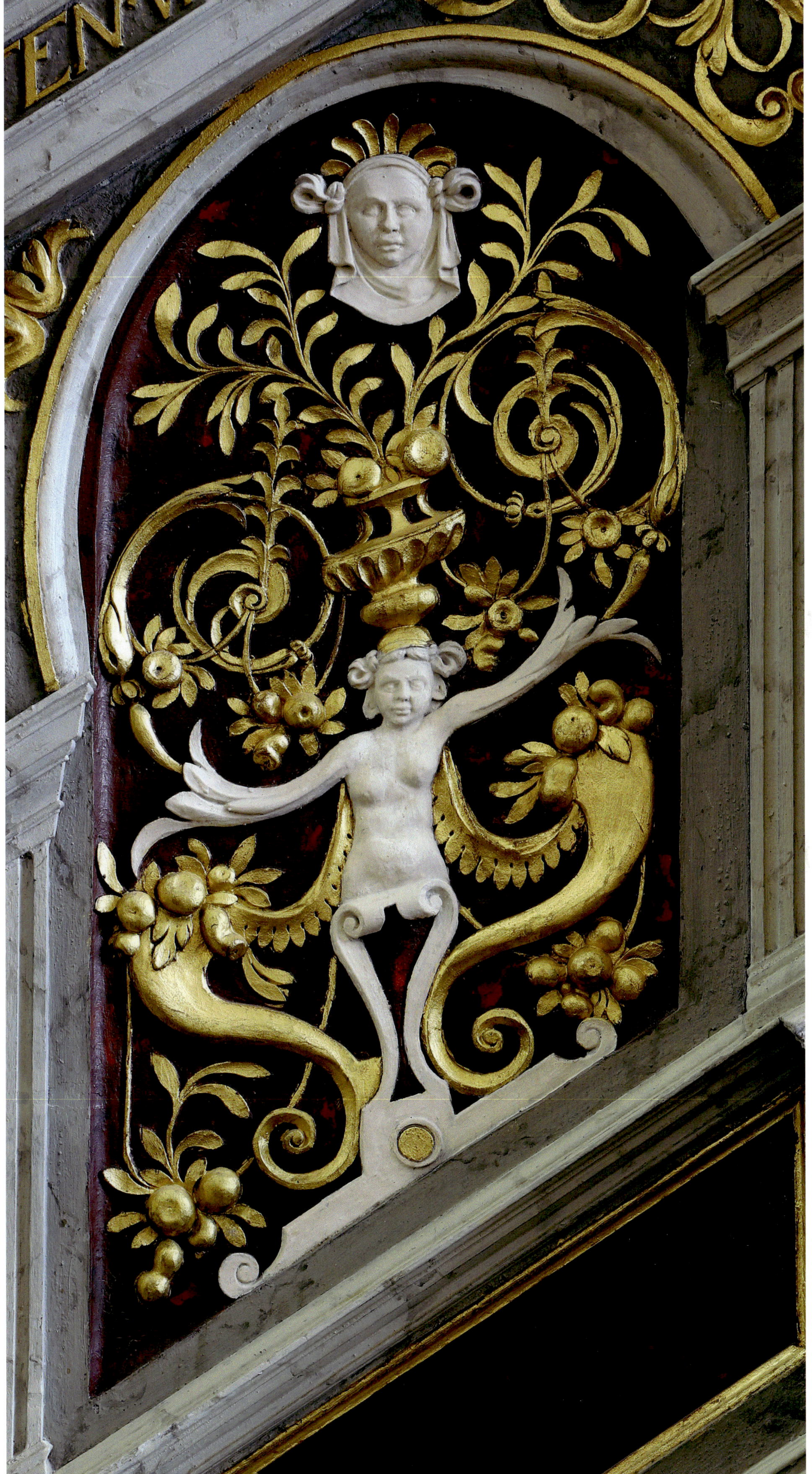

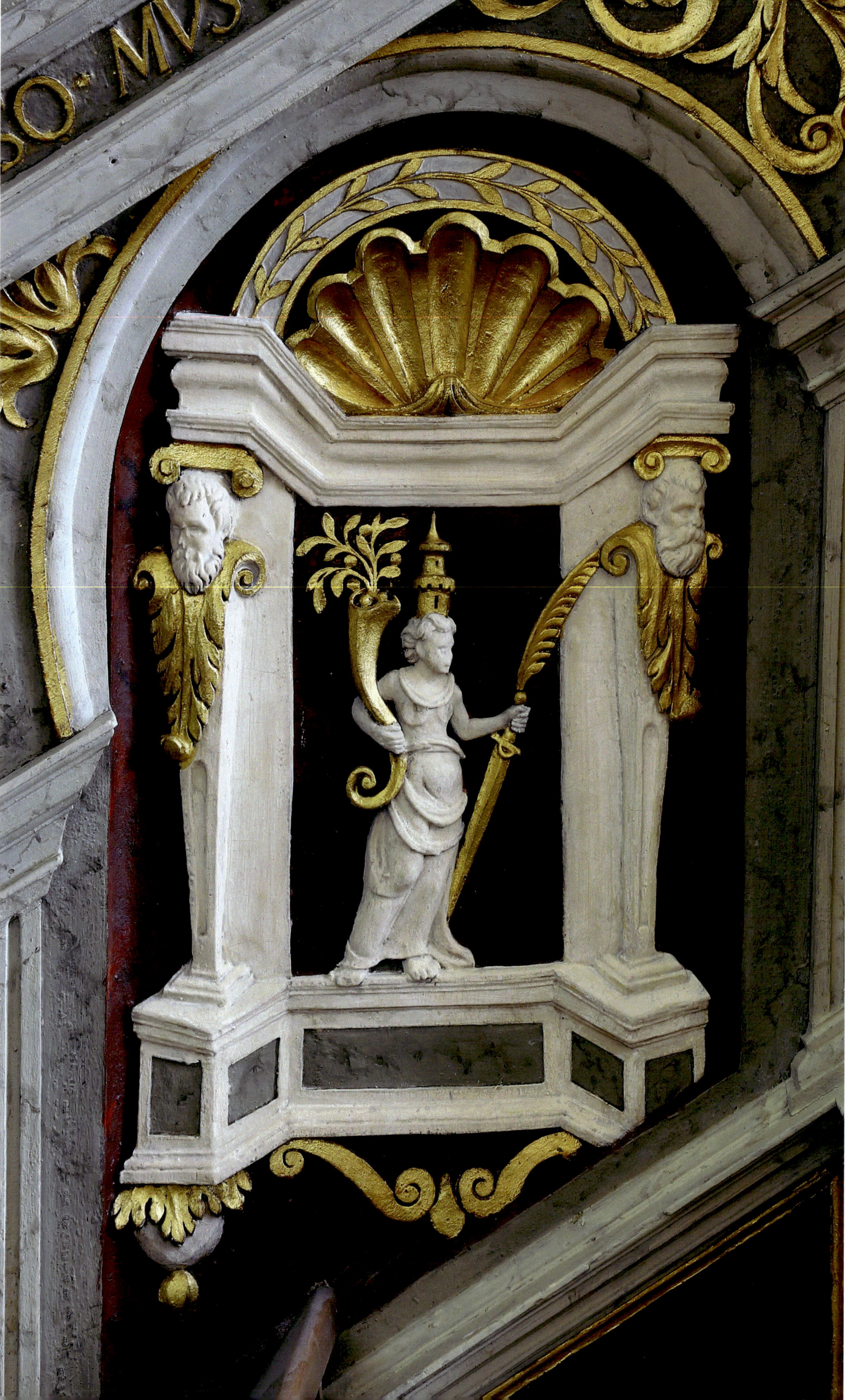
SO · MVS

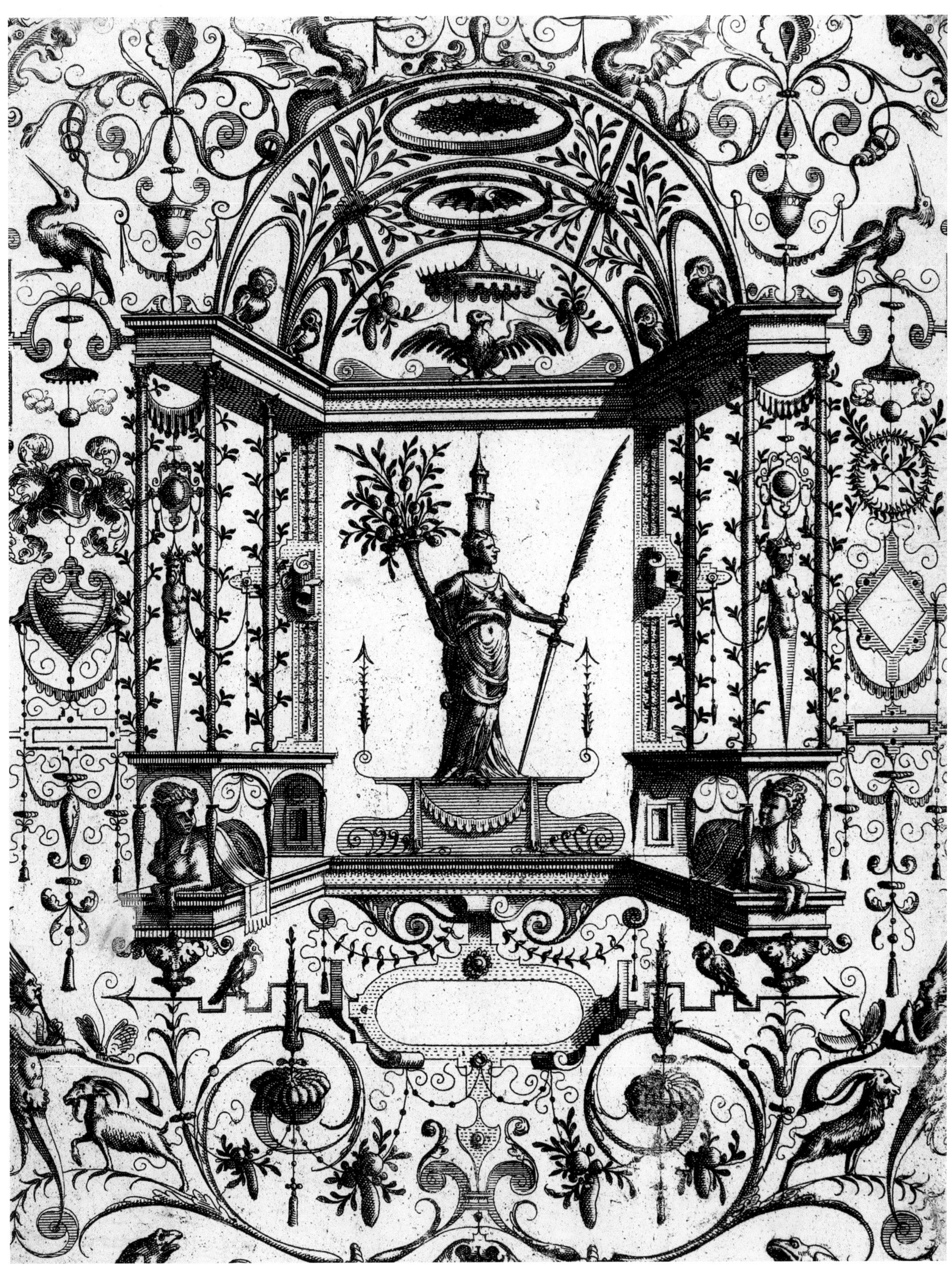

◁ **42** *Kanzelaufgang: Weibliche Phantasiegestalt mit Füllhorn, Schwert und Palmzweig.*

43 *Radierung, entworfen von Hans Vredeman de Vries, gestochen von Gerhard de Jode, ca. 1565–1571 (UB Rostock Da-9).*

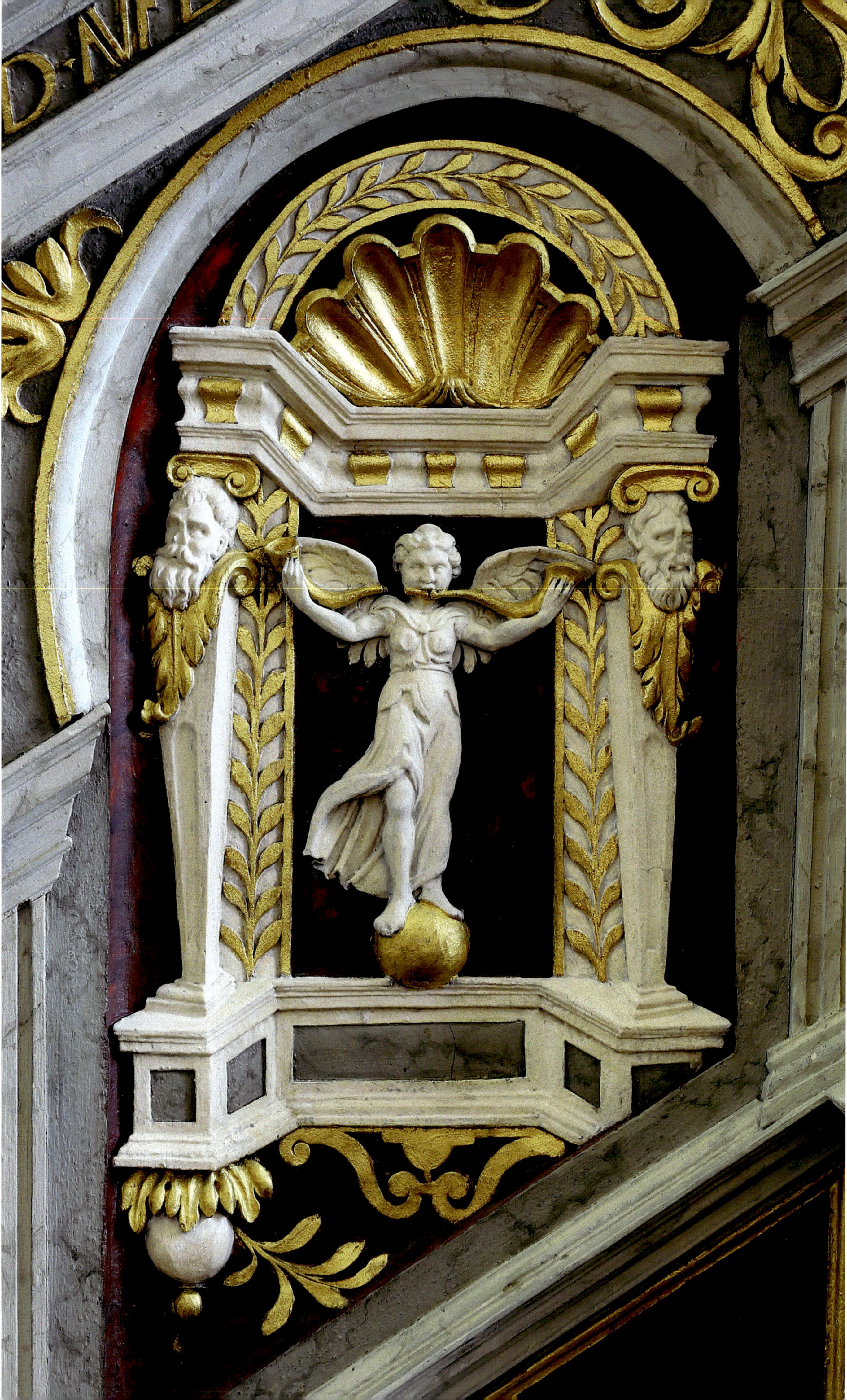

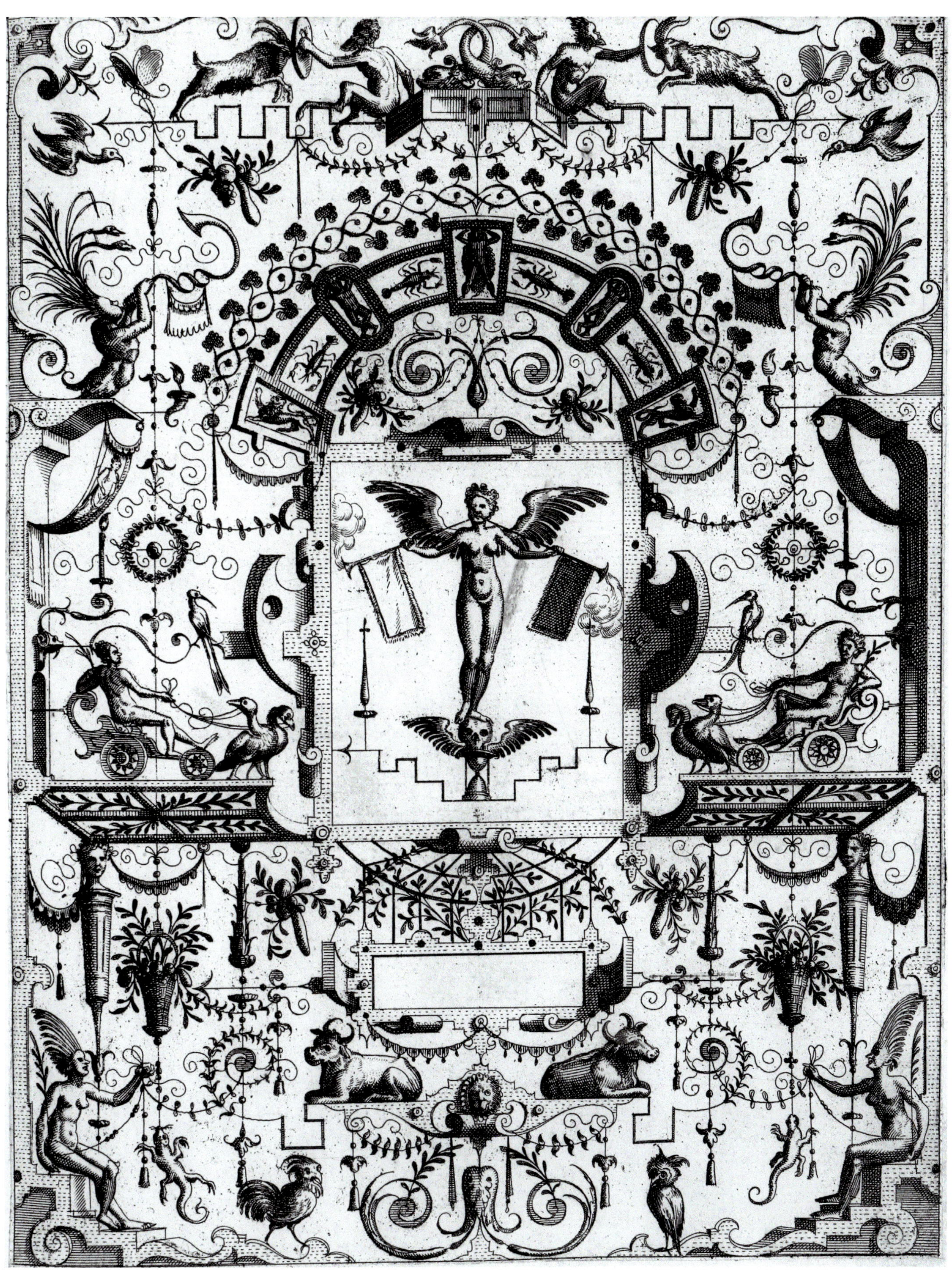

◁ 44 *Kanzelaufgang: Weibliche Phantasiegestalt mit Flügeln und zwei Posaunen.*

45 *Radierung, entworfen von Hans Vredeman de Vries, gestochen von Gerhard de Jode, ca. 1565–1571 (UB Rostock Da-9).*

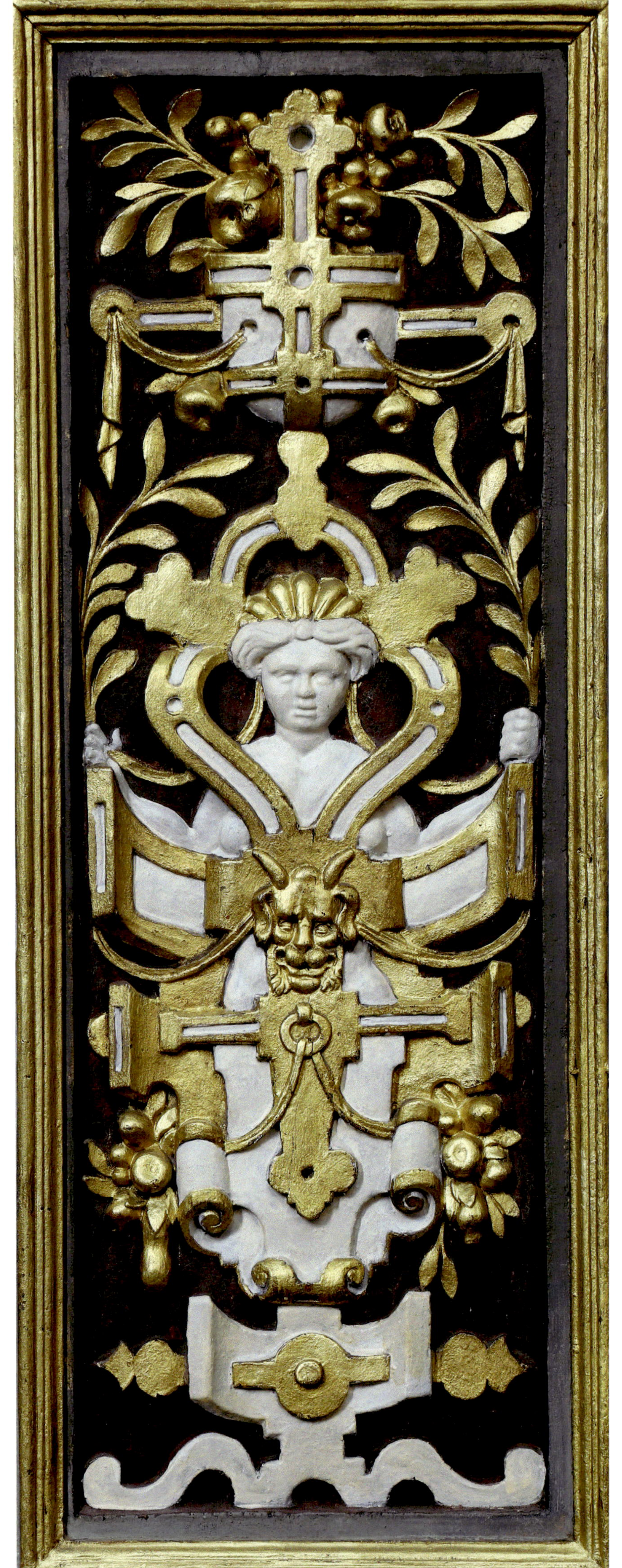

Vorlage hierfür findet sich in einem Blatt einer Serie von Radierungen,[96] die von dem niederländischen Maler Hans Vredeman de Vries (1527–1604)[97] entworfen und von Gerhard de Jode (1509–1591) gestochen sowie im Zeitraum von 1565 bis 1571 in Antwerpen publiziert wurde (Abb. 43). Im zweiten Bogenfeld ist eine weibliche Gestalt mit ausgebreiteten Flügeln wiedergegeben, die auf einer Weltkugel steht und zwei Posaunen bläst (Abb. 44). Auch hierfür wurde auf die bereits genannte Serie Vredeman de Vries' zurückgegriffen. Die in der Radierung nackte weibliche Gestalt, die für die Verwendung an der Kanzel sozusagen bekleidet wurde, steht auf einem geflügelten Totenkopf und einer Sanduhr (Abb. 45). Verkörpert werden so zugleich der Ruhm (*fama*) und das Glück (*fortuna*), welche den Tod und die Zeit überwinden. Vredeman de Vries' Ornamentik hat übrigens nicht nur auf die Kirchenausstattungen, sondern auch auf die in Mecklenburg gepflegte Architektur des ausgehenden 16. und 17. Jahrhunderts prägend eingewirkt.[98] Die dritte Figur besteht aus einem weiblichen Rumpf mit Kopf, auf dem eine Vase plaziert ist, aus der stilisierte Gewächse herausranken (Abb. 41). Die Arme der Figur sind blumenkelchähnlich gestaltet. Eine weitere Groteske befindet sich an der Kanzeltür (Abb. 46). Was all diese Ornamentmotive miteinander verbindet, ist die Sichtbarmachung von floraler Fruchtbarkeit und Fülle. Die Grotesken werden zwar nicht explizit in einen sakralen Bezugsrahmen eingestellt, was mit Hilfe von entsprechenden Inschriften ja durchaus möglich gewesen wäre. Jedoch können sie als allegorisch-sinnbildlicher Ausdruck des Reichtums der auf der Kanzel zur Sprache kommenden geistlichen Botschaft, der göttlichen Gnade bzw. der Fruchtbarkeit des christlichen Glaubens, der sich in Werken der Nächstenliebe konkretisiert, gedeutet werden.

◁ **46** *Kanzeltür: Weibliche Phantasiegestalt mit Ranken.*

Psalm 115. v.14.15.

Der Herr segne
euch ie mehr und mehr,
euch und eure kinder
Ihr seÿd die gesegneten
des Herren der
Himmel und erde
gemachet hat.

Kanzelrückwand

Inschriften

Die Kanzelrückwand ist nicht bebildert, sondern trägt vier Inschriften mit vorangestellten Belegen – drei aus dem Alten und eine aus dem Neuen Testament. Bei der ersten Inschrift handelt es sich um eine Gottesrede aus Jesaja 55,11: »Mein Wort, so aus meinem Munde gehet, soll nicht wieder leer zu mich kommen, sondern thun das mir gefället und soll ihm gelingen da zu ichs sende.« Dieser Vers begegnet an protestantischen Predigtstühlen der Frühen Neuzeit recht häufig und handelt nach reformatorischer Auffassung von der unvergleichlichen Wirkmacht, ja Effizienz (*efficacia*) des göttlichen Wortes, das der Prediger im Auftrage Gottes zu verkündigen hat – eines Wortes, das schöpferisch ist und darum in den Hörenden den Glauben und die Sündenvergebung bewirkt. Luther zufolge trägt für diese Effektivität des Wortes Gottes das Zusammenwirken der gesamten Trinität Sorge:

> Der Prophet Jesaja sagt ›das Wort, das aus meinem Mund gehet, das soll mir nicht leer heimkommen, sondern ausrichten alles, dazu ich es geschickt habe‹. Und gleichwie ein Regen das Land durchgießt, weich und fruchtbar macht, also ist auch Gottes Wort fruchtbar, wenn der Prediger herfährt durch den Herrn Christum. Da öffnet der Heilige Geist den Schafstall, das ist das Herz und wirkt dabei, daß das Wort eingehe und bekleibt [= Wurzeln schlägt] [...]. Aber wenn man von Werken predigt, das können die Herzen nicht freudig annehmen, dann sie tun, was sie wollen, so bleibt doch immer ein schwerer Mut und Dünkel [= die Vermutung], es sei nicht genug und recht. Wenn aber das rechte Wort kommet aus Christo geflossen, das den Menschen an sich verzagen heißt und keinen anderen Trost suchen denn den Herren Christum, allein das dringt in des Herzens Grund hinein und wirket durch den Heiligen Geist.[99]

Die zweite Inschrift an der Kanzelrückwand ist ebenfalls dem Buch des Propheten Jesaja entnommen, gibt nun aber nicht eine Gottesrede wieder, sondern einen Ausspruch des Propheten selbst, wodurch eine dialogische Struktur entsteht. Was Jesaja hier äußert, sind Worte eines Amtsträgers, der an dem von Gott erteilten Auftrag irre zu werden droht, die zugleich aber deutlich machen, daß ein Prediger nicht in eigener Sache spricht, sondern Bote des Herrn ist: »Jesaia 49. 4. Jch gedachte, ich arbeittete vergeblich und brächte meine krafft umsonst und unnützlich zu, wie woll meine Sache des Herren v[nd] mein Ampt meines Gotts ist«. Die dritte Inschrift gibt Matthäus 10,20 (nicht 10,10, wie an der Kanzelrückwand notiert) wieder und nimmt sich wie eine göttliche Antwort auf die zuvor zitierten Worte des Propheten Jesaja aus, der an Sinn und Zweck seiner ihm von Gott übertragenen Amtstätigkeit zweifelt. Gewissermaßen in Entgegnung darauf macht das Jesus-Wort aus Matthäus 10,20 deutlich, daß derjenige, der als ordinierter Pastor das Wort Gottes predigt, zwar redet, aber doch auch nicht, da letztlich nicht er selbst, sondern der Heilige Geist durch ihn spricht: »Jhr seyd es nicht die da reden sondern eures vaters Geist ist es der durch euch redet.« Luther zufolge sind ausgehend von Matthäus 10,20 die rechten Prediger des Evangeliums als Münder Jesu Christi zu bezeichnen:

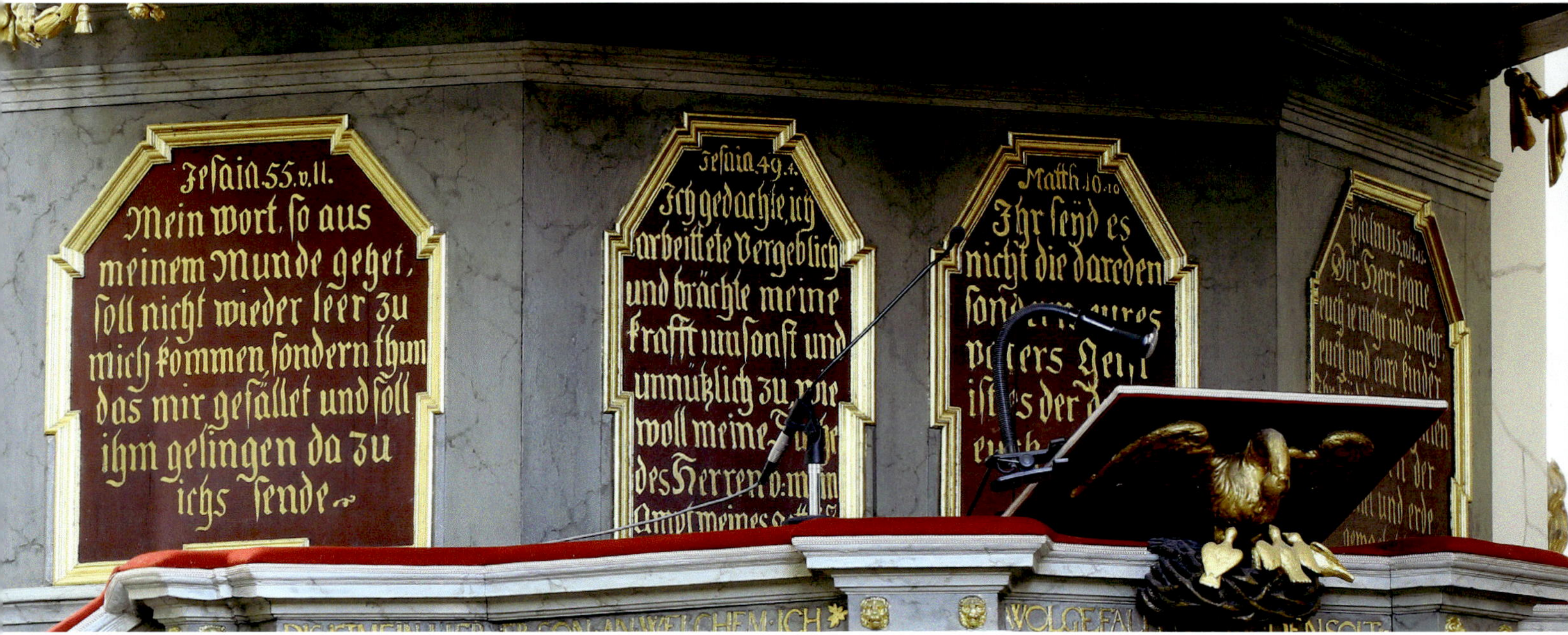

Diese sind und heißen rechte Hirten, weil sie nicht sich selbst, sondern Christum predigen und also des Herrn Christi Mund sind, wie er selbst sagt Matthäus 10,20: ›Ihr seid nicht, die da reden, sondern euers Vaters Geist ist es, der durch euch redet.‹ Und abermals Lukas 21,15: ›Ich will euch Mund und Weisheit geben‹. Das ist: Es soll nicht euer Mund sein, sondern ich will euern Mund so zurichten, daß es soll sein ein Mund voller Weisheit, von mir gegeben, und von mir reden […]. Denn dieses ist der Donnerschlag, damit alles niedergelegt wird, was dieser Lehre und des Schlags nicht ist, daß es nichts diene noch helfe zu jenem Leben […].[100]

Die letzten beiden an der Kanzelrückwand zitierten Verse entstammen dem Psalter, dem umfänglichen Gebetbuch des Alten Testaments: »Psalm 115. v. 14. 15. Der Herr segne euch ie mehr und mehr, euch und eure kinder[.] Jhr seyd die gesegneten des Herren der Himmel und erde gemachet hat.« Nicht nur die Prediger, die auf der Kanzel der Aufgabe nachkamen und nachkommen, das Wort Gottes zu verkündigen, beschließen jede einzelne Predigt mit dem sogenannten Kanzelsegen. Vielmehr artikuliert solchen Segen auch die Kanzel selbst, die weit mehr ist als nur ein Ausstattungsstück im Kirchenraum, die sich vielmehr in das Predigtgeschehen selbst einmischt.

Blick aus dem Chorraum nach Südwesten ▷

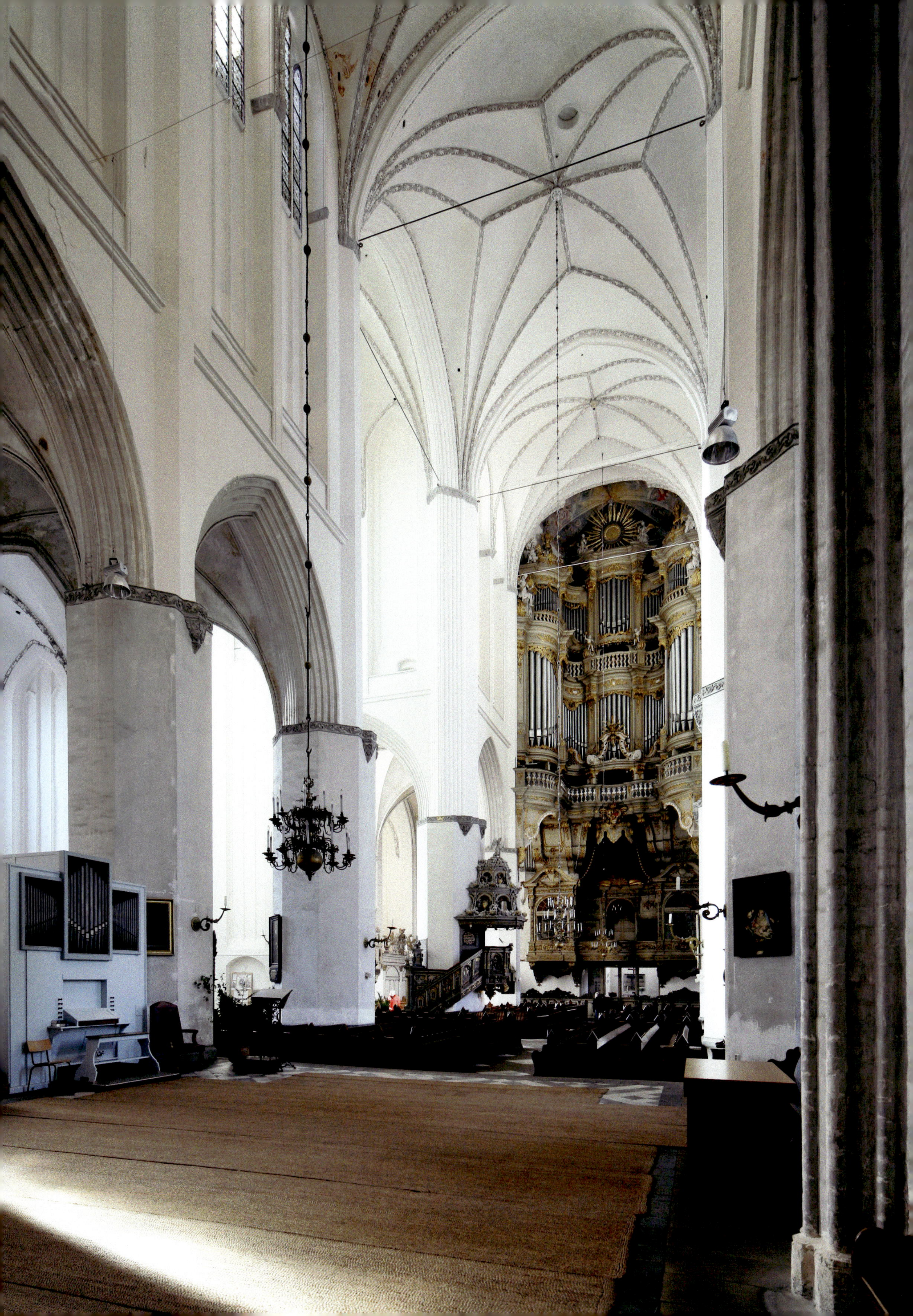

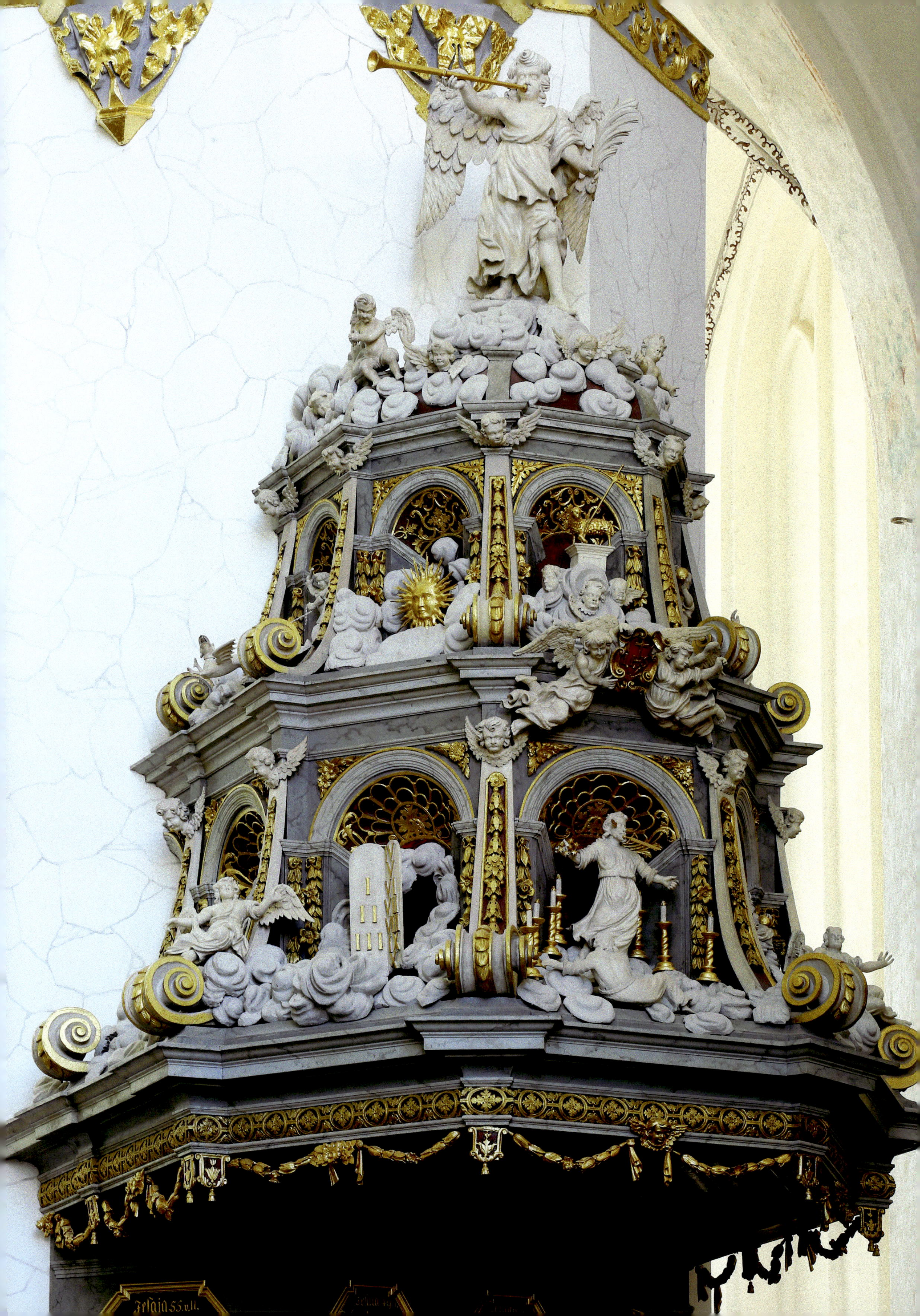
Jesaia 55.v.11.

Schalldeckel

Engel mit Posaune sowie Engel mit Schlüssel und Kette

Der Schalldeckel der Kanzel in St. Marien ist fast 150 Jahre jünger als der Rest derselben und wurde im Jahre 1723 vollendet. Das am Schalldeckel vorgetragene Bildprogramm ist recht umfänglich und konsequent auf die sogenannten letzten Dinge konzentriert. Es darf in seiner unverwechselbaren und keineswegs konventionellen Machart nicht nur als herausragend, sondern als im nordeuropäischen Raum einzigartig betrachtet werden. An der Spitze des Schalldeckels befindet sich, auf Wolken stehend, ein Engel, der eine Posaune bläst und einen Palmzweig in der linken Hand hält (Abb. 48). Dieser Engel steht *pars pro toto* für die sieben Engel der Offenbarung des Johannes, die nacheinander ihre Posaunen blasen. Folgerichtig ist das am Schalldeckel entfaltete Bildprogramm fast vollständig von Motiven bestimmt, die aus diesem letzten Buch der Bibel herrühren. Eine derart starke Konzentration auf apokalyptische Bildlichkeit ist auffällig. Sie dürfte nicht zufällig im Zusammenhang mit der Tatsache stehen, daß auch in der Lutherbibel eine massive Häufung von Illustrationen im Bereich der Johannes-Offenbarung zu beobachten ist (26 Holzschnitte in der bei Hans Lufft erschienenen Wittenberger Ausgabe des Jahres 1545).

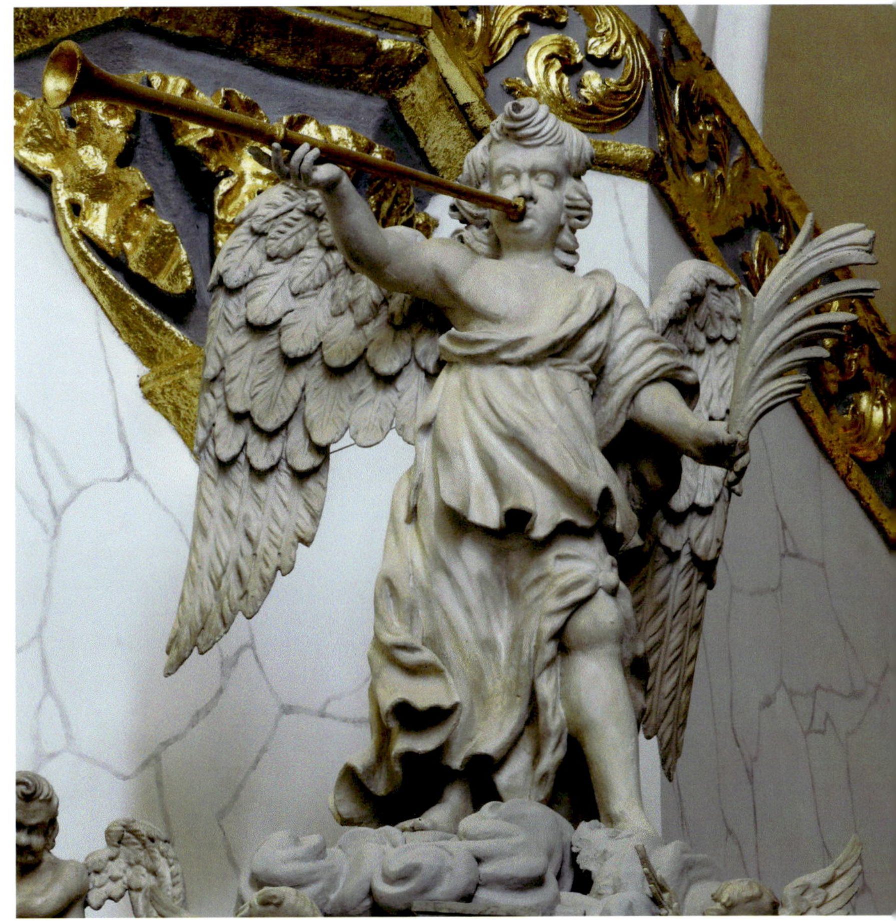

48 *Schalldeckel: Engel mit Posaune und Palmzweig.*

Es handelt sich um insgesamt zehn Bildmotive, die auf die beiden Stockwerke des Schalldeckels verteilt sind. Auf diese Weise entfaltet der Schalldeckel – und mithin derjenige Teil der Kanzel, der dem Himmel am nächsten ist – eine von Reichtum geprägte Bildwelt, welche die Betrachter dazu anleiten will, den Blick in die Zukunft zu richten und die sogenannten letzten Dinge (Eschata) zu meditieren. So erhalten diejenigen, die ihre Blicke nach oben wenden, die Möglichkeit, an den Visionen zu partizipieren, die Johannes zuteil wurden. Zudem ist auf diese Weise gewissermaßen eine ikonographische Brücke zwischen dem unteren Bereich des Kirchenraums und dessen oberer Zone gegeben. Denn die eschatologischen Motive am Schalldeckel, der von einer Vielzahl von Engeln bevölkert wird, korrespondieren mit der oberen Zone des Orgelprospekts und den über ihm befindlichen

◁ **47** *Schalldeckel*

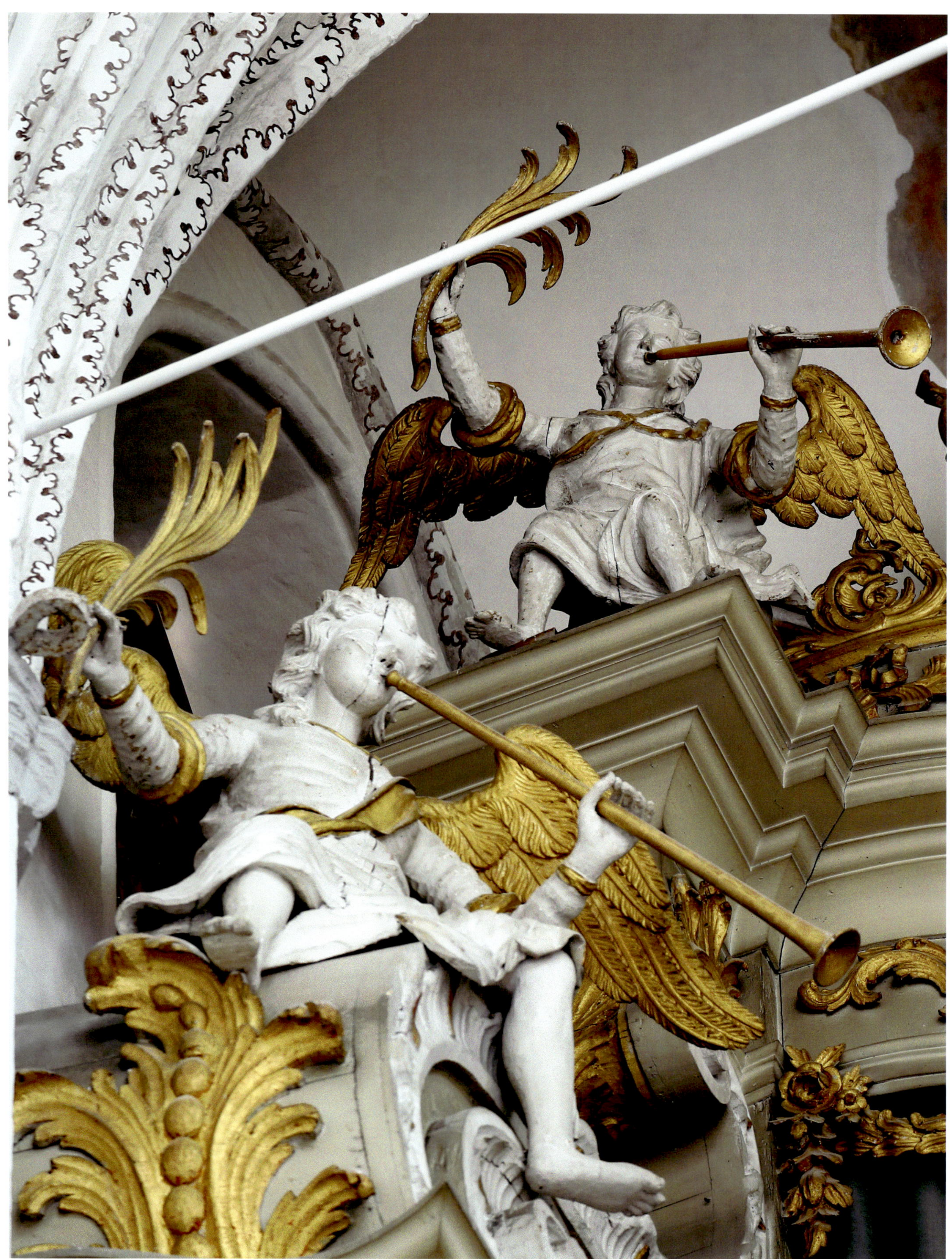

49 *Engel mit Posaunen im oberen Bereich des Orgelprospekts.*

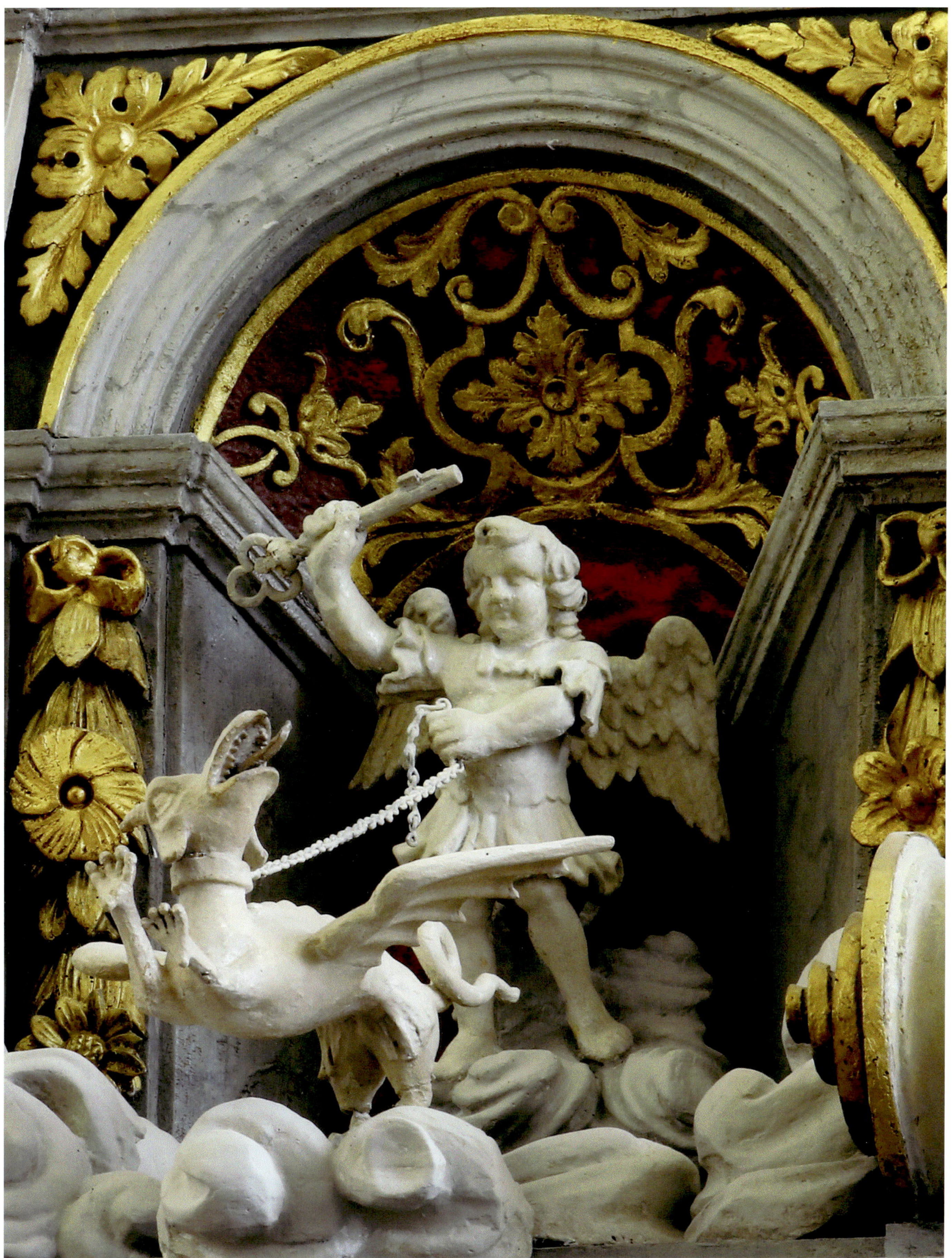

50 *Schalldeckel: Engel mit Schlüssel und angekettetem höllischem Drachen.*

Gewölbeausmalungen als dem höchsten Punkt des Mittelschiffs der Kirche, wo ebenfalls zahlreiche Engel mit Musikinstrumenten erscheinen (Abb. 49). Sie verdeutlichen, daß nach frühneuzeitlicher (und bereits mittelalterlicher) Auffassung dort, wo auf Erden zum Lobe Gottes musiziert und gesungen wird, eine enge Verbindung zum im Himmel praktizierten Gottesdienst der Engel besteht und sich eine Vorwegnahme der himmlischen Liturgie ereignet, in welche die zum ewigen Leben Auferstandenen dereinst eingehen werden.[101]

Links oben am Schalldeckel sieht man zunächst einen Engel, der in der rechten Hand einen überdimensionierten Schlüssel emporreckt und mit der Linken an einer Kette einen höllischen Drachen im Zaum hält (Abb. 50). Der eindeutig identifizierbare Bezugstext hierfür ist Offenbarung des Johannes 20,1–3:

> Und ich sah einen Engel vom Himmel fahren, der hatte den Schlüssel zum Abgrund und eine große Kette in seiner Hand. Und er ergriff den Drachen, die alte Schlange, welche ist der Teufel und der Satan, und band ihn tausend Jahre und warf ihn in den Abgrund und verschloß ihn und versiegelte obendarauf, daß er nicht mehr verführen sollte die Heiden, bis daß vollendet würden tausend Jahre; und danach muß er los werden eine kleine Zeit.

Der Rostocker Theologieprofessor David Chyträus (1530–1600)[102] deutete diesen Text in seinem (in zahlreichen Auflagen weitverbreiteten) Kommentar zur Offenbarung des Johannes christologisch, das heißt er sieht in dem Engel keinen anderen als Jesus Christus verkörpert, der durch sein Leiden und Sterben die Hölle und die satanischen Verderbensmächte ein für allemal überwandt:

> Der Engel oder Legat des ewigen Vaters, der Sohn Gottes, unser Herr Jesus Christus, fähret vom Himmel und hat den Schlüssel zum Abgrund oder der Hölle und des Todes [...]. Das ist: Er hat vollkommene Gewalt und Macht über den Tod, Hölle und das Reich des Teufels, wie Hosea 13,14 geschrieben stehet: Ich will sie erlösen aus der Hölle und vom Tod erretten. Tod, ich will dir ein Gift sein, und Hölle, ich will dir eine Pestilenz sein. Hebräer 2,14: Der Sohn Gottes hat Fleisch und Blut an sich genommen gleichwie wir, auf daß er durch seinen Tod die Macht nähme dem, der des Todes Gewalt hatte, das ist dem Teufel.[103]

Bereits hier wird erkennbar, daß es den Künstlern, die den Schalldeckel schufen, offenbar darum zu tun war, ikonographische Kohärenzen mit den älteren unteren Zonen der Kanzel herzustellen, an dem der die Verderbensmächte besiegende Christus zweimal repräsentiert ist (vgl. S. 14 und 33).

Lamm Gottes mit Kreuzstab

Im nächsten Bildfeld erblickt der Betrachter eine von Wolken umgebene Sonne mit Gesicht (Abb. 51), während rechts daneben das Lamm Gottes mit Kreuzstab auf einem Opferaltar zu sehen ist (Abb. 52). Auf diese Weise wird nicht nur Kohärenz hinsichtlich der Darstellung des Lammes Gottes bzw. des auferstandenen Christus mit Kreuzstab im Gesetz- und Gnade-Relief sowie am Kanzelkorb (s. o. S. 13, 15, 33 f.) gestiftet. Am Schalldeckel wird vielmehr zusätzlich Bezug genommen auf Offenbarung 13,8 und mithin auf einen Schlüsseltext frühneuzeitlich-lutherischer Versöhnungslehre, in dem von dem »Lamm« die Rede ist, »das erwürgt ist, von Anfang der Welt«. Hierin sieht die lutherische Auslegungstradition den Umstand gespiegelt, daß der stellvertretende Opfertod Jesu Christi von Ewigkeit in Gottes Ratschluß vorgesehen war, um die sündige Welt durch ein einziges und allgenugsames Opfer von den Verderbensmächten zu erlösen. Sämtliche Opferpraktiken, die im Alten Bund voll-

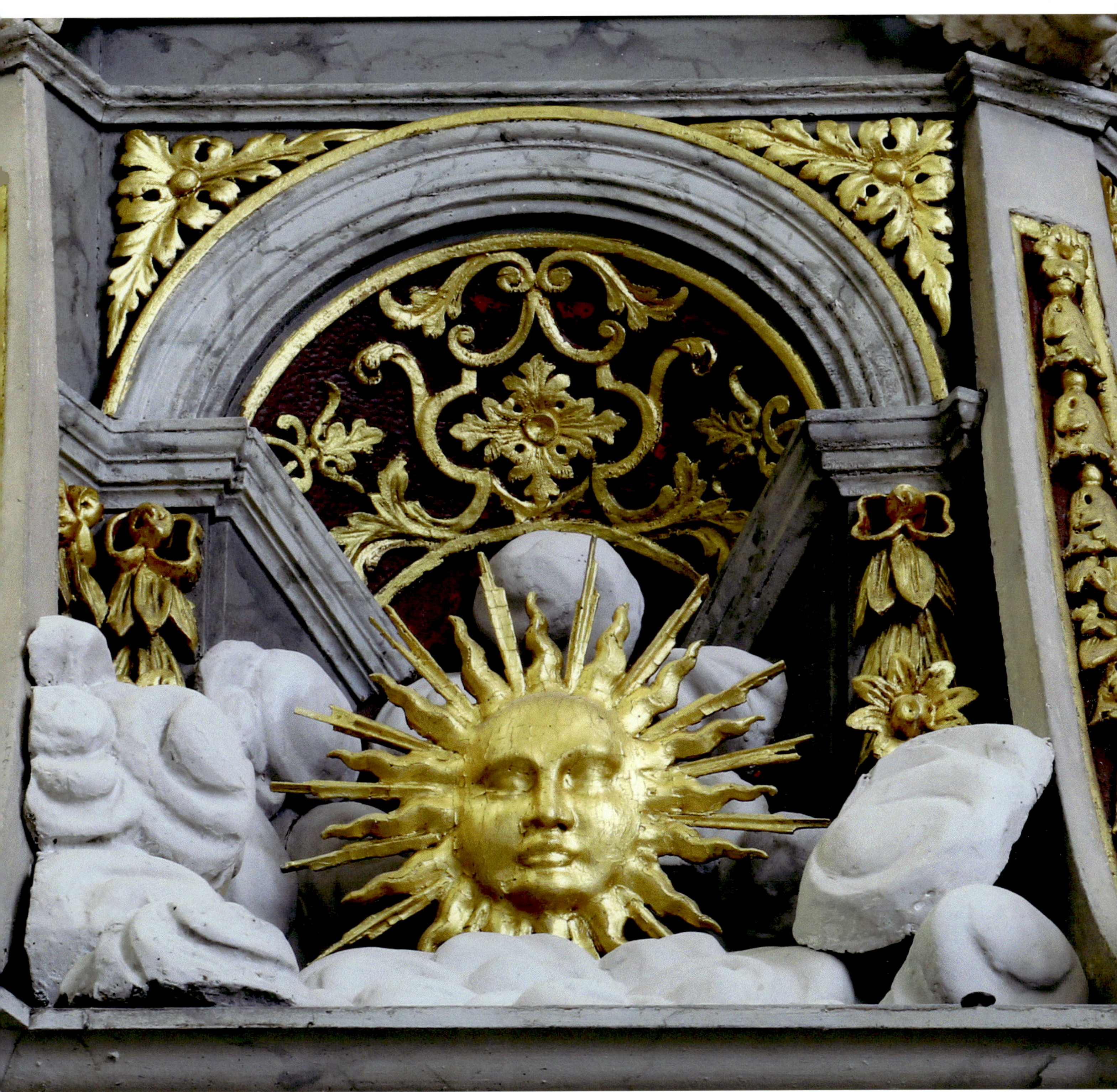

51 Schalldeckel: Sonne mit Gesicht.

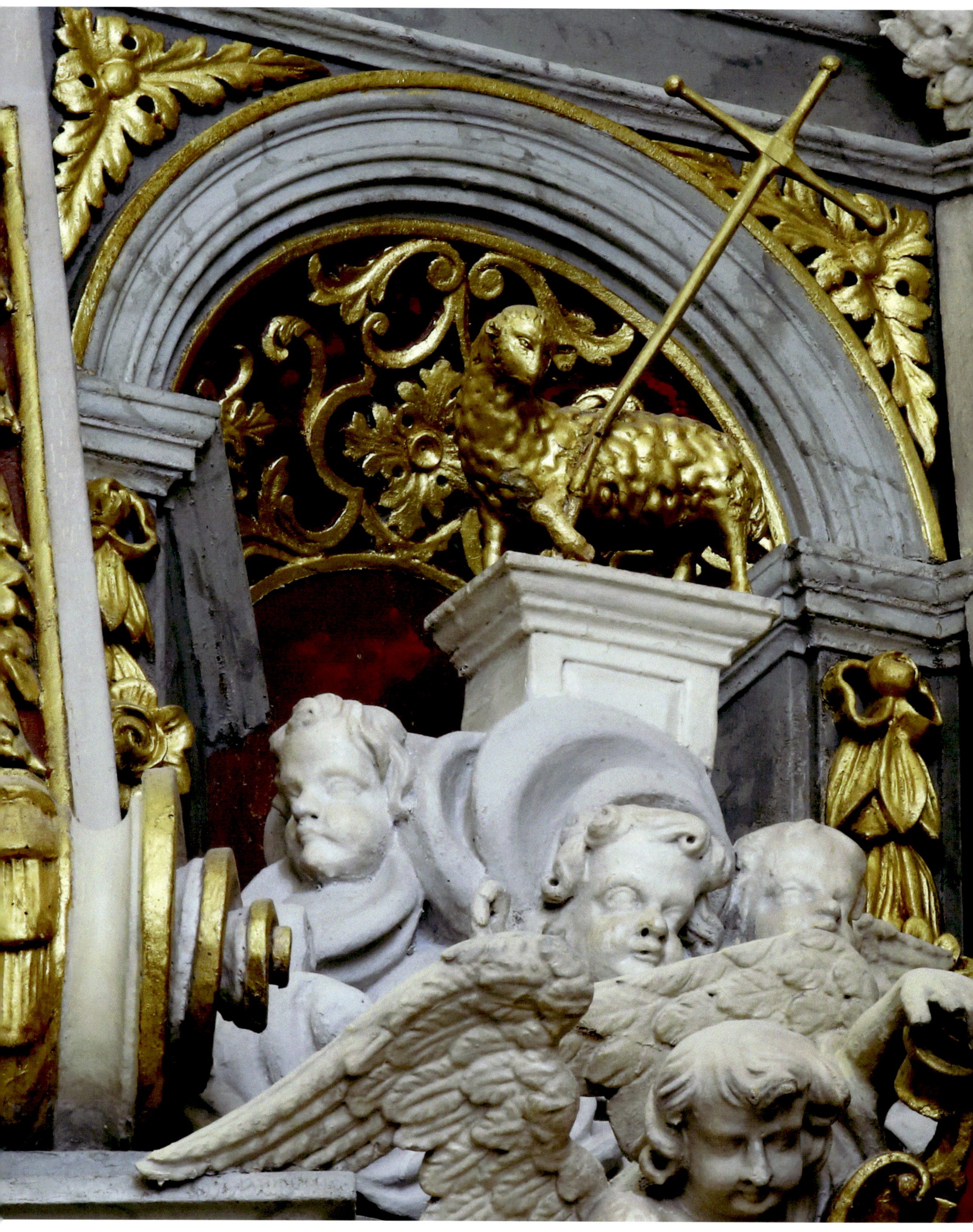

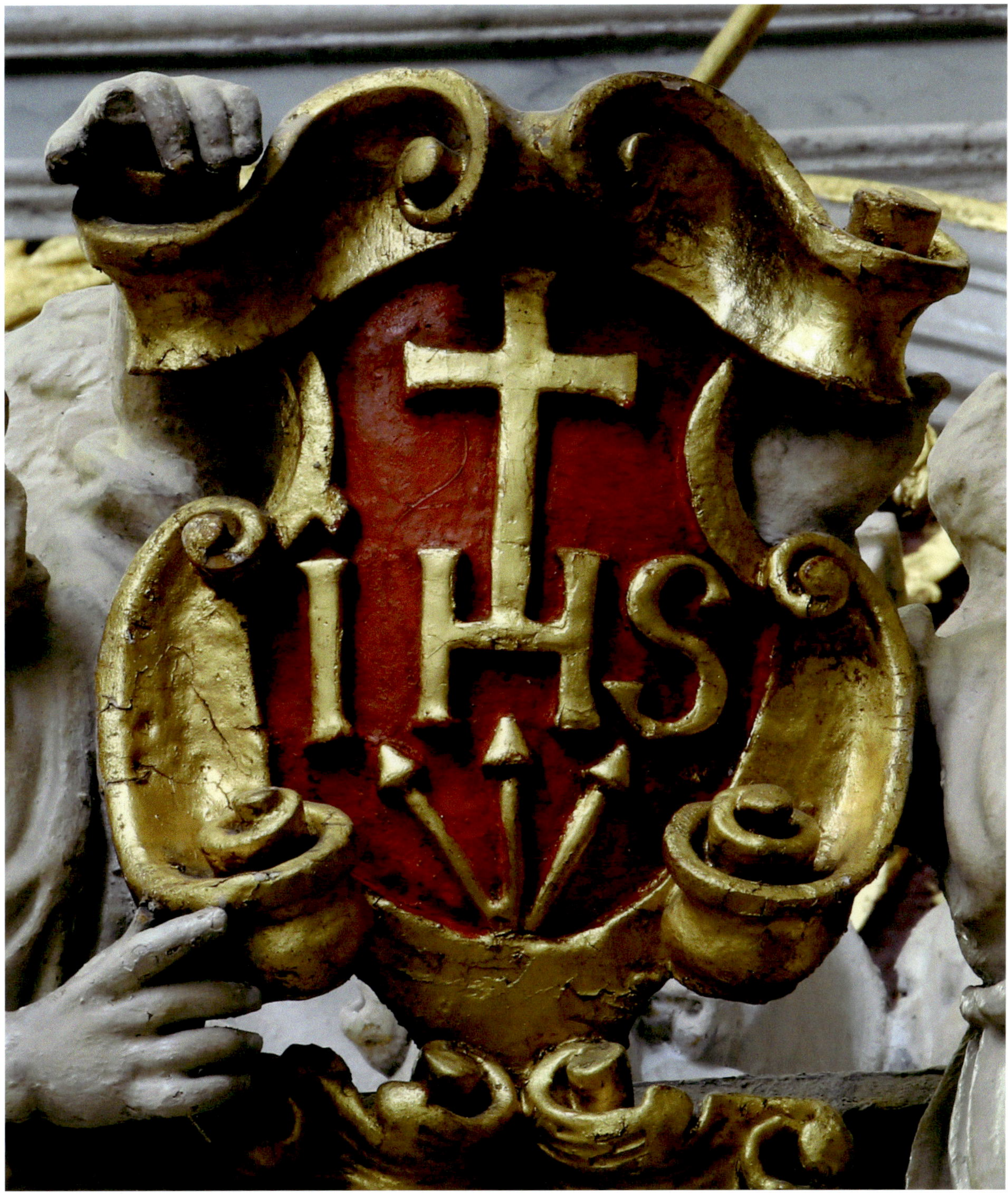

53 *Schalldeckel: Jesus-Wappen.*

zogen wurden, deuteten dieser Sicht der Dinge zufolge typologisch auf das Opfer des Lammes Jesus Christus hin, das allein sämtliche Sünden der Welt auf sich nahm (Johannes 1,29.36) und auch am Kanzelportal bereits zu sehen war (vgl. S. 12 f.). Chyträus entfaltet diesen Zusammenhang wie folgt:

Eben dieser Verstand [= Verständnis] ist auch in diesem Spruch Johannis, da er spricht, das Lamm sei erwürget von Anfang der Welt (Offenbarung 13,8). Denn der Sohn Gottes, unser Herr Jesus Christus, ist aus wunderbarem und unbegreiflichem Rat der Gottheit vor der Welt Schöpfung von Ewigkeit zu einem Lamm und Opfer ver-

52 *Schalldeckel: Lamm Gottes mit Kreuzstab auf Opferaltar.*

54 *Schalldeckel: Engel mit Jesus-Wappen.* ▷

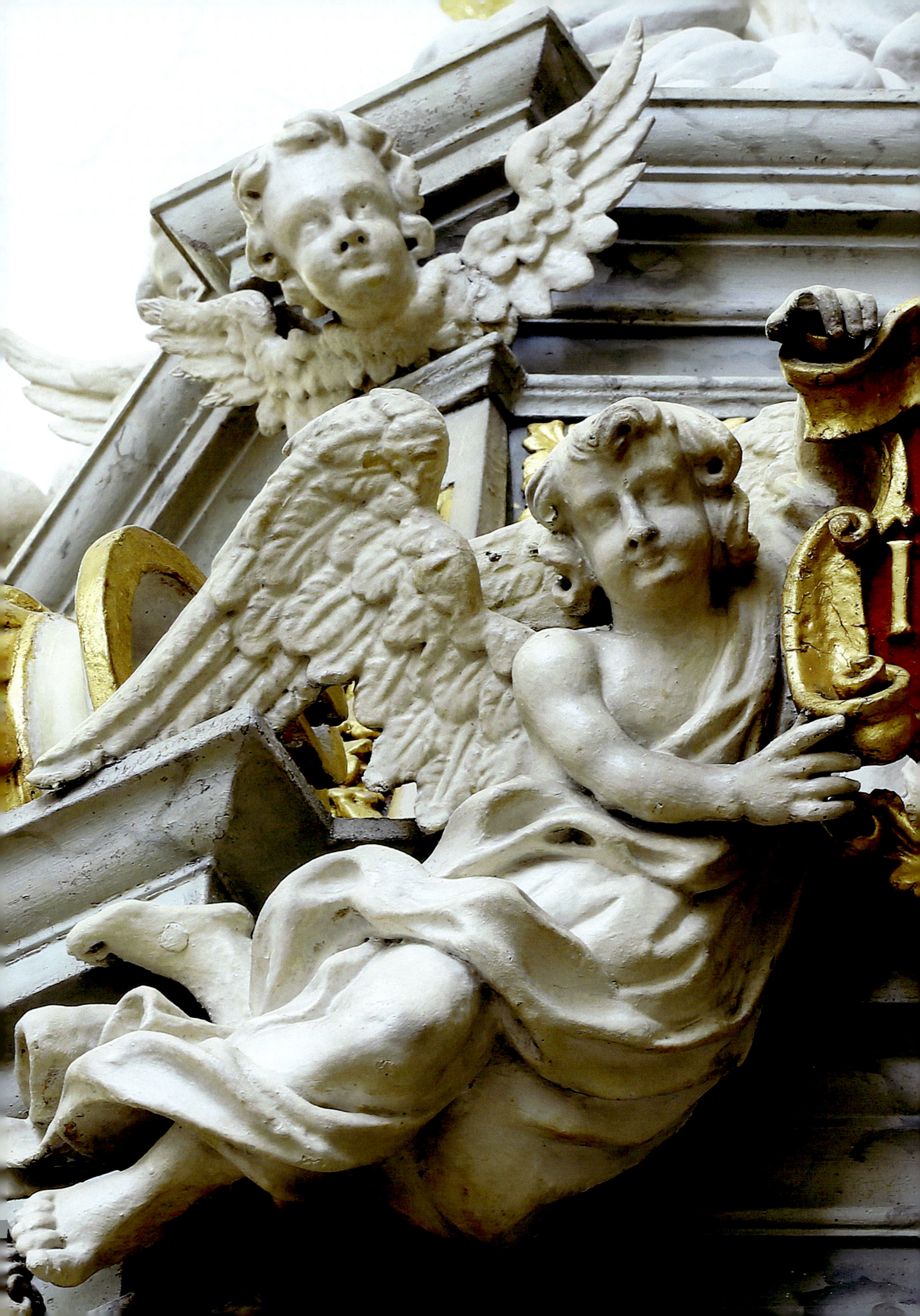

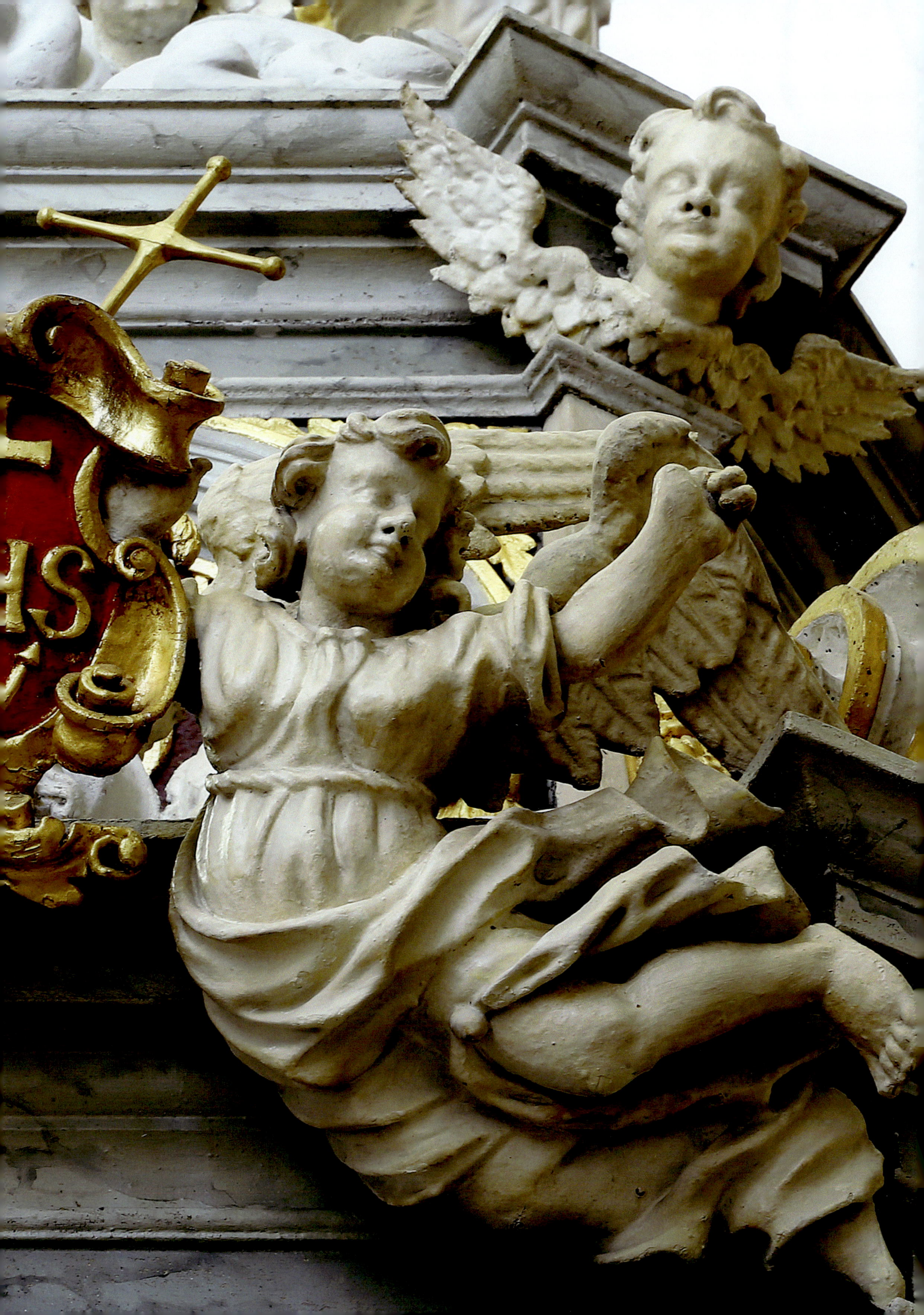

> ordnet und versehen [= vorhergesehen] worden, durch welches Opfer alle, so von Anbeginn der Welt auserwählt sind, von Sünden gereinigt werden sollen. Denn durch den einigen Tod und Opfer Christi sind aller Heiligen Sünde von Anfang der Welt her versöhnet und ausgetilget; und aller Lämmer Schlachten und Würgen, so von Anfang der Welt her in dem Opfer Abels, des Osterlamms [...] geschehen sind, haben bedeutet das Würgen und Schlachten dieses Lamms, des Herrn Christi, welcher allein der Welt Sünde trägt.[104]

Zugleich jedoch ist das Lamm Gottes am Schalldeckel golden und glänzend geschildert, womit auf einen weiteren Basistext der Offenbarung des Johannes Bezug genommen wird, nämlich auf die Beschreibung des himmlischen, neuen Jerusalem. In dieser Stadt der Seligen wird es Offenbarung 21,23 zufolge keiner leuchtenden Himmelskörper mehr bedürfen, da das Lamm Gottes selbst als die einzige Lichtquelle fungieren wird: »Und die Stadt [be]darf keiner Sonne noch des Mondes, daß sie ihr scheinen; denn die Herrlichkeit Gottes erleuchtet sie, und ihre Leuchte ist das Lamm.« Chyträus zufolge ist diese Weissagung dahingehend zu verstehen, daß im ewigen Leben vom dreieinigen Gott eine vollständige Erleuchtung der Menschen und vollkommene Erkenntnisfähigkeit gestiftet werden wird. Der Rostocker Theologe kommentiert den Vorausblick in die Lichtverhältnisse der ewigen himmlischen Heimat so:

> Und die Stadt bedarf keiner Sonne noch des Mondes, daß sie ihr scheinen, denn die Herrlichkeit Gottes erleuchtet sie, und ihre Leuchte ist das Lamm. Und die Heiden, die da selig werden, wandeln in demselbigen Licht, und die Könige auf Erden werden ihre Herrlichkeit in dieselbige bringen, welche Worte aus dem 60. Kapitel Jesajas genommen sind und lehren erstlich, daß [...] sie [= die triumphierende Kirche im Neuen Jerusalem] ein geistliches Reich sei, in welchem Reich Gott selbst durch das Evangelium und das Lamm, sein Sohn, ein Licht der wahren Erkenntnis Gottes und des Glaubens [...] in unseren Herzen anzündet und uns seinen Sohn, das Licht der Welt, und den gnadenreichen Brunnen und Schatz alles Guten schenkt und mitteilet.[105]

Unterhalb des Lammes mit Kreuzstab auf dem Opferaltar schweben zwei Engel, die dem Betrachter ein Wappen zuwenden (Abb. 54), auf dem die griechische Abbreviatur des Jesus-Namens »IHS« zu lesen ist (Abb. 53). Auf dem Querbalken des »H« erhebt sich ein Kreuz, während unter den Buchstaben drei Pfeile plaziert sind, die mit ihren Spitzen auf diese weisen. Schaut man von unten auf die Szenerie (Abb. 54), erscheint über dem Wappen ein weiteres Kreuz: dasjenige, das vom Lamm Gottes auf dem Altar getragen wird.

Steinigung des Stephanus

Die vorletzte Szene im oberen Stockwerk des Schalldeckels repräsentiert den ersten christlichen Märtyrer und gibt die Erzählung von der Steinigung des Stephanus wieder (Abb. 55), wie sie in Apostelgeschichte 7,54–59 berichtet wird. Doch auch dieses Motiv hat zugleich einen Bezugstext in der Offenbarung des Johannes. Denn in Offenbarung 6,9 heißt es: »Und da es [= das Lamm] das fünfte Siegel auftat, sah ich unter dem Altar die Seelen derer, die erwürgt waren um des Wortes Gottes willen und um des Zeugnisses willen, das sie hatten.« Auf diese Weise kündigt die Offenbarung des Johannes an, daß es kurz vor dem Jüngsten Tag zu einer bleibenden Stiftung von Erinnerung kommen wird, welche all diejenigen in den Blick nehmen wird, die um ihres Glaubens willen nicht nur Verfolgung, sondern gar den Tod erlitten haben. Bemerkenswerterweise wird dieser Vor-

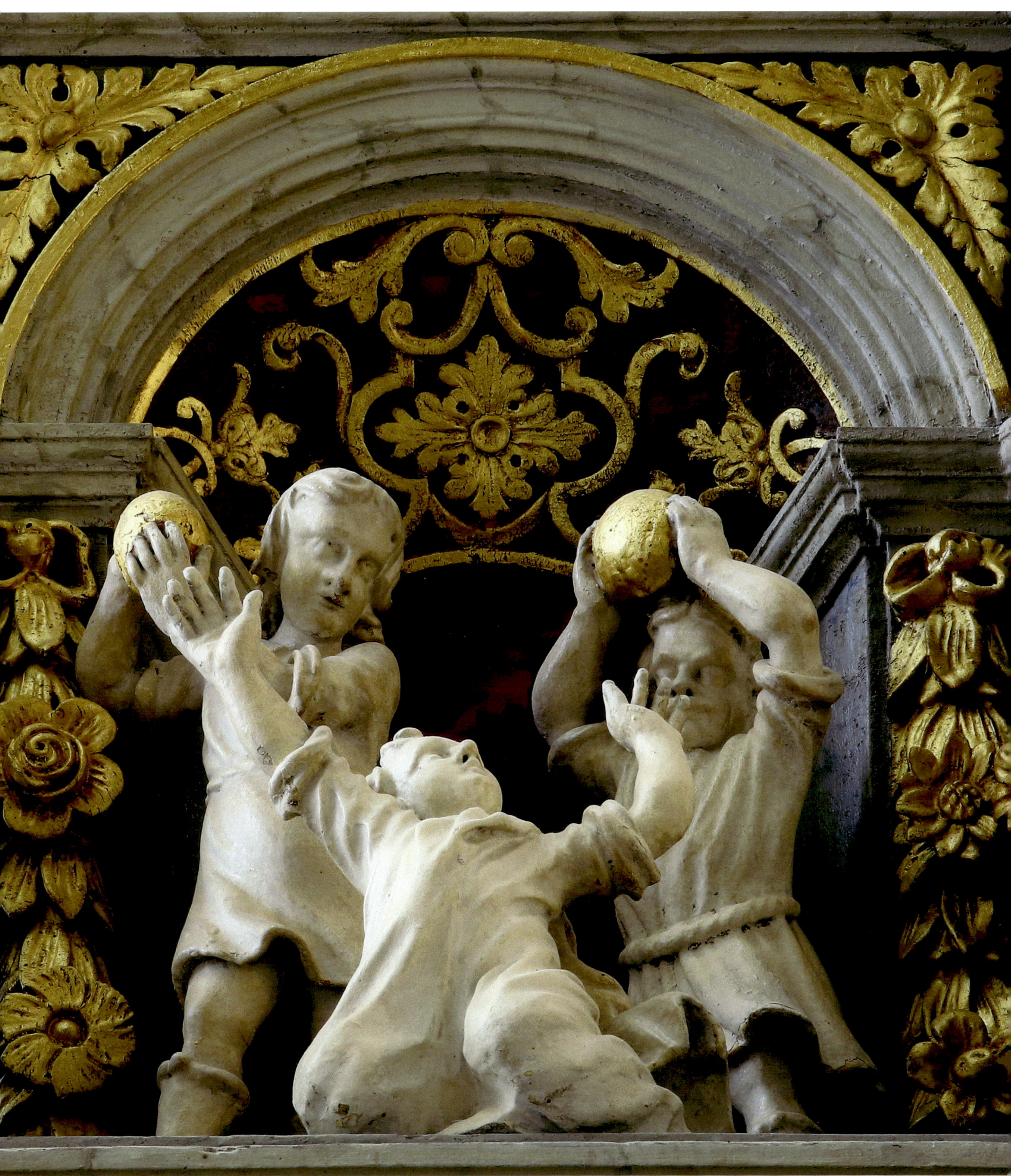

55 Schalldeckel: Steinigung des Stephanus.

ausblick auf die endzeitliche Würdigung der Märtyrer in der frühneuzeitlichen Auslegung dieses Textes zumeist verknüpft mit einem Rückblick auf die Kirchengeschichte und die Historie der Blutzeugen, die mit dem Schicksal des Protomärtyrers Stephanus ihren Anfang nahm. So auch in Chyträus' Deutung dieses Textes:

> Allhier soll man wiederum erholen [= wiederholen] die Lehre von den Märtyrern, welche in der Historia Sankt Stephani neulicher Zeit [= neulich] von mir ist ausgelegt worden. Das Wort Martyrium heißt insgemein das Zeugnis, durch welches wir die Lehre des heiligen Evangeliums von dem Sohn Gottes [...] vor allen Menschen nicht allein mit äußerlicher Stimme, sondern auch mit unserem Blut und Tod für eine wahre, gewisse und göttliche Lehre bekennen und bezeugen. [...] Märtyrer aber heißt [= nennt] man allein diejenigen, die ihr Blut vergossen und ihren Leib und ihr Leben um des Bekenntnisses wegen gelassen haben als [= wie] Sankt Stephanus [...].[106]

Goldener Kelch

Den Abschluß des Bildprogramms in der oberen Zone des Schalldeckels bildet ein in Gewölk präsentierter goldener Kelch (Abb. 56). Er versinnbildlicht die Verheißung, daß die zum ewigen Leben Auferstandenen in der himmlischen Heimat dereinst zum »Abendmahl des Lammes« (Offenbarung 19,9) geladen werden. Die Bürger des neuen Jerusalem werden mithin an einer solchen Feier des Altarsakraments teilnehmen, bei der Christi Leib und Blut nicht mehr wie auf Erden verborgen unter den Gestalten von Brot und Wein zugegen sein werden, sondern der Sohn Gottes sichtbar als Lamm präsent sein wird. Johann Matthäus Meyfart (1590–1642)[107] widmet der Beschreibung der dereinstigen himmlischen Abendmahlsfeier ein ganzes Kapitel seiner Erbauungsschrift *Von dem Himmlischen Jerusalem* und hebt hierbei besonders die Unvergleichlichkeit dieses Ereignisses in den Vordergrund:

> Dieses ist ein groß' Abendmahl. Groß wegen des allmächtigen Gastwirts, groß wegen der heiligen Gäste, groß wegen der himmlischen Speisen, groß wegen des vortrefflichen Festes. [...] Dort wird die himmlische Mahlzeit gehalten im Garten des Paradieses; der ist nicht umhänget mit seidenen Tüchern, sondern mit der Klarheit des Herrn Zebaoth erfüllet. [...] Es wird nicht in goldenen Gefäßen Wein umgetragen, sondern die edlen Wasser des Lebens werden voll eingeschenket. Nichts wird gespeiset denn lauter Freude, lauter Wonne, lauter Friede, lauter Trost, lauter Liebe, lauter Ergötzlichkeit.[108]

Wenig später läßt Meyfart den Sohn Gottes selbst in direkter Rede auftreten. Dieser wendet sich an die Gäste des himmlischen Abendmahls, welches zugleich ein Mahl ist, das anläßlich der mystischen Vereinigung der Glaubenden mit ihrem Bräutigam Christus gefeiert wird, und spricht zu ihnen:

> Ihr seid meine Lieben, ich euer Bräutigam. Ihr seid meine Freu[n]de, ich euer Bruder. Esset von dem verborgenen Manna (Offenbarung 2,17). Trinket aus dem Kelch der ewigen Seligkeit, trinket, damit ihr in der Liebe trunken werdet.[109]

Auch diesbezüglich fällt eine stark ausgebildete Kohärenz zwischen dem Schalldeckel und dem Kanzelkorb auf, an dessen Brüstung die Einsetzung des heiligen Abendmahls an Gründonnerstag geschildert ist (s. S. 30 f.). Denn das letzte Abendmahl Jesu mit seinen Jüngern war nicht nur verbunden mit der Erteilung des sogenannten Wiederholungsbefehls, der konstitutiv war für die regelmäßige Feier dieses Sakraments. Vielmehr verband der seinem Kreuzestod kurz bevorstehende Christus die Stif-

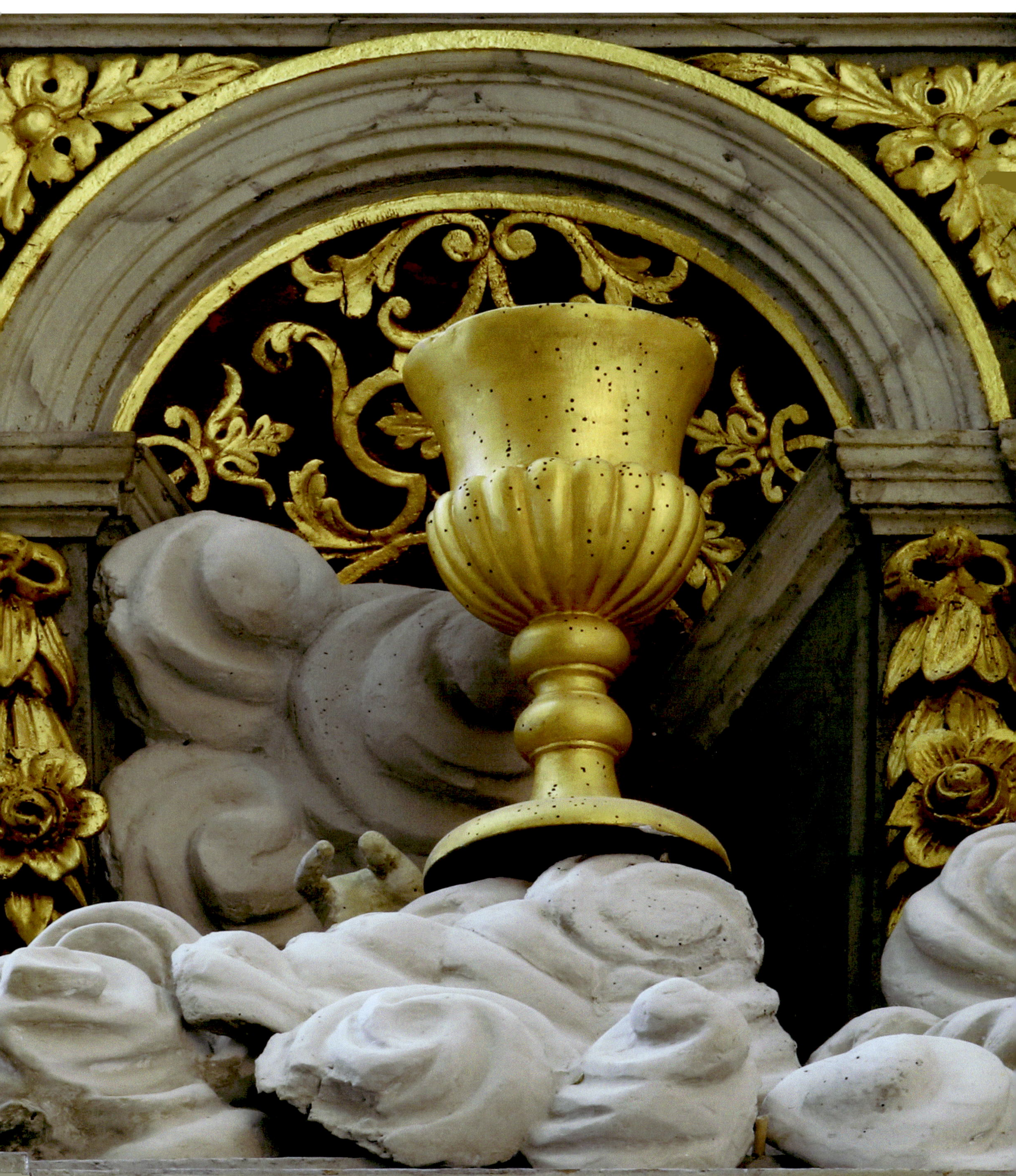

56 Schalldeckel: Goldener Kelch.

tung des Altarsakraments auch mit einem eschatologischen Ausblick auf die dereinstige himmlische Feier dieses Mahls, an der er wieder persönlich und sichtbar (und nicht verborgen unter den Elementen Brot und Wein) teilhaben wird: »Ich sage euch: Ich werde von nun an nicht mehr von diesem Gewächs des Weinstocks trinken bis an den Tag, da ich's neu trinken werde mit euch in meines Vaters Reich« (Matthäus 26,29).

Gottesname, Gesetzestafeln und Christus als Menschensohn

Im unteren Geschoß des Schalldeckels erblickt man zunächst ganz links den hebräischen Gottesnamen, das sogenannte Tetragramm, in einer Glioriole (Abb. 57) und sodann die dem Mose am Berg Sinai überreichten Gesetzestafeln mit römischen Ziffern (Abb. 58), die die Zehn Gebote bezeichnen, womit eine Querverbindung sowohl zum Gesetz- und Gnade-Relief am Kanzelportal als auch zur Schilderung von Jesu Verklärung am Kanzelkorb gegeben ist. Das Tetragramm begegnet am Schalldeckel noch ein zweites Mal, allerdings ohne Strahlenkranz – an der Unterseite (Abb. 59), mithin genau über dem Kopf des Predigers. Die sodann im unteren Stockwerk folgende Szene (Abb. 60) gibt die erste Vision des Johannes wieder, die in Offenbarung 1,12–18 geschildert ist:

> Und ich wandte mich um, zu sehen nach der Stimme, die mit mir redete. Und als ich mich wandte, sah ich sieben goldene Leuchter, und mitten unter den sieben Leuchtern einen, der war eines Menschen Sohne gleich, der war angetan mit einem Kittel und begürtet um die Brust mit einem goldenen Gürtel. Sein Haupt aber und sein Haar war weiß wie weiße Wolle, wie der Schnee, und seine Augen wie eine Feuerflamme und seine Füße gleichwie Messing, das im Ofen glühet, und seine Stimme wie großes Wasserrauschen; und er hatte sieben Sterne in seiner rechten Hand, und aus seinem Munde ging ein scharfes, zweischneidiges Schwert, und sein Angesicht leuchtete wie die helle Sonne. Und als ich ihn sah, fiel ich zu seinen Füßen als ein Toter; und er legte seine rechte Hand auf mich und sprach zu mir: Fürchte dich nicht! Ich bin der Erste und der Letzte und der Lebendige; ich war tot, und siehe, ich bin lebendig von Ewigkeit zu Ewigkeit und habe die Schlüssel der Hölle und des Todes.

Die Bildkomposition am Schalldeckel greift eine ikonographische Tradition auf, die maßgeblich durch Albrecht Dürers Holzschnittserie zur Apokalypse (Abb. 61) geprägt wurde und sich auch in der betreffenden Illustration niederschlug, die die Cranach-Werkstatt für die Lutherbibel schuf (Abb. 62).[110] David Chyträus bezieht auch diesen Text ganz auf Jesus Christus und legt ihn Schritt für Schritt konsequent tröstlich aus. Johannes stelle hier ein »schönes Bildnis« vor Augen, um »die Kirche Christi zu lehren, die Schwachen zu stärken, die Gefallenen aufzurichten, die Betrübten zu trösten, die Sünder zu strafen und die Kirche jederzeit gottselig und ordentlich zu regieren«.[111] Wenn der Sohn Gottes in diesem Bild »mitten unter den Leuchtern« dargestellt werde, so bedeute dies, daß er selbst wahrhaft gegenwärtig ist »in der ganzen christlichen Kirche«[112] und die Glaubenden erleuchtet. Jesu Christi langes Kleid indes bezeichnet laut Chyträus die »Gerechtigkeit, damit wir sollen bekleidet werden als wie mit einem reinen Kleid, mit welchem unsere Sünden zugedeckt werden, wie Jesaja im 61. Kapitel spricht: Er hat mich angezogen mit Kleidern des Heils und mit dem Rock der Gerechtigkeit gekleidet (Jesaja 61,10).« Der goldene Gürtel Christi steht Chyträus zufolge für die wahre christliche Lehre, sein schneeweißes Haar für die Reinigkeit und Heiligkeit, die die Glaubenden allein beim Sohn Gottes finden können, während seine

57 Schalldeckel: Gottesname (Tetragramm) im Strahlenkranz. ▷

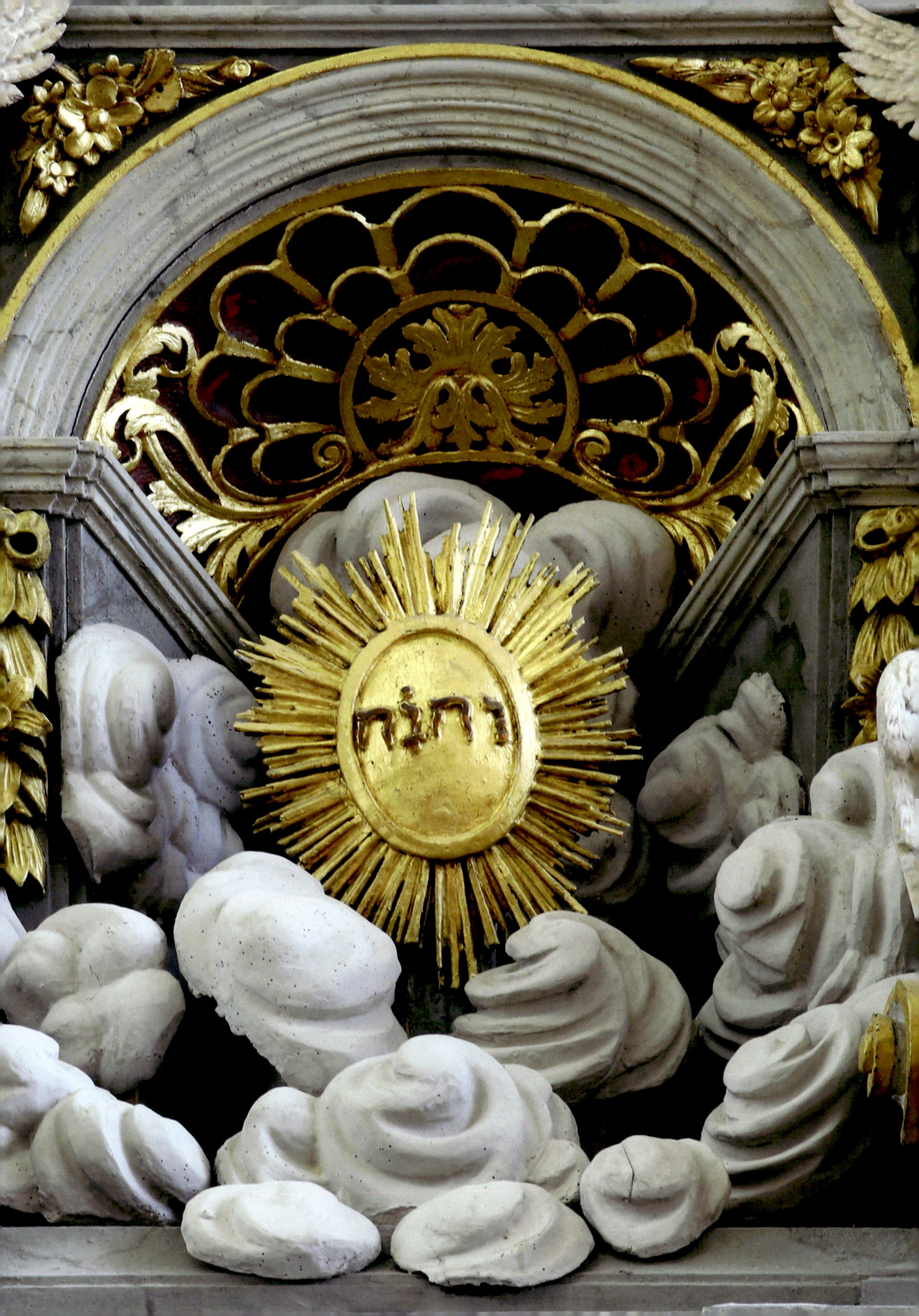
יהוה

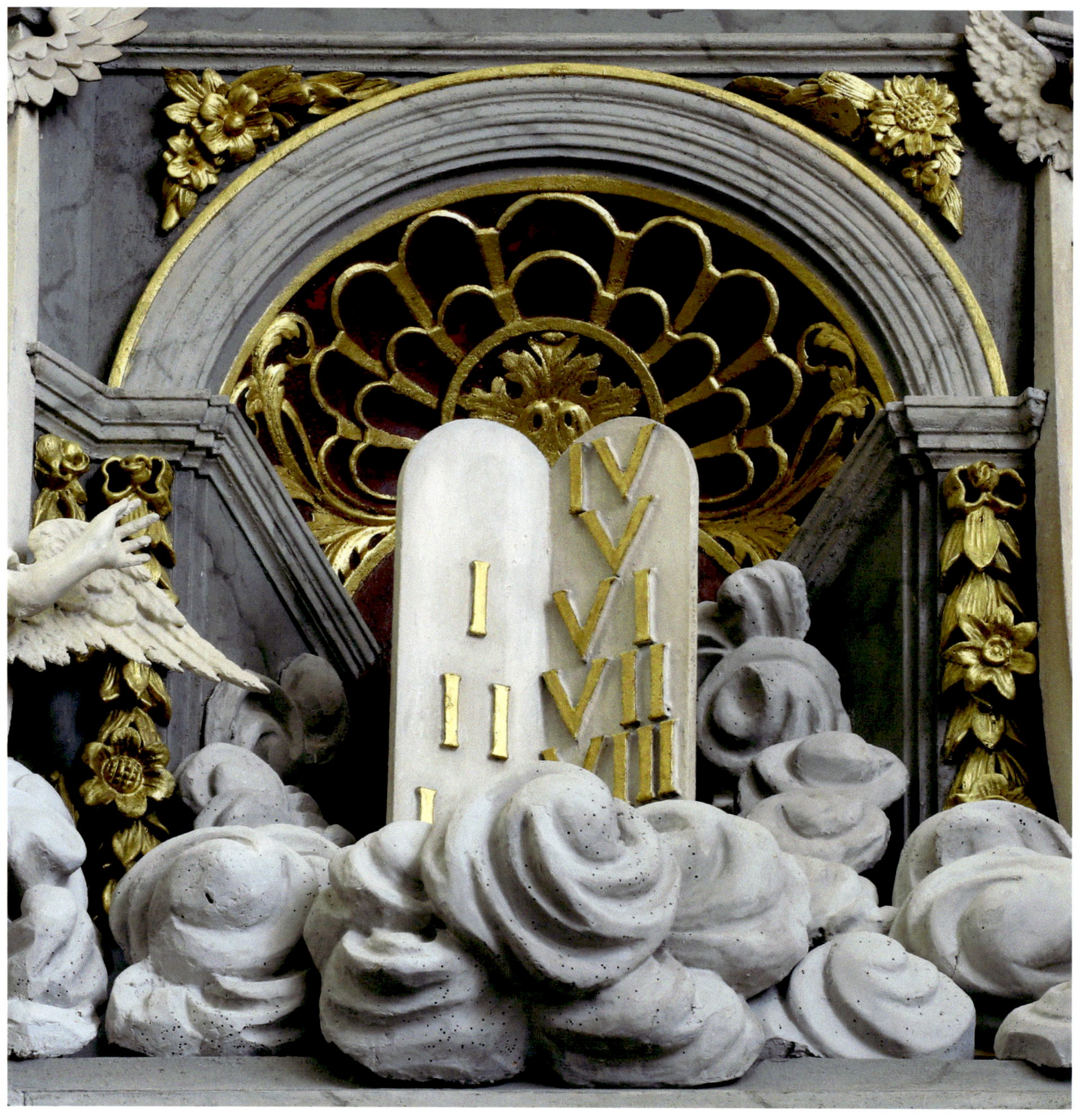

58 Schalldeckel: Gesetzestafeln.

feuerflammenden Augen einerseits seine brennende Liebe zu den Gottesfürchtigen, andererseits aber auch das den Gottlosen bevorstehende verdammliche Gericht verbildlichen.[113] Die sieben Sterne, die Christus Offenbarung 1,16 gemäß in der Hand hält, beziehen sich, so Chyträus, in ebenfalls eminent tröstlicher und ermutigender Weise auf diejenigen, die als geistliche Amtsträger Gottes Wort ausrichten:

> Und hatte sieben Sterne in seiner rechten Hand. Das ist, der Sohn Gottes erweckt, regiert und stärkt alle treuen Prediger, Pfarrer und Kirchendiener, er beschützt sie mit dem Schatten seiner Hand und zieret sie mit ewigem Licht und Herrlichkeit. Wie Daniel 12 sagt: Die Lehrer aber werden leuchten wie des Himmels Glanz (Daniel 12,3).[114]

Auch das von Christi Mund ausgehende zweischneidige Schwert (Offenbarung 1,16) deutet Chyträus allegorisch: Es symbolisiert das wirkmächtige Wort Gottes in Gestalt von Gesetz und Evangelium, wie es an der Kanzeltür vor Augen gestellt wird

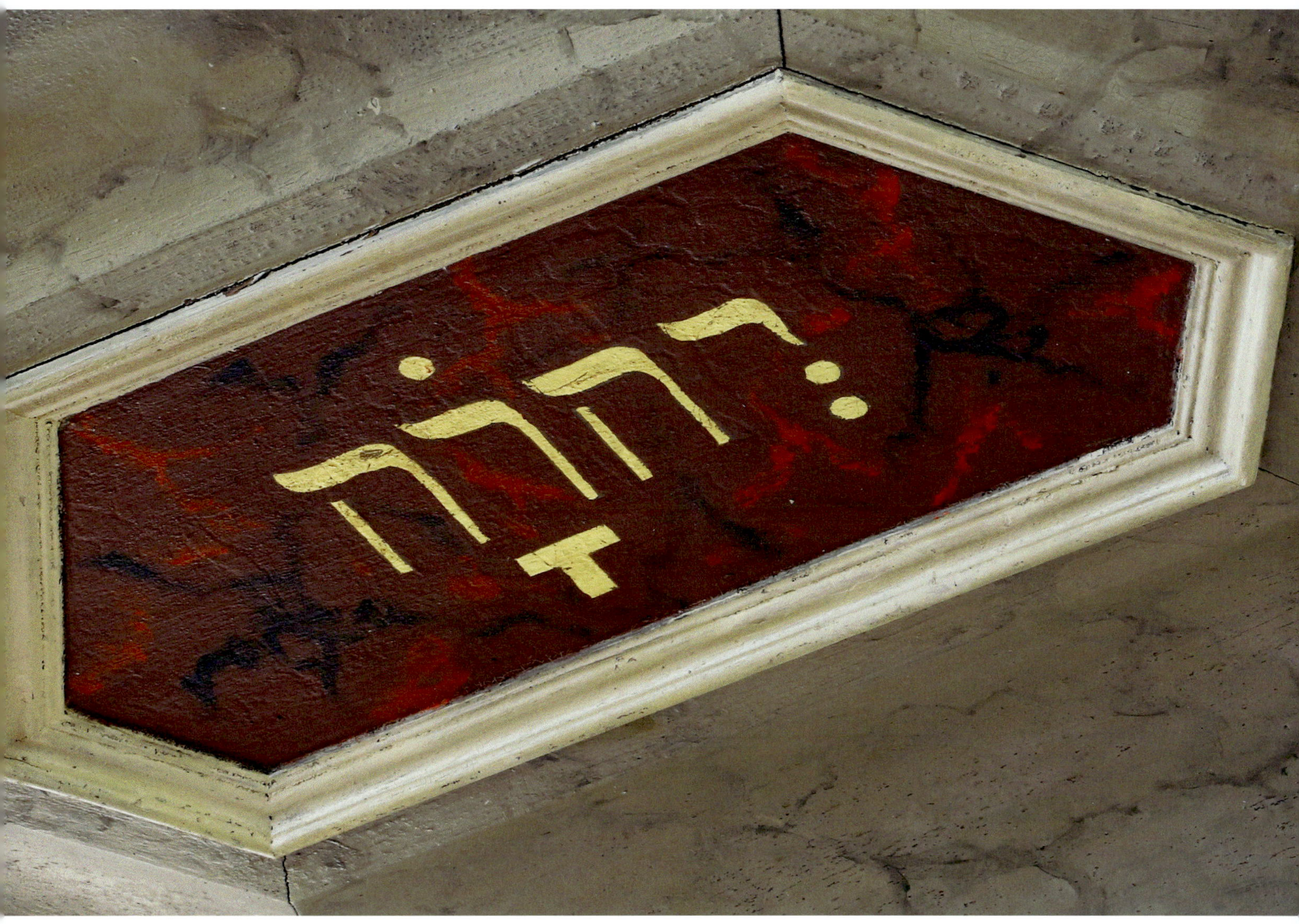

59 Gottesname (Tetragramm) an der Unterseite des Schalldeckels.

(s. o.). Beides in der rechten Balance zu verkündigen, sei die vornehmliche Aufgabe der Pastoren.[115] An dieser Stelle wird erneut deutlich: Analysiert man die Bildausstattung der Kanzel vor dem Hintergrund der zeitgenössischen Auslegungspraxis der jeweils dargestellten biblischen Motive, wird erkennbar, daß Bilder und Inschriften an diesem Predigtstuhl nicht nur die Gemeinde adressieren, sondern auch die Prediger und diesen gewissermaßen eine bildmedial ausgerichtete Dienstanweisung an die Hand geben.

In Offenbarung 1,16 ist überdies davon die Rede, daß in dem von Johannes visionär erblickten Bild das Angesicht Christi leuchtete wie die helle Sonne. Erst von hier aus wird erkennbar, daß die im oberen Stockwerk des Schalldeckels zu sehende Sonne mit Gesicht (Abb. 50) in engstem Zusammenhang steht mit der hier in Rede stehenden Szene. Außerdem wird somit ein Konnex zur Visualisierung der Verklärung des Gottessohnes am Kanzelaufgang hergestellt, innerhalb deren Christi »Angesicht leuchtete wie die Sonne« (Matthäus 17,2). Chyträus interpretiert Offenbarung 1,16 ganz im Kontext der reformatorischen Auffassung, daß Licht und wahre

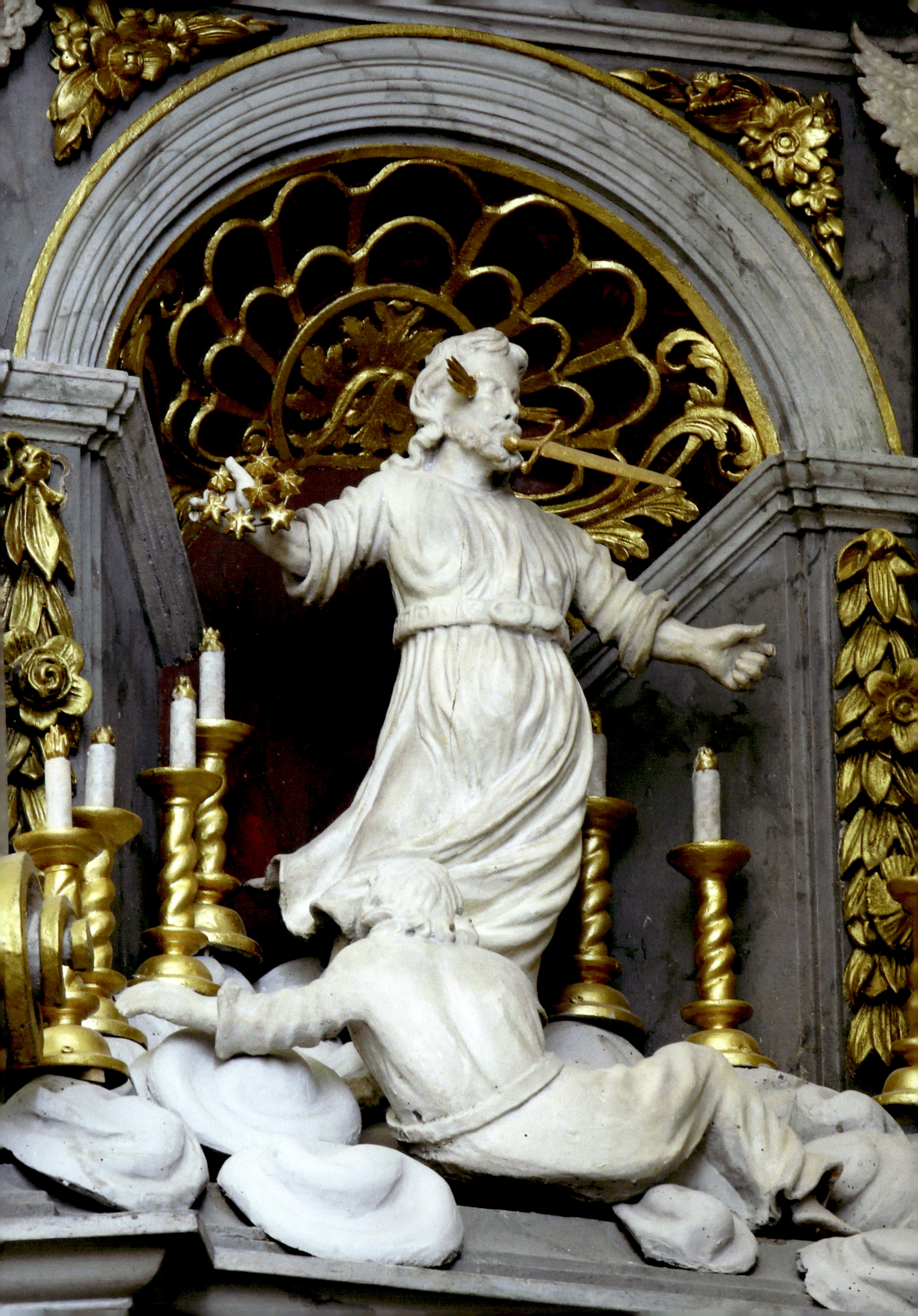

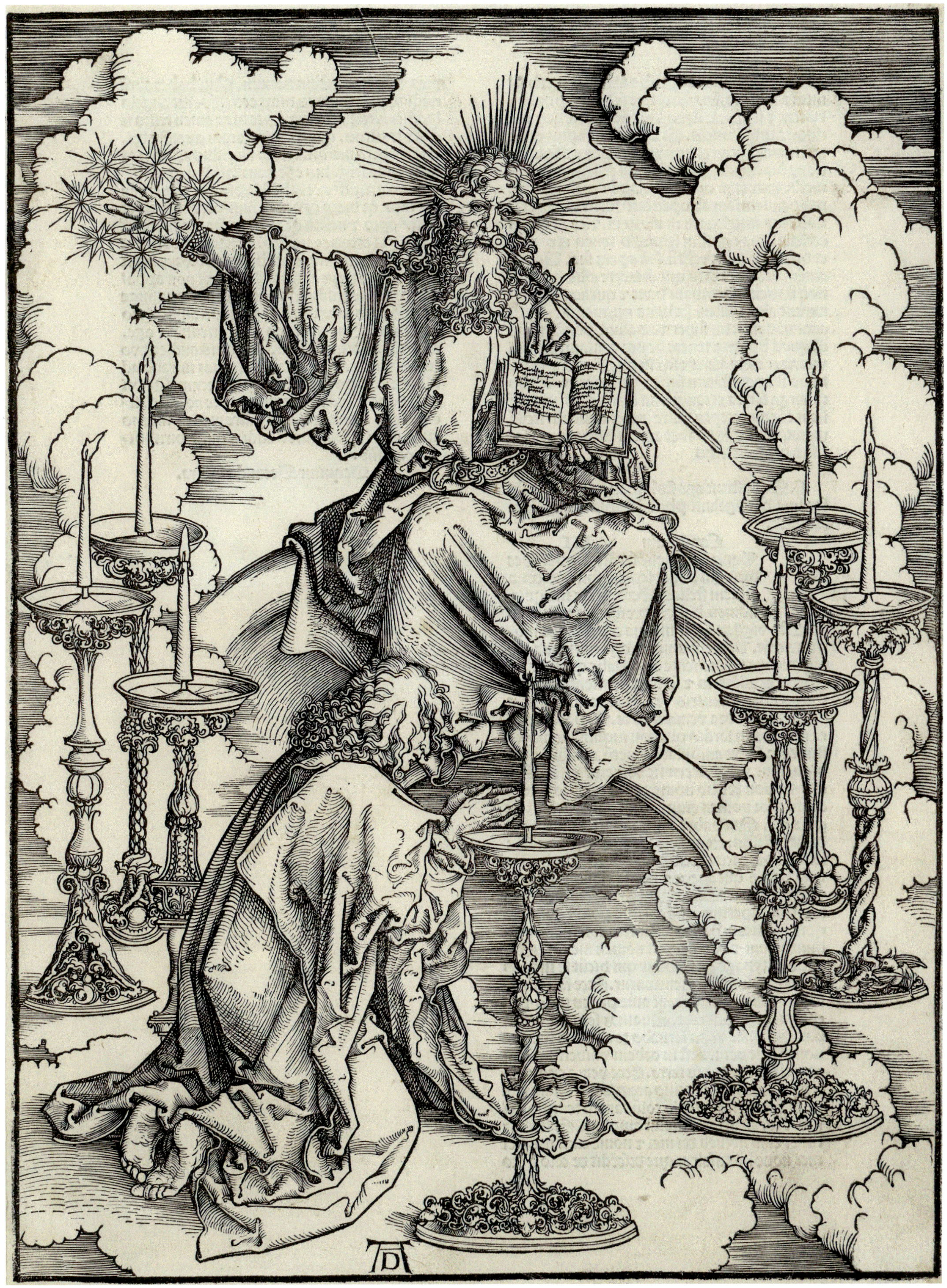

61 *Albrecht Dürer: Holzschnitt aus der Apokalypse-Serie, ca. 1496–1498 (British Museum London 1895,0122.560).*

◁ *60* *Schalldeckel: Menschensohn-Vision des Johannes.*

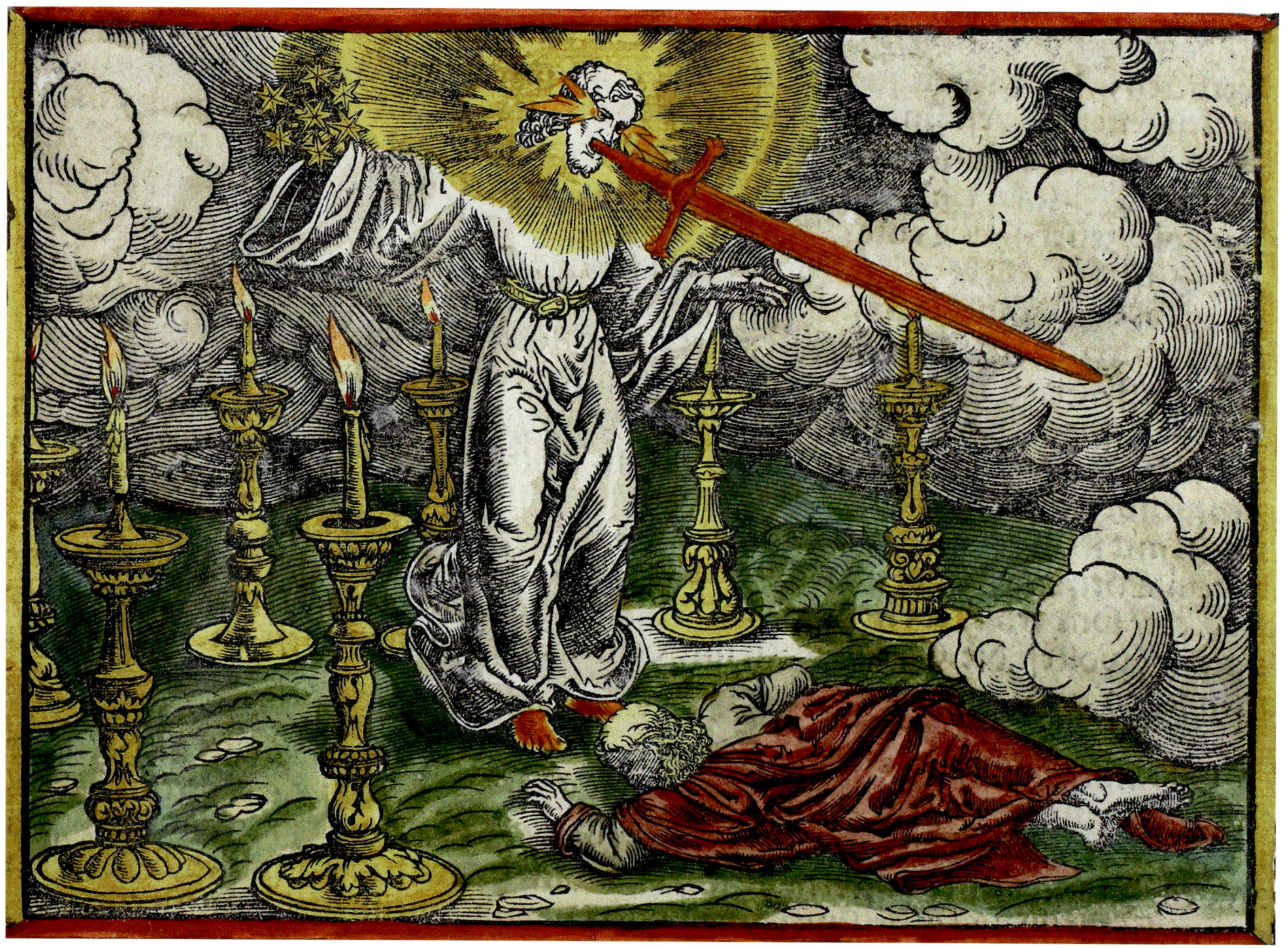

62 Martin Luther: Biblia: Das ist: Die gantze Heilige Schrifft/ Deudsch/ Auffs new zugericht. Wittenberg 1545 (UB Rostock Fb-78): Menschensohn-Vision des Johannes, kolorierter Holzschnitt des Monogrammisten MS (Cranach-Werkstatt).

Erkenntnis allein bei Jesus Christus zu finden sind und diese vermittels der Predigt des Evangeliums Verbreitung finden:

> Und sein Angesicht leuchtet wie die helle Sonne, denn der Sohn Gottes ist die Sonne der Gerechtigkeit und des Lebens, welche das Licht der wahren Erkenntnis Gottes, wahrer Gerechtigkeit und ewigen Lebens in uns anzündet, und ist das Licht der Welt, welches durch die Predigt des Evangeliums die Herzen der Menschen mit wahrer Erkenntnis Gottes und ewigen himmlischen Gütern erleuchtet. Denn gleichwie alle Sterne und Kreaturen ihr Licht und Leben von der Sonne empfangen, also bekommen wir auch das Licht der wahren Erkenntnis Gottes und das ewige Leben und Seligkeit allein von dem Herrn Christo. […] Dieser Sohn Gottes, die Sonne der Gerechtigkeit und der Geber des ewigen Lebens und ewiger Seligkeit, beschützt und beschirmet mit dem Schatten seiner Hände alle, die ihn fürchten, und hilft ihnen gleichwie er an diesem Ort den heiligen Johannes aufrichtet, tröstet und stärket.[116]

Gottvater und Sohn sowie goldene Krone

Im nächsten Bildfeld ist der im Himmel thronende Gottvater dargestellt, der die rechte Hand zum Segensgestus erhoben hat und auf dem Schoß eine Weltkugel trägt, während Christus stehend zu seiner Rechten mit einer Siegesfahne positioniert ist (Abb. 63). Es könnte vermutet werden, daß der Bild-

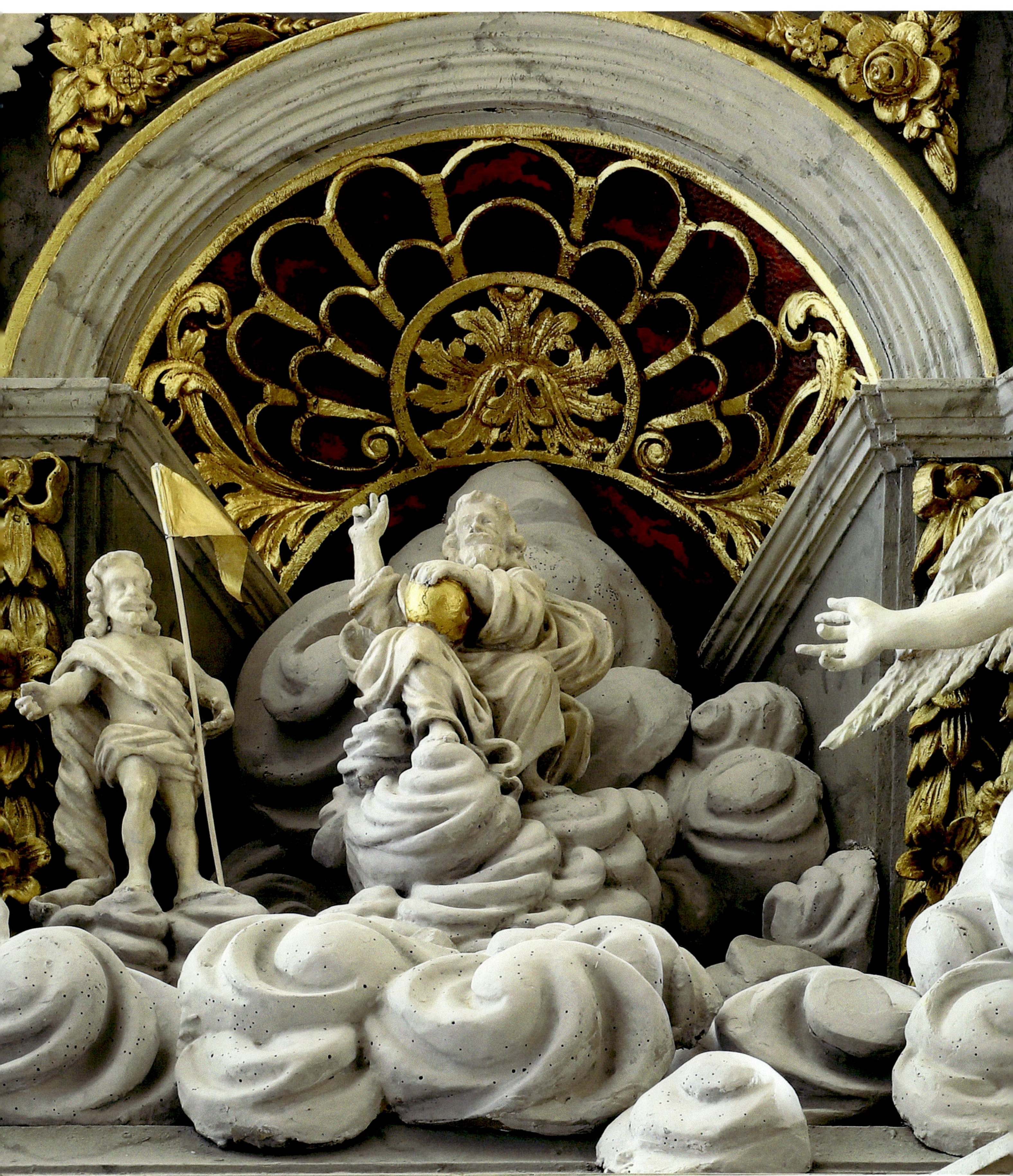

63 *Schalldeckel: Gottvater und Sohn.*

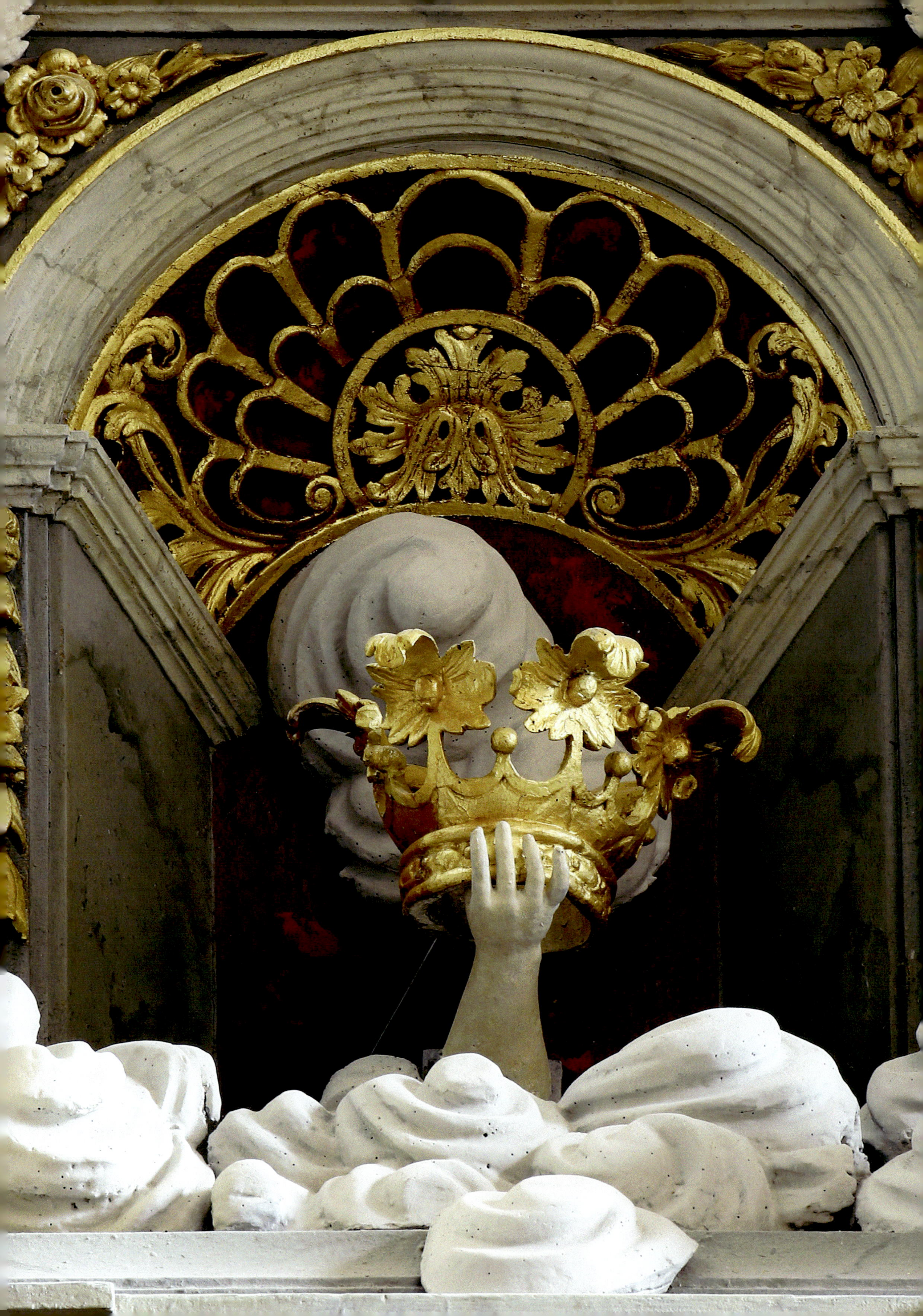

komposition ehedem auch eine den Heiligen Geist symbolisierende Taube beigegeben war, so daß ursprünglich eine Darstellung der göttlichen Dreieinigkeit vorgelegen hätte. Den Abschluß bildet ganz rechts im unteren Stockwerk des Schalldeckels die bildliche Repräsentation einer himmlischen Hand, die eine goldene Krone darreicht (Abb. 64), womit auf einen weiteren in der zeitgenössischen Frömmigkeitstheologie prominenten Text verwiesen wird – auf Offenbarung 2,10: »Sei getreu bis an den Tod, so will ich dir die Krone des Lebens geben.« Dieser Text, der sich u. a. in der barocken Sterbeseelsorge sowie in Leichenpredigten einer überaus großen Beliebtheit erfreute, stellt denen, die Gott trotz aller irdischer Widrigkeiten die Treue halten und Beharrlichkeit (*perseverantia*) an den Tag legen, eine Krönung besonderer Art in Aussicht. Der Rostocker Professor für Theologie und Pastor an St. Marien Heinrich Müller (1631–1675)[117] beschreibt die himmlische Krone des Lebens ausführlich und stellt sie in einen scharfen Kontrast zu sämtlichen irdischen Kronen, worin sich u. a. eine eschatologische Obrigkeitskritik artikuliert:

> Diese ist eine unverwesliche Krone der Ehren. Irdische Kronen sind nur Kronen des Todes; sterblich sind alle Könige und sterben, indem sie leben. Diese Krone [ist] eine Krone des Lebens, da ist kein Schmerz, kein Tod. Wir leben ewiglich. Irdische Kronen sind oft Kronen der Ungerechtigkeit [...]. Diese Krone [ist] eine Krone der Gerechtigkeit. Jesus, der Gerechte, hat sie mit Recht erworben. Er schenkt sie denen, die in ihm durch den Glauben ihre Gerechtigkeit suchen und tun, was recht ist. Aus Gnaden hat er sie verheißen, aus Gnaden gibt er sie [...].[118]

◁ ***64*** *Himmlische Hand und Krone.*

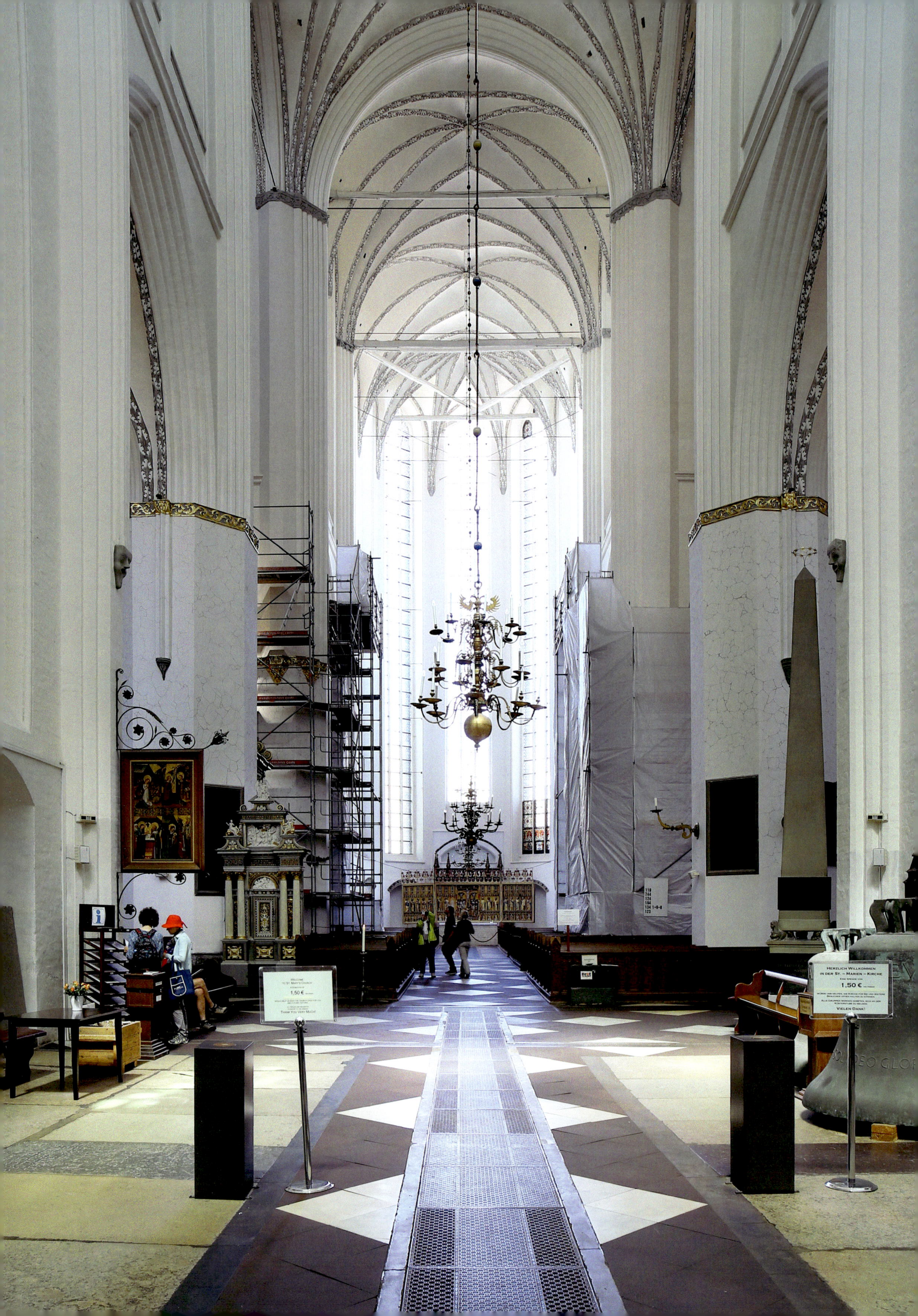
Welcome
to St. Mary's Church
1,50 €
Thank You Very Much!
Herzlich Willkommen
in der St. – Marien – Kirche
1,50 €
Vielen Dank!

Schluß

In Bildern und Worten traktiert die Kanzel in St. Marien zu Rostock eine Vielzahl von zentralen Aspekten des christlichen Glaubens. Hinsichtlich der Auswahl der Bildsujets und der biblischen Inschriften sowie bezüglich ihrer spezifischen Verknüpfungen ist ein unübersehbar reformatorisch ausgerichtetes Gesamtkonzept zu erkennen. Zugleich begegnen dem Betrachter an der Kanzel freilich zahlreiche Bildkompositionen, die ihren Ursprung in Antwerpen als einem der wichtigsten frühneuzeitlichen Zentren der Bildproduktion für den katholischen Markt bzw. in Zürich, mithin im Kontext der zu dieser Zeit sich ausbildenden reformierten Konfession haben. Sogar das Gesetz- und Gnade-Relief, das Teil einer Bildtradition ist, die zumeist als genuin reformatorisch angesehen wird, basiert auf einer Vorlage aus Antwerpener Produktion. Hier wird exemplarisch ein für den Ost- und Nordseeraum keineswegs ungewöhnlicher interkonfessioneller Austausch greifbar. Dieser ist als integraler Bestandteil der Herausbildung einer spezifisch lutherischen Glaubenskultur im 16. bis frühen 18. Jahrhundert anzusehen, die zugleich von einem hohen Maß an Offenheit und Pluralität geprägt war.

Nach Auffassung der frühneuzeitlich-lutherischen Predigttheorie ist es die Pflicht der Prediger, ihren Hörern das Wort Gottes gemäß Galater 3,1[119] unter Ausschöpfung der Potentiale von Anschaulichkeit und sprachlicher Bildlichkeit vergegenwärtigend vor Augen zu stellen. Dies ist die Voraussetzung dafür, daß die Predigthörer zu Bildempfängern werden können, sie also in die Lage versetzt werden, sich die an sie ergangene Botschaft ins Herz zu bilden. So sagt beispielsweise der Straßburger Prediger und Theologieprofessor Johann Conrad Dannhauer (1603–1666):[120]

> Dazu gehören nun auf seiten der Prediger gute Maler, welche Christum recht treffen nach dem Exempel des Paulus (Galater 3,1), nicht nur oben hin sudeln, stümpeln, dem Text Gewalt antun oder das Beste auslassen, sondern welche [...] Gottes Wort mit Exempeln, Figuren, schönen Blumen [= Redeschmuck] und Bildern illuminieren und entwerfen, mit artigen Gleichnissen, Wortblumen und Wechselreden [= dialogischen Elementen] die Sachen klar machen und den Leuten wohl einbilden können [...].[121]

Auf seiten der Hörer aber, so fährt Dannhauer fort, komme es darauf an, daß sie für den Empfang solcher Bilder bereit sind und sich diese (und mit ihnen Christus selbst) in den Herzen imaginieren.[122] Valerius Herberger (1562–1627)[123] spricht in diesem Zusammenhang, ausgehend von Galater 3,1, von den Herzen der Hörer als Spiegeln des ihnen in den Predigten Vorgetragenen.[124] Ein ähnliches Konzept verfolgt neben zahlreichen anderen lutherischen Theologen der Barockzeit wie etwa der Augsburger Pfarrer Josua Wegelin (1604–1640)[125] auch der bereits erwähnte Rostocker Prediger und Professor Heinrich Müller.[126] Er hebt hervor, daß letztendlich Christus selbst ein Maler ist (*Christus pictor*), der sich und sein tröstliches Wort allen, die glauben, in die Herzen malt – ein Motiv, das sich bei Müller auch ikonographisch niederschlägt (Abb. 65).[127] Vor diesem Hintergrund wird greifbar: Die an der Kanzel plazierten Bildmedien unterstützen die Tätigkeit des Predigers, dessen Aufgabe es ist, als sprechender Maler das Evangelium vor Augen zu stellen, und sie erleichtern es zugleich den Hörern, sich eben dieses in die Herzen einzubilden.

Das Bild- und Inschriftenprogramm der Kanzel vergegenwärtigt die gesamte Heilsgeschichte bi-

◁ *Querschiff nach Norden.*

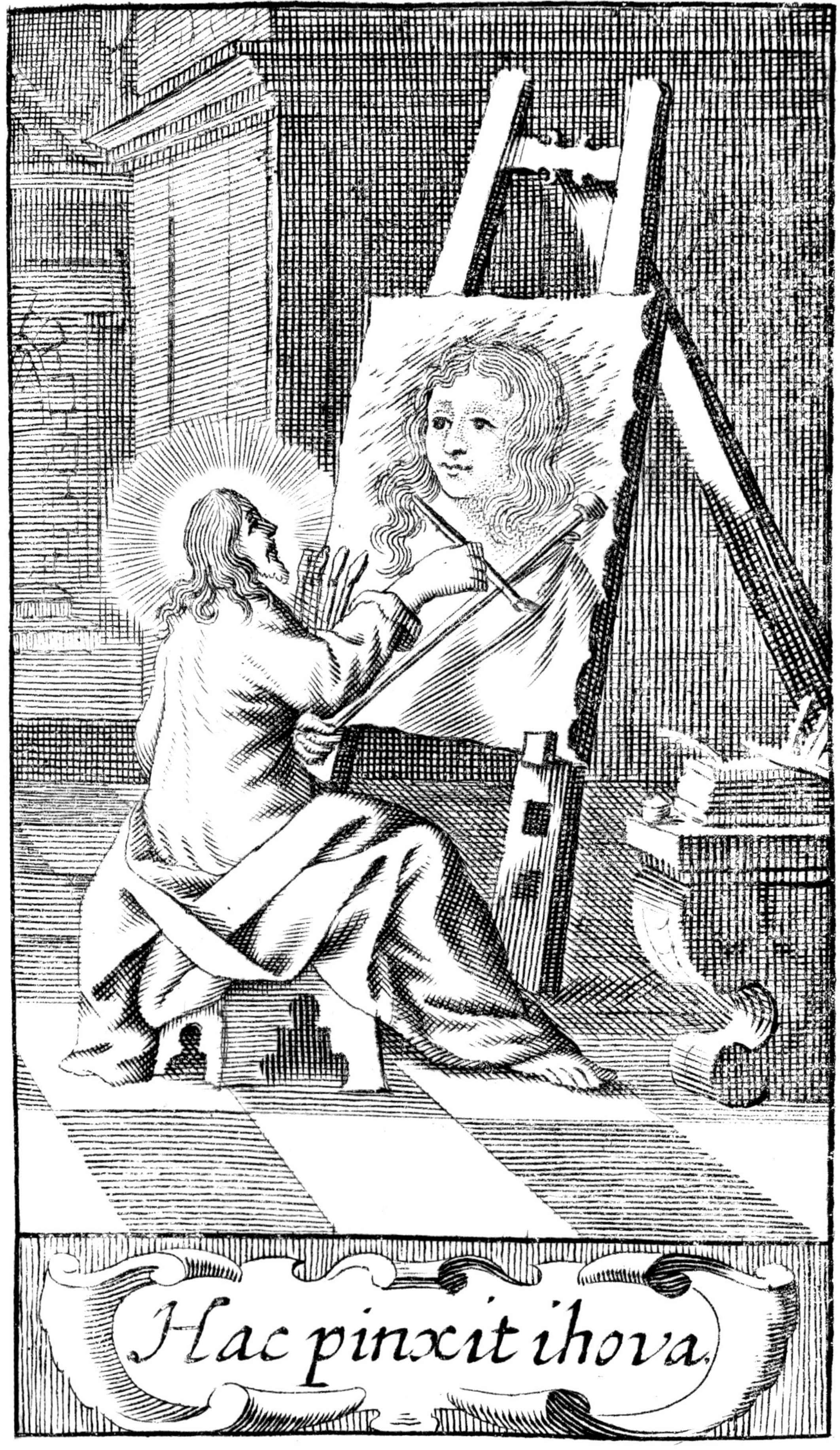
Hac pinxit ihova.

medial – angefangen beim Sündenfall der Erzeltern bis hin zur Existenz der zum ewigen Leben Auferstandenen im himmlischen Jerusalem. Daher darf die Kanzel in der Tat den Anspruch erheben, ein visuelles Kompendium des christlichen Glaubens zu sein. Im Unterschied zu einem Kompedium in Buchform muß man das Glaubenskompendium, das die Kanzel bietet, nicht erst aufschlagen – es steht vielmehr offen vor Augen, bedarf jedoch der genauen Lektüre und intensiver Bildbetrachtung. Insofern der Rostocker Predigtstuhl Ort der je aktuellen mündlichen Verkündigung der göttlichen Botschaft war und ist, handelt es sich um ein auf Multimedialität ausgerichtetes Artefakt, welches das zu hörende und das zu lesende Wort sowie die dem Gesichtssinn sich darbietenden Bilder zusammenführt. Doch erst wenn man zusätzlich den Umstand in Betracht zieht, daß die Kanzel Teil eines räumlichen Kontextes ist, in dem neben zahlreichen weiteren Bildwerken und dem gesprochenen Wort dem Medium der Musik in Liturgie, Gemeindegesang und Orgelspiel eine wichtige Rolle zukommt, tritt die multimediale Funktionalität des Kirchenraums in ihrer vollen Bandbreite zutage.

Die Bilder und Inschriften an der Kanzel verfolgen einerseits das Ziel, die Heilige Schrift den Augen zugänglich zu machen[128] und so basale christliche Lehrinhalte zu vermitteln bzw. diese in Erinnerung zu rufen. Andererseits sind sie darauf aus, ihre Adressaten zur Meditation einzuladen und diese dazu anzuregen, im Miteinander der Inschriften und Bilder sowie in der Kohärenz von Bildmotiven untereinander geistliche ›Mehrwerte‹ zu entdecken. Ähnliches gilt übrigens hinsichtlich des Zusammenwirkens von Texten und Bildern an der Kanzel einerseits und dessen, was auf ihr je aktuell von den Predigenden vorgetragen wird, andererseits. Dem Prediger eröffnet sich so die Möglichkeit, auf das an der Kanzel Dargestellte Bezug zu nehmen. Von dieser Möglichkeit wurde in der Frühen Neuzeit konsequent Gebrauch gemacht, wie etwa diejenigen Predigten eindrücklich belegen, die anläßlich der Einweihung neuer Kanzeln gehalten wurden.[129] Umgekehrt wird es so auch den Hörern möglich, die jeweilige Kanzelrede im Kontext der Texte und Bilder an der Kanzel zu verorten.

Mit ihren zahlreichen Kombinationen von Bildmotiven und Kurztexten nutzt die Rostocker Kanzel konsequent die Potentiale geistlicher Intermedialität und zielt darauf, die Adressaten nicht nur zu belehren, sondern sie auch zur vertieften, verweilenden Meditation von Glaubensinhalten anzuhalten. Im intermedialen Miteinander werden die Bilder den Worten nicht subordiniert, vielmehr stehen beide in einem permanenten, sich gegenseitig verstärkenden Wechselverhältnis miteinander. Daher ist die Kanzel nicht lediglich ein Ausstattungsgegenstand und Hilfsmittel für den Prediger. Sie fungiert vielmehr selbst als Predigerin – und zwar auch dann, wenn kein Prediger auf ihr agiert.

◁ ***65*** *Heinrich Müller: Geistlicher Danck=Altar/ Zum täglichen Lob=Opffer der Christen/ Mit vielen Kupffern gezieret. [...]. Frankfurt a. M. 1670 (UB Rostock Fm-3082), neben S. 216.*

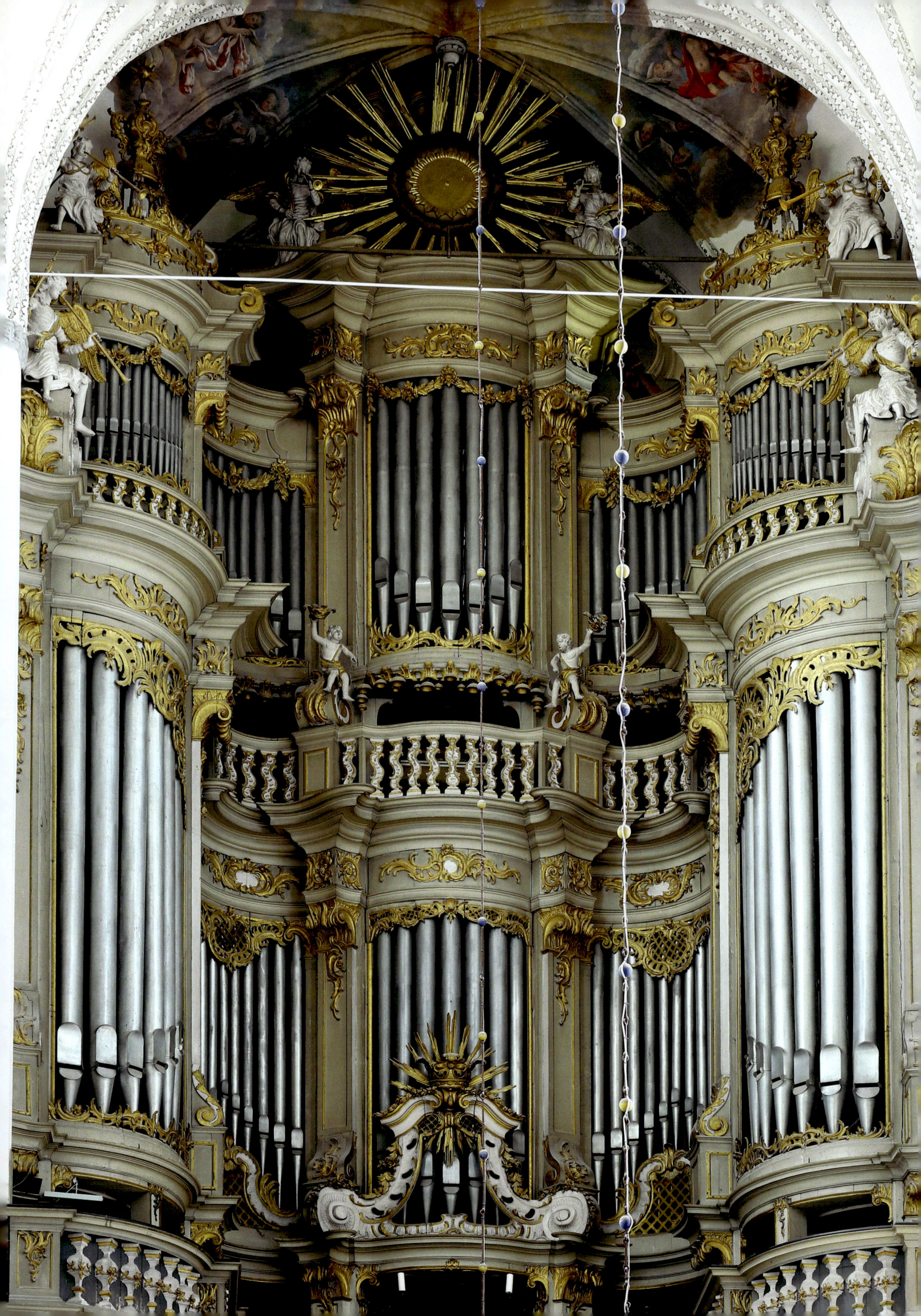

Anhang

Anmerkungen

1 Vgl. Sabine Pettke: Die Reformation in Rostock. In: Beiträge zur Kirchengeschichte Mecklenburgs. Hrsg. vom Kulturkreis Mecklenburg e. V. Mainz 1985. S. 58–85. Werner Troßbach: Unterschiede und Gemeinsamkeiten bei der Durchsetzung der Reformation in den Hansestädten Wismar, Rostock und Stralsund. In: Archiv für Reformationsgeschichte 88 (1997), S. 118–156. Sabine Pettke: Nachträge zur Reformationsgeschichte Rostocks. 2 Bde. Rostock 2010. Daniel Mourkojannis u. a. (Hrsg.): Mecklenburg und Vorpommern. Eine Region stellt sich vor. Leipzig 2014 (= Orte der Reformation 17), S. 24 f.

2 Vgl. Friedrich Schlie (Bearb.): Die Kunst- und Geschichts-Denkmäler des Grossherzogthums Mecklenburg-Schwerin. Bd. 1: Die Amtsgerichtsbezirke Rostock, Ribnitz, Sülze-Marlow, Tessin, Laage, Gnoien, Dargun, Neukalen. Schwerin u. a. [2]1898. Horst Ende: Die Stadtkirchen in Mecklenburg. Berlin (Ost) [2]1986, S. 180 f. Gerd Baier, Horst Ende, Brigitte Oltmanns (Bearb.): Mecklenburgische Küstenregion. München 1990 (= Die Bau- und Kustdenkmale in der DDR o. Nr.), S. 386. Ulrich Nath: Die Kanzel der St. Marienkirche zu Rostock. Hrsg. von der ev.-luth. St. Mariengemeinde in Rostock. O. O. o. J. [1993]. Hans-Christian Feldmann: Mecklenburg-Vorpommern. München 2000 (= Georg Dehio: Handbuch der Deutschen Kunstdenkmäler. Neubearbeitung o. Nr.), S. 471 f. Johann Anselm Steiger: Gedächtnisorte der Reformation. Sakrale Kunst im Norden (16. bis 18. Jahrhundert). 2 Bde. Regensburg 2016. Bd. 2, S. 663–665. Hinsichtlich der Gestaltung frühneuzeitlich-protestantischer Kanzeln als Überblickswerk immer noch grundlegend: Peter Poscharsky: Die Kanzel. Erscheinungsformen im Protestantismus bis zum Ende des Barock. Gütersloh 1963, zur Kanzel in St. Marien zu Rostock S. 163–165 u. ö. (Reg.). Hartmut Mai: Der evangelische Kanzelaltar. Geschichte und Bedeutung. Halle/S. 1969. Vgl. ferner Johann Anselm Steiger: Die erste lutherische Kanzel. Das intermediale Bild- und Inschriftenprogramm der Lübecker Kanzel in Zarrentin. In: Zeitschrift für Kirchengeschichte 126 (2015), S. 35–57.

3 Dies geht aus dendrochronologischen Untersuchungen hervor, die im Zuge der jüngst abgeschlossenen Restaurierung der Kanzel vorgenommen wurden. Sie ergaben, daß für die Kanzel z. T. Hölzer Verwendung fanden, die bereits ca. 1528 geschlagen wurden. Auch andere Indizien weisen darauf hin, daß bei der Errichtung der Kanzel u. U. Teile einer Vorgängerkanzel genutzt wurden. Daß es eine solche ältere Kanzel gegeben hat, ist durch eine Quelle aus dem Jahre 1538 bezeugt. Vgl. Sabine Pettke (Bearb.): Niederdeutsche Urkunden der Kirchenökonomie Rostock. Bd. 2: 1500–1584. Rostock 2011. Freundliche Hinweise des Restaurators Marcus Mannewitz, Rostock. Vgl. zum Echo der Restaurierung der Kanzel in der regionalen Presse André Wornowski: Marien-Kanzel überrascht Restauratoren. Kunstwerk in der Kirche ist nicht erst 1574 entstanden. In: Ostsee-Zeitung / Rostocker Zeitung 21.4.2016, S. 12. Wolfgang Thiel: Kanzel von St. Marien gibt ihre kleinen Geheimnisse preis. Bei der Sanierung haben die Restauratoren die geschnitzten und gut versteckten Porträts unbekannter Maler gefunden. In: Ebd., 25.11.2014, S. 10.

4 Vgl. Nath (wie Anm. 2), S. 8.

5 Vgl. Guido Marnef: Antwerp in the Age of Reformation. Underground Protestantism in a Commercial Metropolis 1550–1577. Baltimore u. a. 1996.

6 Vgl. Schlie (wie Anm. 2), S. 25.

7 Vgl. Gottfried Holtz: Art. Bacmeister, Lucas d. Ä. In: Neue Deutsche Biographie 1 (1953), S. 508 f. Thomas Kaufmann: Universität und lutherische Konfessionalisierung. Die Rostocker Theologieprofessoren und ihr Beitrag zur theologischen Bildung und kirchlichen Gestaltung im Herzogtum Mecklenburg zwischen 1550 und 1675. Gütersloh 1997 (= Quellen und Forschungen zur Reformationsgeschichte 66), S. 643–646 u. ö.

◁ *Orgelprospekt.*

8 Vgl. Gustav Willgeroth: Die Mecklenburg-Schwerinschen Pfarren seit dem dreißigjährigen Kriege. Mit Anmerkungen über die früheren Pastoren seit der Reformation. Bd. 3. Wismar 1925, S. 1415.

9 Vgl. Willgeroth 3 (wie Anm. 8), S. 1421.

10 Vgl. Willgeroth 3 (wie Anm. 8), S. 1424.

11 Vgl. Paul Tschackert: Art. Weidener, Johann Joachim. In: Allgemeine Deutsche Biographie 41 (1886), S. 460 f.

12 Vgl. Willgeroth 3 (wie Anm. 8), S. 1418.

13 Vgl. Willgeroth 3 (wie Anm. 8), S. 1422 f.

14 Vgl. Willgeroth 3 (wie Anm. 8), S. 1426.

15 Vgl. Heimo Reinitzer: Gesetz und Evangelium. Über ein reformatorisches Bildthema, seine Tradition, Funktion und Wirkungsgeschichte. 2 Bde. Hamburg 2006. Miriam Verena Fleck: Die Glaubensallegorie ›Gesetz und Gnade‹ in Europa zwischen Spätmittelalter und Früher Neuzeit. Korb 2010.

16 De Biblie vth der vthlegginge Doctoris Martini Luthers yn dyth düdesche vlitich vthgesettet/ mit sundergen vnderrichtingen/ alse men seen mach. Lübeck 1534 (UB Rostock Fb-73). Vgl. Heimo Reinitzer: Biblia deutsch. Luthers Bibelübersetzung und ihre Tradition. Braunschweig 1983 (= Ausstellungskataloge der Herzog August Bibliothek 40), S. 166–169. Reinitzer, Gesetz und Evangelium (wie Anm. 15) I, S. 457 f.; II, S. 57. Christian Heitzmann: Ganze Bücher von Geschichten. Bibeln aus Niedersachsen. Wolfenbüttel 2003 (= Ausstellungskataloge der Herzog August Bibliothek 81), S. 94–97.

17 Vgl. Irmfried Garbe, Heinrich Kröger (Hrsg.): Johannes Bugenhagen (1485–1558). Der Bischof der Reformation. Beiträge der Bugenhagen-Tagungen 2008 in Barth und Greifswald. Leipzig 2010.

18 Dies fiel bereits auf: Hans Mielke: Gerard Groenning, ein Antwerpener Künstler um 1570. Verzeichnis seiner Zeichnungen und Stichwerke aus dem wissenschaftlichen Nachlass von Hans Mielke. 2 Teile. Hrsg. von Ursula Mielke. In: Jahrbuch der Berliner Museen 37 (1995), S. 143–157 und 38 (1996), S. 121–150, hier S. 139, Anm. 18. Vgl. auch Reinitzer 2006 (wie Anm. 15), I, S. 241 und II, S. 54, wo freilich keine Verbindung zum Rostocker Gesetz- und Gnade-Relief hergestellt wird.

19 Hierauf hat Reinitzer 2006 (wie Anm. 15), S. 241 hingewiesen. Zu den betr. Artefakten vgl. ebd., S. 375, 388 f., 396 und die dazugehörigen Abbildungen 85, 87, 98.

20 »Virgo pariet Filium, et Vocabitur nomen eius Emanuel Isai. 7 ca.« In Luthers Übersetzung: »Siehe, eine Jungfrau ist schwanger und wird einen Sohn gebären, den wird sie heißen Immanuel.«

21 Vgl. Wilhelm Sillem: Art. Tymmermann, Franz. In: Allgemeine Deutsche Biographie 39 (1895), S. 52 f.

22 Vgl. Steiger, Gedächtnisorte (wie Anm. 2), Bd. 1, S. 357–359.

23 »Ego miser Homo quis liberabit me de Corpore mortis«.

24 »Gratia autem Dei Vita Eterna, in Christo Ihesu Domino nostro. Ro 6. ca.«

25 Bibelzitate richten sich nach Luthers Bibelübersetzung 1545/46 und werden dargeboten laut Martin Luther: Die gantze Heilige Schrifft Deudsch. Wittenberg 1545. Letzte zu Lebzeiten Luthers erschienene Ausgabe. Hrsg. von Hans Volz unter Mitarbeit von Heinz Blanke. Textredaktion Friedrich Kur. München 1972.

26 So z. B. in dem (in späterer Zeit in zwei Stücke zersägten) Gesetz- und Gnade-Öltafelgemälde von Lucas Cranach d. Ä. (nach 1529), Germanisches Nationalmuseum Nürnberg (Gm 220 und Gm 221).

27 »LEX PER MOISEN DATA EST GRATIA ET VERITAS PER IESVM CHRISTVM DOMINVM NOSTRVM«.

28 Martin Luther: Werke. Kritische Gesamtausgabe. 73 Bde. Weimar 1883–2009 (fortan zit. WA), hier WA 36,25,17–24.

29 WA 29,656,10–12.

30 Das Fehlen des Epitheton, das bereits am Ende des 19. Jahrhunderts nicht mehr vorhanden war, beklagt schon Schlie (wie Anm. 2), S. 24.

31 Nämlich unterhalb der Sündenfallszene: »In Adam omnes moriuntur, ita et in Christo omnes Viuificabuntur. 1. Corin. 15«.

32 Kurt Pilz: Art. Ammann, Jost. In: Neue Deutsche Biographie 1 (1953), S. 251 f.

33 Vgl. Lothar Pretzell: Art. Bocksberger, Johann Melchior. In: Neue Deutsche Biographie 2 (1955), S. 346.

34 Johann Bocksberger und Jost Amman (Bearb.): NEuwe Biblische Figuren/ deß Alten vnd Neuwen Testaments/ geordnet vnd gestellt durch den fürtrefflichen vnd Kunstreichen Johan Bockspergern von Saltzburg/ den jüngern/ vnd nachgerissen mit sonderm fleiß durch den Kunstverstendigen und wolerfahrnen Joß Amman von Zürych. Allen Künstlern/ als Malern/ Goltschmiden/ Bildhauwern/ Steinmetzen/ Schreinern/ etc. fast dienstlich vnd nützlich. Frankfurt a. M. 1565 (BSB München L. impr. c. n. mss. 202), fol. N 2r. Erstdruck 1564 (HAB Wolfenbüttel B 75.4° Helmst.).

35 Sie gingen u. a. in die von Georg Rab, Sigmund Feyerabend und Weigand Hans (Erben) produzierte Lutherbibel ein (Frankfurt a. M. 1569). Vgl. Deutsche Bibeldrucke 1466–1600. Beschrieben von Stefan Strohm. Stuttgart-Bad Cannstatt 1987 (= Die Bibelsammlung der Württembergischen Landesbibliothek Stuttgart, Abt. 2, Bd. 1), S. 278–280.

36 Vgl. hierzu ausführlicher Johann Anselm Steiger: Medizinische Theologie. Christus medicus und theologia medicinalis bei Martin Luther und im Luthertum der Barockzeit. Mit Edition dreier Quellentexte: Wilhelm Sarcerius, Der Hellische Trawer Geist (1568) – Simon Musäus, Nützlicher Bericht [...] wider den Melancholischen Teuffel (1569) – Valerius Herberger, Leichenpredigt auf Flaminius Gasto (1618). Leiden u. a. 2005 (= Studies in the History of Christian Traditions 121).

37 WA 10/I,2,365,32–39.

38 WA 10/I,2,366,3–6.

39 WA 52,463,10–12.

40 Vgl. Ernst Koch: Art. Spangenberg, Johann. In: Religion in Geschichte und Gegenwart[4] 7 (2004), Sp. 1536.

41 Johann Spangenberg: Postilla Teutsch. Außlegung Der Euangelien/ Von Ostern biß auff das Aduent. Für die Jungen Christen/ Knaben vnd Meydlein/ inn Fragstücke verfasset [...]. Nürnberg 1550 (Staats- und Stadtbibliothek Augsburg 2 Th Pr 220, Beibd. 1), fol. 134r.

42 Friedrich Roth: Eine Christliche Predigt Aus dem Buch Nehemia am achten Capitel/ Gehalten zu Einweihung eines newen Predigtstuels/ in der Kirchen zun Barfüssern zu Arnstad/ den 30. Tag Nouembris, welcher war der erste Sontag des Aduents/ Anno 1589. [...]. Erfurt 1590 (BSB München Res/Hom. 2104c), fol. E 4r. Zu Roth vgl. Johann Heinrich Zedler: Großes vollständiges Universal=Lexikon [...]. 64 Bde. und 4 Supplementbde. Halle/S., Leipzig 1732–1754 (Reprint Graz 1961–1964), Bd. 32, Sp. 1125. Die 1589 in der Barfüßerkirche errichtete Kanzel wurde 1625 an die Liebfrauenkirche in Arnstadt übergeben, wo sie noch heute zu finden ist. Vgl. Andreas H. A. Hatham (Hrsg.): Arnstadt nach seinen gegenwärtigen Verhältnissen und unter Beifügung vieler geschichtlichen Notizen, sowie einer kurzen, getreuen Schilderung seiner Umgebung dargestellt. Ein Hand- und Addressbuch für Einheimische und Fremde. Sondershausen o. J. [1842], S. 204.

43 WA 29,537,15 f.

44 Vgl. Alexander Dobbert-Dunker: ›In summa angustia animi‹ – Jakobs Kampf mit Gott. Luthers Auslegung von Gen 32 auf dem Hintergrund der patristischen Tradition. In: Johann Anselm Steiger, Ulrich Heinen (Hrsg.): Isaaks Opferung (Gen 22) in den Konfessionen und Medien der Frühen Neuzeit. Berlin, New York 2006 (= Arbeiten zur Kirchengeschichte 101), S. 239–257. Johann Anselm Steiger: Das Gebet im Zeitalter der Reformation und des Barock. Ein Beitrag zu Martin Luther und Heinrich Müller sowie zur Bildtradition des armen Lazarus. Neuendettelsau 2013, S. 46–48.

45 WA 7,597,9–18.

46 Vgl. Reinhold Grünberg (Bearb.): Sächsisches Pfarrerbuch. Die Parochien und Pfarrer der Ev.-luth. Landeskirche Sachsens (1539–1939). 2 Teile in 3 Bden. Freiberg i. S. 1939 f., Teil 2, S. 160.

47 Martin Faber: Eine tröstliche Predigt: Von dem Kampff des heiligen Patriarchen IACOBS/ mit dem Sohn Gottes/ im ersten Buch Mosis am XXXII. Cap. gehalten. Erfurt 1571 (SB Berlin 5 an: Dk 4003), fol. B 8v.

48 WA 24,577,16.

49 Dies ist auch die Matrix, mit Hilfe deren Luther die Erzählung von der Opferung Isaaks (1. Mose 22,1–14) deutet. Vgl. Johann Anselm Steiger: Zu Gott gegen Gott. Oder: Die Kunst, gegen Gott zu glauben. Isaaks Opferung (Gen 22) bei Luther, im Luthertum der Barockzeit, in der Epoche der Aufklärung und im 19. Jahrhundert. In: Ders., Ulrich Heinen (Hrsg.): Isaaks Opferung (Gen 22) in den Konfessionen und Medien der Frühen Neuzeit. Berlin u. a. 2006 (= Arbeiten zur Kirchengeschichte 101), S. 185–237, bes. S. 188–203.

50 WA 24,578,11–24.

51 WA 29,647,25 f.

52 WA 7,252,21–23.

53 WA 29,648,13–16.

54 Vgl. Johann Anselm Steiger: Fünf Zentralthemen der Theologie Luthers und seiner Erben. Communicatio – Imago – Figura – Maria – Exempla. Mit Edition zweier christologischer Frühschriften Johann Gerhards. Leiden u. a. 2002 (= Studies in the History of Christian Thought 104), S. 7–9, 78 f.

55 Martin Luther: Geistliche Lieder und Kirchengesänge. Vollständige Neuedition in Ergänzung zu Bd. 35 der Weimarer Ausgabe. Hrsg. von Markus Jenny. Köln 1985 (= Archiv zur Weimarer Ausgabe der Werke Luthers 4), S. 299.

56 Die Bekenntnisschriften der Evangelisch-Lutherischen Kirche. Vollständige Neuedition. Hrsg. von Irene Dingel. Göttingen 2014, S. 1131, Z. 22 f.

57 WA 51,108,42–109,11.

58 Irenäus von Lyon: Adversus haereses. Gegen die Häresien III. Übers. und eingeleitet von Norbert Brox. Freiburg i. Br. u. a. 1995 (= Fontes Christiani 8/3), S. 110–114.

59 Sophronius Eusebius Hieronymus: Opera. Pars I: Opera exegetica. Bd. 7. Hrsg. von David Hurst, Marcus Adriaen. Turnhout 1969 (= Corpus Christianorum Series Latina 77), S. 3.

60 Johann Tarnow: In Prophetam HOSEAM COMMENTARIUS: In quo textus Analysi perspicuâ illustratur, ex fonte Hebraeo explicatur, locis S. S. parallelis confirmatur, à pravis expositionibus vindicatur, Usus verò in Locis communibus ex ipsâ scripturâ natis & probatis indicatur. [...]. Rostock 1626 (Privatbesitz), S. 469.

61 WA 36,682,19–31.

62 WA 2,689,28.

63 WA 2,688,33.35 f.

64 Vgl. Johannes Schilling: Scrvtamini Scriptvras. Über eine Aufgabe. In: Christiana Albertina. Forschungen und Berichte aus der Christian-Albrechts-Universität zu Kiel. Heft 82. Kiel, Hamburg 2016, S. 20–39.

65 Vgl. Hellmut Zschoch: Art. Rhegius (Rieger), Urbanus. In: Frühe Neuzeit in Deutschland 1520–1620. Literaturwissenschaftliches Verfasserlexikon. Hrsg. von Wilhelm Kühlmann, Jan-Dirk Müller, Michael Schilling, Johann Anselm Steiger, Friedrich Vollhardt. Bd. 5. Berlin u. a. 2016, Sp. 282–289. Ders.: Art. Rhegius (Rieger), Urbanus. In: Religion in Geschichte und Gegenwart[4] 7 (2004), Sp. 489.

66 Urbanus Rhegius: Dialogus von der schönen predigt, die Christus Luc. 24. von Jerusalem bis gen Emaus den zweien jüngern am Ostertag/ aus Mose vnd allen Propheten gethan hat [...]. Wittenberg 1537 (BSB München 4 Exeg. 706). Weitere Auflagen 1539, 1545, 1551, 1553, 1558, 1559, 1565, 1566, 1573, 1584, 1590, 1591. Eine lateinische Fassung mit Vorwort Luthers erschien 1542: Urbanus Rhegius: PROPHETIAE VETERIS TESTAMENTI DE CHRISTO, COLLECTAE ET EXPLICATAE [...]. Cum Praefatione D. Martini Lutheri. Frankfurt a. M. 1542 (BSB München 2 Exeg. 467).

67 WA 46,712,1–5.11–18.

68 Vgl. Johannes Bugenhagen: IN D. PAVli ad Romanos Epistolam, Interpretatio doctißima, multisque in locis locupletata. Hagenau 1531 (BSB München Exeg. 165m), fol. B 2r: »Est ergo Euangelium instrumentum quoddam, quo Deus salutem nostram in cordibus nostris operatur. Siquidem Deus per nihil aliud salutem operatur, quàm per Euangelium, hoc modo uetustatem nostram interficiendo. [...] Non est igitur aliunde expectanda salus, quàm à Deo per Euangelium [...].«

69 WA 10/III,93,7–18.

70 Vgl. Mielke 1996 (wie Anm. 18), S. 139.

71 www.britishmuseum.org/research/collection_online/collection_object_details.aspx?objectId=1600211&partId=1&searchText=virtues+cognition&page=1

72 Schlie (wie Anm. 2), S. 23.

73 Vgl. Formula Concordiae, Solida Declaratio, Art. 7. In: Bekenntnisschriften (wie Anm. 56), S. 1471, Z. 10–14: »Quo significare volunt, etiamsi formis loquendi, in pane, sub pane, cum pane quandoque utantur, tamen se propositionem (hoc est corpus meum) simpliciter et ut verba sonant accipere et amplecti eamque nequaquam pro figurata, sed pro inusitata praedicatione agnoscere.« Vgl. WA 30/I,223,22–28: »Was ist nun das Sakrament des Altars? Antwort: Es ist der wahre Leib und Blut des HERRN Christi in und unter dem Brot und Wein durch Christus Wort uns Christen befohlen zu essen und zu trinken. Und wie von der Taufe gesagt, daß nicht schlecht Wasser ist, so sagen wir hier auch, das Sakrament ist Brot und Wein, aber nicht schlecht Brot noch Wein, so man sonst zu Tisch trägt, sondern Brot und Wein in Gottes Wort gefasset und daran gebunden.«

74 Vgl. Arthur Henkel, Albrecht Schöne (Hrsg.): Emblemata. Handbuch zur Sinnbildkunst des XVI. und XVII. Jahrhunderts. Stuttgart 1987 [[1]1967], Sp. 811–813.

75 Vgl. z. B. Hermann Heinrich Frey: Therobiblia. Biblisch Thier-, Vogel- und Fischbuch (Leipzig 1595). Hrsg. von Heimo Reinitzer. Graz 1978 (= Naturalis historia bibliae 1), hier: Vogelbuch, fol. 144r/v sowie Wolfgang Franzius: HISTORIA ANIMALIUM In quâ plerorumque Animalium praecipuae proprietates in gratiam Studiosorum Theologiae & Ministrorum Verbi ad usum Ἐικονολογικὸν breviter accommodantur. In Academiâ VVittebergensi ante plures annos dictata [...]. Amsterdam 1665 (Privatbesitz) (Erstauflage 1612), S. 308–312.

76 Physiologus. Griechisch / Deutsch. Übers. und hrsg. von Otto Schönberger. Stuttgart 2001, S. 11.

77 Vgl. Bernhard Liess: Art. Heermann, Johann. In: Frühe Neuzeit in Deutschland 1520–1620. Literaturwissen-

schaftliches Verfasserlexikon. Hrsg. von Wilhelm Kühlmann, Jan-Dirk Müller, Michael Schilling, Johann Anselm Steiger, Friedrich Vollhardt. Bd. 3. Berlin u. a. 2014, Sp. 211–217.

78 Johann Heermann: Christliche Tauff=Sermones/ Jn drey unterschiedliche Theil abgetheilet/ und sind darinnen zu finden: I. Schöne und anmutige Tauffbilder. II. Herrliche und Lehrreiche Tauffsprüch aus dem Alten und Neuen Testament. III. Allerley nützliche und nötige Tauff=Betrachtungen. Mit sonderbarem Fleiß zusammen getragen. Und mit einer Zugabe Geistlicher Poetischer Erquickstunden Vermehret [...]. Nürnberg 1656 (BSB München Hom. 2080 o), S. 232.

79 Clemens Streso: Einweihung Eines newen Predigstuls geschehen zu Zerbst in S. Barthelmes Kirche am Sontag IVDICA. aus dem gewönlichen Euangelio Johan: 8. O. O. 1579 (ULB Halle/S. Nh 89 [12]), fol. F 3v. Zu Streso vgl. Zedler (wie Anm. 42), Bd. 61, Sp. 1462.

80 WA 21,463,13–27.

81 WA 49,588,12–18. Vgl. hierzu Peter C. Bloth: »... auff das dies newe Haus dahin gericht werde, das nichts anders darin geschehe, denn das ...«. Zur Interpretation, Wirkungsgeschichte und praktisch-theologischen Bedeutung von Martin Luthers Torgauer Einweihungspredigt am 5. Oktober 1544. In: Prädestination und Willensfreiheit. Luther, Erasmus, Calvin und ihre Wirkungsgeschichte. Festschrift für Theodor Mahlmann zum 75. Geburtstag. Hrsg. von Wilfried Härle, Barbara Mahlmann-Bauer. Leipzig 2009, S. 35–65. Zum Thema ›Gebet bei Luther‹ vgl. ferner folgende jüngere Literatur: Matthias Mikoteit: Theologie und Gebet bei Luther. Untersuchungen zur Psalmenvorlesung 1532–1535. Berlin u. a. 2004 (= Theologische Bibliothek Töpelmann 124), hierin S. 48–57 ein Forschungsbericht zum Thema ›Luthers Beten‹. Uwe Rieske: ›Meditation, Anfechtung und Gebet‹. Luthers Anleitung zur evangelischen Spiritualität. In: Gottes Wort ins Leben verwandeln. Perspektiven der (nord-)deutschen Kirchengeschichte. Festschrift für Inge Mager zum 65. Geburtstag. Hrsg. von Rainer Hering, Hans Otte, Johann Anselm Steiger. Hannover 2005 (= Jahrbuch der Gesellschaft für niedersächsische Kirchengeschichte, Beiheft 12), S. 101–110. Irene Dingel: ›dass man Gott immer in den Ohren liege‹. Das rechte Beten bei Martin Luther. In: Sehnsüchtig nach Leben. Aufbrüche zu neuer Frömmigkeit. Hrsg. von Peter Freybe. Wittenberg 2006, S. 28–49. Bernhard Mutschler: Ein Reden des Herzens mit Gott. Martin Luther über das Gebet. In: Neue Zeitschrift für Systematische Theologie und Religionsphilosophie 49 (2007), S. 24–41. Mary J. Haemig: Prayer as talking back to God in Luther's Genesis lectures. In: Lutheran Quarterly 23 (2009), S. 270–295. Steiger, Gebet (wie Anm. 44), S. 11–33.

82 Vgl. Steiger, Zentralthemen (wie Anm. 54), S. 109–117.

83 WA 24,50,26.29–32.

84 WA 41,302,3–13.

85 S. o. Anm. 7.

86 Vgl. Lucas Bacmeister: DE MODO CONCIONANDI. SIMPLEX INFORMATIO EOrum, qui ad munus docendi publicè in Ecclesia aliquando accedent. Tradita in Academia Rostochiensi [...]. Rostock 1570 (ULB Halle/S. K. VII. 92 (?) [3]), fol. 97v.

87 Vgl. Walter Sparn: Art. Hütter (Hutterus), Leonhart. In: Religion in Geschichte und Gegenwart[4] 3 (2000), Sp. 1967 f. Thomas Uecker: Art. Hutter (Hütter), Leonhard. In: Biographisch-Bibliographisches Kirchenlexikon (1990), S. 1227–1229. Johann Anselm Steiger: Art. Hütter (Hutterus), Leonhart. In: Frühe Neuzeit in Deutschland 1520–1620. Literaturwissenschaftliches Verfasserlexikon. Hrsg. von Wilhelm Kühlmann, Jan-Dirk Müller, Michael Schilling, Johann Anselm Steiger, Friedrich Vollhardt. Bd. 3. Berlin u. a. 2014, Sp. 422–430.

88 Leonhart Hütter: Compendium locorum theologicorum ex Scripturis Sacris et Libro Concordiae, lateinisch – deutsch – englisch. Kritisch hrsg., kommentiert und mit einem Nachwort sowie einer Bibliographie sämtlicher Drucke des Compendium versehen von Johann Anselm Steiger. 2 Teilbde. Stuttgart-Bad Cannstatt 2006 (= Doctrina et Pietas II, 3), S. 510 f.

89 Vgl. Ernst Koch: Art. Agricola, Johann. In: Religion in Geschichte und Gegenwart[4] 1 (1998), Sp. 191.

90 Johann Agricola: Außlegung deß heiligen Seligmachenden Euangelij von der armen/ geengsten/ vnd doch heiligen Büsserinnen/ Marien Magdalenen/ Luce 7. Mit einer Vorrede an den Durchleuchtigisten/ Hochgebornen/ Fürsten vnd Herrn/ Herrn Joachim/ Churfürsten zů Brandenburg/ etc. [...]. Frankfurt a. M. 1562 (WLB Stuttgart Theol. qt. 111), fol. K 2r/v.

91 Agricola, Auslegung (wie Anm. 90), fol. K 3v/4r.

92 Vgl. Johann Anselm Steiger: Art. Gerhard, Johann. In: Frühe Neuzeit in Deutschland 1520–1620. Literaturwissenschaftliches Verfasserlexikon. Hrsg. von Wilhelm Kühlmann, Jan-Dirk Müller, Michael Schilling,

Johann Anselm Steiger, Friedrich Vollhardt. Bd. 2. Berlin u. a. 2012, Sp. 557–571. Vgl. jetzt Markus Friedrich, Sascha Salatowsky, Luise Schorn-Schütte (Hrsg.): Konfession, Politik und Gelehrsamkeit. Der Jenaer Theologe Johann Gerhard (1582–1637) im Kontext seiner Zeit. Stuttgart 2017 (= Gothaer Forschungen zur Frühen Neuzeit 11).

93 Johann Gerhard: Postilla: Das ist/ ERklärung der Euangelien/ so auff die gewöhnlichen Apostel vnd andere Festtage Jährlich in Christlicher Gemeine zu handeln verordnet. Auch etlicher schöner Sprüche heiliger Schrifft/ vornemlich dahin gerichtet/ daß wir Gottes Liebe vnd Christi Wolthaten erkennen/ Auch am innerlichen Menschen seliglich zunemen mögen. [...]. Dritter Theil. Jena 1613 (HAB Wolfenbüttel 419–420 Theol.), S. 173.

94 Vgl. WA 39/I,91,13–92,28.

95 WA 39/I,92,28.

96 Hans Vredeman de Vries: Grottesco: in diversche manieren Zeer Chierlijck bequaem en oirboorlijc voor Schilders, Glaesschrijuers, Beeldsnijders En al die de Chierlijcke ornamenten der Aniquen beminnen, ghemackt bij Iohans Vredeman Vriese, vvth ghegheuen duer Geraert de Ieüde. [Antwerpen] o. J. (UB Rostock Da-9).

97 Vgl. Hans Vredeman de Vries und die Renaissance im Norden. Hrsg. von Heiner Borggrefe, Vera Lüpkes, Paul Huvenne, Ben van Beneden. München 2002, v. a. Peter Fuhring: Hans Vredeman de Vries und das Ornament als Vorlage und Modell. In: Ebd., S. 61–68.

98 Vgl. Michael Bischoff, Hillert Ibbeken: Renaissance in Mecklenburg. Hrsg. von der Stiftung Mecklenburg. Berlin 2011, S. 45.

99 WA 10/III,172,30–173,4.6–12.

100 WA 21,330,19–25.27–29.

101 Vgl. Konrad Küster: Musik im Namen Luthers. Kulturtraditionen seit der Reformation. Kassel 2016, bes. S. 48–57. Johann Anselm Steiger: Der Orgelprospekt im Kloster Lüne als Zeugnis barock-lutherischer Bild- und Musiktheologie. Zur Intermedialität von Wort, Bild und Musik im 17. Jahrhundert. Regensburg 2015. Oliver Huck: Die Musik der Engel. Musik und Musikanschauung im Mittelalter. In: Deutsches Dante Jahrbuch 84 (2009), S. 25–38.

102 Vgl. Otfried Czaika: Art. Chyträus, David: In: Frühe Neuzeit in Deutschland 1520–1620. Literaturwissenschaftliches Verfasserlexikon. Hrsg. von Wilhelm Kühlmann, Jan-Dirk Müller, Michael Schilling, Johann Anselm Steiger, Friedrich Vollhardt. Bd. 1. Berlin u. a. 2011, Sp. 511–521.

103 David Chyträus: Auslegung Der Offenbarung Johannis/ darin viel Artickel Christlicher lehr/ viel historien/ vnd nötiger heilsamer Trost/ in gegenwertigen trübsaln vnd zerrüttungen der Kirchen/ vneinigkeit der Lehrer/ vnd andern anfechtungen/ nutzlich erklert werden. [...] Nu erstmals ins Deudsch gebracht. Rostock 1568 (BSB München 4 Exeg. 178), fol. Ddd 3v. Weitere Drucke 1572, 1573, 1584. Lateinische Erstausgabe: David Chyträus: EXPLICATIO APOCALYPSIS IOHANNIS PERSPICVA ET BREVIS, TRADITA [...]. Wittenberg 1563 (Staats- und Stadtbibliothek Augsburg Th Ex 177). Weitere Drucke 1564, 1571, 1575.

104 Chyträus, Auslegung der Offenbarung Johannis (wie Anm. 103), fol. Oo 4v.

105 Chyträus, Auslegung der Offenbarung Johannis (wie Anm. 103), fol. Lll 2v/3r.

106 Chyträus, Auslegung der Offenbarung Johannis (wie Anm. 103), fol. X 3r/v.

107 Zu Meyfart vgl. Erich Trunz: Johann Matthäus Meyfart. Theologe und Schriftsteller in der Zeit des Dreißigjährigen Krieges. München 1987. Johann Anselm Steiger: Rhetorica sacra seu biblica. Johann Matthäus Meyfart (1590–1642) und die Defizite der heutigen rhetorischen Homiletik. In: Zeitschrift für Theologie und Kirche 92 (1995), S. 517–558. Christian Peters: Art. Meyfart, Johann Matthäus. In: Religion in Geschichte und Gegenwart^4 5 (2002), Sp. 1200. Wilhelm Kühlmann: Art. Meyfart, Johann Matthäus. In: Killy Literaturlexikon. Autoren und Werke des deutschsprachigen Kulturraumes. 2., vollständig überarbeitete Auflage. Hrsg. von Wilhelm Kühlmann u. a. Bd. 8 (2010), S. 217–220.

108 Johann Matthäus Meyfart: Das Erste Buch Von Dem Himlischen Jerusalem/ Auff Historische Weise/ ohn alle Streitsachen/ Aus den holdseligsten vnd frölichsten Contemplationen, so wol Alter als Newer/ doch gelehrter Vätter vnd Männer beschrieben: Vnd bey diesen betrübten Läufften allen frommen Christen zu einem Trost/ Neben anmuhtigen Precationibus jaculatorijs oder Seufftzerlein/ in Druck verfertiget [...]. Coburg 1627 (HAB Wolfenbüttel 913.4 Theol. [1]), S. 311 f., 315 f.

109 Ebd., S. 320.

110 Vgl. zu den Holzschnitten des Monogrammisten MS zur Johannes-Offenbarung Peter Martin: Martin Luther und die Bilder zur Apokalypse. Die Ikonographie der Illu-

strationen zur Offenbarung des Johannes in der Lutherbibel 1522 bis 1546. Hamburg 1983 (= Vestigia Bibliae 5), S. 176–196.

111 Chyträus, Auslegung der Offenbarung Johannis (wie Anm. 103), fol. H 8v.

112 Chyträus, Auslegung der Offenbarung Johannis (wie Anm. 103), fol. J 1r.

113 Vgl. Chyträus, Auslegung der Offenbarung Johannis (wie Anm. 103), fol. J 1r/v.

114 Chyträus, Auslegung der Offenbarung Johannis (wie Anm. 103), fol. J 2v.

115 Vgl. ebd.

116 Chyträus, Auslegung der Offenbarung Johannis (wie Anm. 103), fol. J 2v/3r.

117 Zu Müller vgl. folgende ausgewählte Lexikon-Artikel: Helmut K. Krausse, Redaktion: Art. Müller, Heinrich. In: Killy Literaturlexikon. Autoren und Werke des deutschsprachigen Kulturraumes. 2., vollständig überarbeitete Auflage. Hrsg. von Wilhelm Kühlmann u. a. Bd. 8 (2010), S. 394–396. Johannes Wallmann: Art. Müller, Heinrich. In: Religion in Geschichte und Gegenwart[4] 5 (2002), Sp. 1570. Helge Bei der Wieden: Art. Müller, Heinrich. In: Neue Deutsche Biographie 18 (1997), S. 405 f. Ders.: Art. Müller, Heinrich. In: Biographisches Lexikon für Mecklenburg 1 (1995), S. 170–174. Ders.: Art. Müller, Heinrich. In: Biographisches Lexikon für Schleswig-Holstein und Lübeck 9 (1991), S. 240–243. Detaillierte biographische Daten bietet die Leichenpredigt: Ludwig Barclay: Klagstimm Uber den unheilbahren Schaden Babels/ Welche mit dem trewen Propheten Jeremia gantzer Zwey und Zwantzig Jahr aus dem LI Capittel seiner Weissagung v. 9. & 10., geführet. Der weyland HochEhrwürdiger/ Großachtbahrer/ und Hochgelahrter HENRICUS MULLER SS. Th. D. P. P. der Theologischen Facultät Senior, und der Kirchen in Rostock Hochverdienter Superintendens und Pastor an St. Marien. So Donnerstags/ war der 13. Septembris, Abends ümb halb 5. Uhr willig/ frölich/ sanfft/ und seelig im HErrn JEsu entschlaffen: und darauff den 5. Octobris mit Christrühmlichen Ceremonien, bey ungemeiner Volckreicher Versamlung zu St. Marien/ bey seinen kurtz vorhin geschickten hertzgeliebten Söhnlein zu Ruh gebracht; Zum unsterblichen Nachruhm seiner Ampts=Trew/ Schrifftmässig außgelegt/ und nachmahls auff fleissiges Anhalten im Druck gegeben […]. Rostock 1675 (HAB Wolfenbüttel Db 3227). Vgl. überdies den Eintrag zu Müller in: Catalogus Professorum Rostochiensium: http://cpr.uni-rostock.de/pnd/118974408 (2.3.2017). Die einzigen monographischen Gesamtdarstellungen zu Müller sind immer noch die alten Studien von Caspar Otto Friedrich Aichel (Dr. Heinrich Müller. Eine Lebensbeschreibung. Hamburg 1854 [[2]1856]) und Otto Krabbe (Heinrich Müller und seine Zeit. Rostock 1866). Vgl. weiter Elke Axmacher: ›Aus Liebe will mein Heiland sterben‹. Untersuchungen zum Wandel des Passionsverständnisses im frühen 18. Jahrhundert. Stuttgart [2]2005 [[1]1984] (= Beiträge zur theologischen Bachforschung 2). Kaufmann (wie Anm. 7), v. a. Kap. 2.2 und 3.2. Ernst Koch: Heinrich Müllers ›Himmlischer Liebeskuß‹. Zu Geschichte und Wirkung eines Erbauungsbuchs. In: Pietas in der Lutherischen Orthodoxie. Hrsg. von Udo Sträter. Wittenberg 1998 (= Themata Leucoreana o. Nr.), S. 137–148. Jonathan Strom: Orthodoxy and Reform. The Clergy in Seventeenth Century Rostock. Tübingen 1999 (= Beiträge zur Historischen Theologie 111), S. 222–238. Einen Forschungsbericht zu Heinrich Müller bietet: Christian Bunners: Mystik bei Heinrich Müller. Forschungsbeiträge und Forschungsfragen. In: Zur Rezeption mystischer Traditionen im Protestantismus des 16. bis 19. Jahrhunderts. Beiträge eines Symposiums zum Tersteegen-Jubiläum 1997. Köln 2002 (= Schriftenreihe des Vereins für Rheinische Kirchengeschichte 152), S. 91–111.

118 Heinrich Müller: Geistlicher Danck=Altar/ Zum täglichen Lob=Opffer der Christen/ Mit vielen Kupffern gezieret. Benebenst Einem Anhang zweyer Theologischer Fragen. I. Ob ein Christ in gewissen Fällen für seinen Nähesten das Leben zu lassen schuldig seye? II. Ob ein Christ/ von einem Trunckenbold überfallen/ lieber tödten sol/ oder sich tödten lassen? […]. Frankfurt a.M. 1670 (UB Rostock Fm-3082), S. 456.

119 Vgl. hierzu ausführlicher Johann Anselm Steiger: »vor die Augen gemalt« (Galater 3,1). Zur Vergegenwärtigung des Sohnes Gottes in den Medien Wort und Bild bei Martin Luther und im Luthertum der Barockzeit. In: Auslegung und Hermeneutik der Bibel in der Reformationszeit. Hrsg. von Christine Christ von Wedel, Sven Grosse. Berlin u. a. 2017 (= Historia Hermeneutica, Series Studia 14), S. 213–239.

120 Vgl. Wilhelm Kühlmann: Art. Dannhauer, Johann Conrad. In: Killy Literaturlexikon. Autoren und Werke des deutschsprachigen Kulturraumes. 2. vollständig überarbeitete Auflage. Hrsg. von Wilhelm Kühlmann u. a.

Bd. 2 (2008), Sp. 551–553. Vgl. ferner Daniel Bolliger: Methodus als Lebensweg. Johann Conrad Dannhauer (1603–1666) und die Existentialisierung der Dialektik in der altdorfinisch-straßburgischen Richtung der lutherischen Orthodoxie. Habil. masch. Hamburg 2010.

121 Johann Conrad Dannhauer: HAGIOLOGIUM FESTALE, oder Heilige Fest=Legenden/ das ist: Fest=Predigten gehalten im Münster zu Straßburg [...]. Straßburg 1672 (Theologische Bibliothek der Universität Hamburg), S. 1003 f.

122 Vgl. ebd., S. 1005.

123 Vgl. zu Herberger Valentin Preibisius: GAUDIUM HERBERGERIANUM, Oder Selige HertzensFrewde Des WolEhrwürdigen/ GroßAchtbaren vnd Hochgelarten Herren/ VALERII HERBERGERI, vornemen vnd weitberümbten Theologi, beym Kriplin Christi zur Frawen-Stadt in der Kron Polen wolverdinten Predigers vnd SeelenHirtens. Welcher den 18. MaI zu Mitternacht vmb 12. Vhr/ dieses 1627. Jahres/ sanfft vnd stille in seinem HErren JESU verschieden/ vnd darauff den 26. MaI in grosser Volckreicher Versamlung daselbst Christlich zu seinem Ruhbettlein gebracht worden. Aus den Worten Christi Luc. 10. v. 20. Frewet euch/ daß ewre Namen im Himmel geschrieben sind. Jn gehaltener Leichsermon erkläret. Leipzig 1628 (HAB Wolfenbüttel LP Slg. Stolberg 11796). Samuel Friedrich Lauterbach: Fraustädtisches Zion. Das ist Historische Erzehlung, desjenigen, Was sich von An. 1500. biß 1700. im Kirch=Wesen zu Fraustadt in der Cron Pohlen, zugetragen, Dabey so wohl fernerer Bericht, vom Kripplein Christi, und den andern Lutherischen Kirchen allhier, als auch die Lebens=Beschreibungen aller Evangelischen Prediger dieses Orts, samt denen Schul=Bedienten, und was inzwischen denck= und merckwürdiges vorgefallen, So daß es für den 2. Theil des ausgegangenen Lebens, VALERII Herbergers, Welches zugleich umb ein gutes vermehret wird, dienen kan [...]. Leipzig 1711 (SUB Göttingen 8 H POLON 258/57). Ders.: VITA, FAMA ET FATA VALERII HERBERGERI. Das merckwürdige Leben, guter Nach=Ruhm, und seliger Abschied, Des theuren und um die Kirche GOttes hoch=verdienten Theologi, Hn. VALERII Herbergers, Weiland Predigers zur Fraustadt in Groß=Pohlen [...]. Leipzig 1708 (SUB Göttingen H. lit. biogr. VIII 6755). Dietrich Blaufuß: Art. Herberger, Valerius. In: Killy Literaturlexikon. Autoren und Werke des deutschsprachigen Kulturraumes. 2., vollständig überarbeitete Auflage. Hrsg. von Wilhelm Kühlmann u. a. Bd. 5 (2009), Sp. 286–289. Thomas Illg und Johann Anselm Steiger: Art. Herberger, Valerius. In: Frühe Neuzeit in Deutschland 1520–1620. Literaturwissenschaftliches Verfasserlexikon. Hrsg. von Wilhelm Kühlmann, Jan-Dirk Müller, Michael Schilling, Johann Anselm Steiger, Friedrich Vollhardt. Bd. 3. Berlin u. a. 2014, Sp. 266–278.

124 Vgl. etwa Valerius Herberger: Geistlich Trawrbrodt Aus der vollen Speisekammer der heiligen Schrifft auffgetragen/ viel geistlich=hungrige vnd matte Hertzen damit zu stercken. Das ist/ Das Fünffte Theil der Trawrbindenn/ Aus tröstlichen Leichpredigten/ vnd Ehrengedechtnissen gewircket [...]. Leipzig 1618 (HAB Wolfenbüttel 471 Theol. [1]), S. 149.

125 Vgl. Josua Wegelin: Der Gemahlte IESVS CHRISTVS Jn Grund gelegt: Das ist/ Gründtliche Augenscheinliche Erklärung vnd Abbildung/ deß Gesätzes vnd Evangelij Vnderscheid/ Als das Fundament vnd der Lehrgrund deß hochtröstlichen Articuls von der gnädigen Rechtfertigung deß Armen Sünders für Gott/ Emblematicè vnd gemahlter weiß in zwölff vnterschiedlichen schönen Kupfferstüchen fürgetragen: Welche genommen Zuvorderst auß der H. Bibel/ auß den Schrifften der Gottseligen alten Kirchenlehrer/ B. Lutheri vnd anderer Evangelischen reinen Theologen Büchern. Neben einem Schrifftmässigen/ gründlich= vnd verständlichem Bericht/ von dem hochnothwendigen Vnderscheid deß Gesätzes vnd Evangelij/ Erklärung der Figuren/ vnd deroselben angehengtem Vsu, Nutzen vnd Gebrauch. Zur L. Lehr/ W. Widerlegung/ Z. Züchtigung/ V. Vermahnung/ T. Trost/ vnd E. Erinnerung/ bey einer jeden Figur kürtzlich vnd nutzlich angehenget. Alles nach anleitung deß Apostolischen Sprüchleins in der Epistel ad Galat. 3. v. 1. O jhr thorechten Galater/ wer hat euch bezaubert/ der Warheit nicht zugehorchen/ welchen Jesus Christus für Augen gemahlet war. [...]. Kempten 1630 (Staats- und Stadtbibliothek Augsburg 2 Th Pr 238). Wegelin berichtet, daß ihn Galater 3,1 motiviert habe, das genannte Werk zu verfassen (ebd., fol. [4]r), in dem er die Gesetz- und Evangeliumsthematik in zwölf Kapiteln abhandelt, denen je ein Kupferstich beigegeben ist. Zu Wegelin vgl. Hermann Arthur Lier: Art. Wegelin, Josua. In: Allgemeine Deutsche Biographie 41 (1896), S. 783.

126 Vgl. Heinrich Müller: Evangelischer Hertzens=Spiegel, Das ist: Erklärung aller Sonn= und Fest=Tags=Evangelien, Nebst beygefügten Paßions=Predigten Ueber das Gantze

Leyden CHristi, Jn öffentlicher Kirchen=Versammlung der Gemeine GOttes zu St. Marien vorgestellet; jetzo aber auf das neue wegen der schönen Lehr=Art auf vieler Ersuchen dem Druck überlassen, und mit dreyfachen Registern versehen, Nebst einer Vorrede S. T. Herrn Friederich Caspar Hagens [...]. Hof 1738 [[1]1679] (Theologische Bibliothek der Universität Hamburg L IV d 865), S. 1073: »Der Prediger Zunge soll seyn der Griffel, der den gecreutzigten JEsum ins Hertz mahlet. Das Hertz aber der Zuhörer soll seyn die Taffel darauf der gecreutzigte JEsus wird abgemahlet. [...] Meine Hertzen, darzu predige ich euch heute auch, daß ich euch JEsum möge recht ins Hertz bilden, als wäre er hier gecreutziget vor euren Augen. So bereite nun ein jeder sein Hertz zu wahrer Andacht, daß es sey eine Taffel, ja, ein Stein, darinne die Gestalt JEsu fest halte.«

127 Vgl. Müller, Geistlicher Danck=Altar (wie Anm. 118), neben S. 216.

128 Vgl. James Clifton, Walter S. Melion (Hrsg.): Scripture for the Eyes. Bible Illustration in Netherlandish Prints of the Sixteenth Century. London, New York 2009 sowie Walter S. Melion: Imago exegetica. Visual images as exegetical instruments, 1400–1700. Leiden u. a. 2014 (Intersections 33).

129 Ein herausragendes Beispiel bietet die Predigt zur Einweihung der neuen Kanzel in St. Nicolai zu Wismar aus dem Jahre 1708 von Christian Benjamin Otto: Der hohe und über alle Wismarische Hügel Erhabene Berg des HERRN zu NICOLAI, wurde in der ersten Predigt auff der Neuen Cantzel/ der Gemeine zu Nicolai in Wismar/ Jn ihrer vor V Jahren kläglich ruinirten/ und nun wieder meistentheils reparirten Haupt=Kirche/ Am XXV. Sontage nach Trinitatis, 1708. nach Gelegenheit des ordentlichen Sontags=Evangelii/ als ein Bild des Neuen Predig=Stuhls, erbaulich vorgestellet [...]. Leipzig, Görlitz 1709 (UB Greifswald 520/Ft 209). Der Prediger erläutert seinen Hörern und Lesern ausführlich das komplette Bild- und Inschriftenprogramm der neuen Kanzel. Die Vorgängerkanzel war durch den nach einem schweren Sturm herabfallenden Turmhelm zerstört worden. Vgl. Steiger, Gedächtnisorte (wie Anm. 2), Bd. 2, S. 860–863. Recht detaillierte Deutungen der Bild- und Inschriftenprogramme enthalten auch die Kanzelweihpredigten von Streso (wie Anm. 79) und Roth (wie Anm. 42) sowie Lorenz Drabitius: Kemnitzer Predigstuls/ der renovirt Anno Christi 1598. Einweihung/ durch Predigt vnd Gebet/ am Sontage Exaudi [...]. Freiberg i. S. 1598 (ULB Halle/S. Pon Ya 1473, QK) und Gottfried Olearius: Der Pfarrkirchen zu S. Ulrich in Halle verneuerter Predigstul/ mit GOTTES Wort und Gebeth eingeweihet [...] am XIII. sontag nach Trinitatis/ im jahr Christi 1645. Halle/S. 1645 (Bibliothek der Franckeschen Stiftungen Halle/S. 44 C 11 [10]). Keinerlei Bezugnahmen auf das Aussehen der Kanzel hingegen sind in Gregor Strigenitz' insgesamt fünfmal aufgelegter Meißener Einweihungspredigt zu finden. Vgl. Gregor Strigenitz: ESRAE Predigtstuel. Das ist: Die Historia vom Ersten Predigtstuel/ welcher zu Jerusalem von den Jüden/ nach dem sie aus der Babylonischen Gefengnüs widerumb anheim kommen sind/ auffgerichtet/ vnd von Esra dem Schrifftgelehrten/ in grosser Versamlung dess Volcks eingeweyhet worden ist. Jn Zweyen vnterschiedlichen Predigten einfeltig vnd richtig erkleret [...]. Bey der Einweyhung deß Newen Predigtstuels/ welchen ein Ehrwirdiges Thumb Capitel/ in der Thumbkirchen daselbsten/ im Jahr Christi 1596. Gott vnd seinem heiligen vnd seligmachendem Worte zu Ehren hat bawen vnd auffrichten lassen. Leipzig 1597 (ULB Halle/S. Pon Yd 1628, QK).

Quellen- und Literaturverzeichnis

Quellen

Agricola, Johann: Außlegung deß heiligen Seligmachenden Euangelij von der armen/ geengsten/ vnd doch heiligen Büsserinnen/ Marien Magdalenen/ Luce 7. Mit einer Vorrede an den Durchleuchtigisten/ Hochgebornen/ Fürsten vnd Herrn/ Herrn Joachim/ Churfürsten zů Brandenburg/ etc. [...]. Frankfurt a. M. 1562 (WLB Stuttgart Theol. qt. 111).

Bacmeister, Lucas: DE MODO CONCIONANDI. SIMPLEX INFORMATIO EOrum, qui ad munus docendi publicè in Ecclesia aliquando accedent. Tradita in Academia Rostochiensi [...]. Rostock 1570 (ULB Halle/S. K. VII. 92 (?) [3]).

Barclay, Ludwig: Klagstimm Uber den unheilbahren Schaden Babels/ Welche mit dem trewen Propheten Jeremia gantzer Zwey und Zwantzig Jahr aus dem LI Capittel seiner Weissagung v. 9. & 10., geführet. Der weyland HochEhrwürdiger/ Großachtbahrer/ und Hochgelahrter HENRICUS MULLER SS. Th. D. P. P. der Theologischen Facultät Senior, und der Kirchen in Rostock Hochverdienter Superintendens und Pastor an St. Marien. So Donnerstags/ war der 13. Septembris, Abends ümb halb 5. Uhr willig/ frölich/ sanfft/ und seelig im HErrn JEsu entschlaffen: und darauff den 5. Octobris mit Christrühmlichen Ceremonien, bey ungemeiner Volckreicher Versamlung zu St. Marien/ bey seinen kurtz vorhin geschickten hertzgeliebten Söhnlein zu Ruh gebracht; Zum unsterblichen Nachruhm seiner Ampts=Trew/ Schrifftmässig außgelegt/ und nachmahls auff fleissiges Anhalten im Druck gegeben [...]. Rostock 1675 (HAB Wolfenbüttel Db 3227).

[Bekenntnisschriften] Die Bekenntnisschriften der Evangelisch-Lutherischen Kirche. Vollständige Neuedition. Hrsg. von Irene Dingel. Göttingen 2014.

[Biblia niederdeutsch] De Biblie vth der vthlegginge Doctoris Martini Luthers yn dyth düdesche vlitich vthgesettet/ mit sundergen vnderrichtingen/ alse men seen mach. Lübeck 1533 (UB Rostock Fb-73).

Bocksberger, Johann / Jost Amman (Bearb.): NEuwe Biblische Figuren/ deß Alten vnd Neuwen Testaments/ geordnet vnd gestellt durch den fürtrefflichen vnd Kunstreichen Johan Bockspergern von Saltzburg/ den jüngern/ vnd nachgerissen mit sonderm fleiß durch den Kunstverstendigen und wolerfahrnen Joß Amman von Zürych. Allen Künstlern/ als Malern/ Goltschmiden/ Bildhauwern/ Steinmetzen/ Schreinern/ etc. fast dienstlich vnd nützlich. Frankfurt a. M. 1565 (BSB München L. impr. c. n. mss. 202).

Bugenhagen, Johannes: IN D. PAVli ad Romanos Epistolam, Interpretatio doctißima, multisque in locis locupletata. Hagenau 1531 (BSB München Exeg. 165m).

Catalogus Professorum Rostochiensium: http://cpr.uni-rostock.de

Chyträus, David: Auslegung Der Offenbarung Johannis/ darin viel Artickel Christlicher lehr/ viel historien/ vnd nötiger heilsamer Trost/ in gegenwertigen trübsaln vnd zerrüttungen der Kirchen/ vneinigkeit der Lehrer/ vnd andern anfechtungen/ nutzlich erklert werden. [...] Nu erstmals ins Deudsch gebracht. Rostock 1568 (BSB München 4 Exeg. 178).

Chyträus, David: EXPLICATIO APOCALYPSIS IOHANNIS PERSPICVA ET BREVIS, TRADITA [...]. Wittenberg 1563 (Staats- und Stadtbibliothek Augsburg Th Ex 177).

Dannhauer, Johann Conrad: HAGIOLOGIUM FESTALE, oder Heilige Fest=Legenden/ das ist: Fest=Predigten gehalten im Münster zu Straßburg [...]. Straßburg 1672 (Theologische Bibliothek der Universität Hamburg).

Drabitius, Lorenz: Kemnitzer Predigstuls/ der renovirt Anno Christi 1598. Einweihung/ durch Predigt vnd Gebet/ am Sontage Exaudi [...]. Freiberg i. S. 1598 (ULB Halle/S. Pon Ya 1473, QK).

Faber, Martin: Eine tröstliche Predigt: Von dem Kampff des heiligen Patriarchen IACOBS/ mit dem Sohn Gottes/ im ersten Buch Mosis am XXXII. Cap. gehalten. Erfurt 1571 (SB Berlin 5 an: Dk 4003).

Franzius, Wolfgang: HISTORIA ANIMALIUM In quâ plerorumque Animalium praecipuae proprietates in gratiam Studiosorum Theologiae & Ministrorum Verbi ad usum Ἐικονολογικὸν breviter accommodantur. In Academiâ VVittebergensi ante plures annos dictata [...]. Amsterdam 1665 (Privatbesitz).

Frey, Hermann Heinrich: Therobiblia. Biblisch Thier-, Vogel- und Fischbuch (Leipzig 1595). Hrsg. von Heimo Reinitzer. Graz 1978 (= Naturalis historia bibliae 1).

Gerhard, Johann: Postilla: Das ist/ ERklärung der Euangelien/ so auff die gewöhnlichen Apostel vnd andere Festtage Jährlich in Christlicher Gemeine zu handeln verordnet. Auch etlicher schöner Sprüche heiliger Schrifft/ vornemlich dahin gerichtet/ daß wir Gottes Liebe vnd Christi Wolthaten erkennen/ Auch am innerlichen Menschen seliglich zunemen mögen. [...]. Dritter Theil. Jena 1613 (HAB Wolfenbüttel 419–420 Theol.).

Heermann, Johann: Christliche Tauff=Sermones/ Jn drey unterschiedliche Theil abgetheilet/ und sind darinnen zu finden: I. Schöne und anmutige Tauffbilder. II. Herrliche und Lehrreiche Tauffsprüch aus dem Alten und Neuen Testament. III. Allerley nützliche und nötige Tauff=Betrachtungen. Mit sonderbarem Fleiß zusammen getragen. Und mit einer Zugabe Geistlicher Poetischer Erquickstunden Vermehret [...]. Nürnberg 1656 (BSB München Hom. 2080 o).

Herberger, Valerius: Geistlich Trawrbrodt Aus der vollen Speisekammer der heiligen Schrifft auffgetragen/ viel geistlich=hungrige vnd matte Hertzen damit zu stercken. Das ist/ Das Fünffte Theil der Trawrbindenn/ Aus tröstlichen Leichpredigten/ vnd Ehrengedechtnissen gewircket [...]. Leipzig 1618 (HAB Wolfenbüttel 471 Theol. [1]).

Hieronymus, Sophronius Eusebius: Opera. Pars I: Opera exegetica. Bd. 7. Hrsg. von David Hurst, Marcus Adriaen. Turnhout 1969 (= Corpus Christianorum Series Latina 77).

Hütter, Leonhart: Compendium locorum theologicorum ex Scripturis Sacris et Libro Concordiae, lateinisch – deutsch – englisch. Kritisch hrsg., kommentiert und mit einem Nachwort sowie einer Bibliographie sämtlicher Drucke des Compendium versehen von Johann Anselm Steiger. 2 Teilbde. Stuttgart-Bad Cannstatt 2006 (= Doctrina et Pietas II, 3).

Irenäus von Lyon: Adversus haereses. Gegen die Häresien III. Übers. und eingeleitet von Norbert Brox. Freiburg i. Br. u. a. 1995 (= Fontes Christiani 8/3).

Lauterbach, Samuel Friedrich: Fraustädtisches Zion. Das ist Historische Erzehlung, desjenigen, Was sich von An. 1500. biß 1700. im Kirch=Wesen zu Fraustadt in der Cron Pohlen, zugetragen, Dabey so wohl fernerer Bericht, vom Kripplein Christi, und den andern Lutherischen Kirchen allhier, als auch die Lebens=Beschreibungen aller Evangelischen Prediger dieses Orts, samt denen Schul=Bedienten, und was inzwischen denck= und merckwürdiges vorgefallen, So daß es für den 2. Theil des ausgegangenen Lebens, VALERII Herbergers, Welches zugleich umb ein gutes vermehret wird, dienen kan [...]. Leipzig 1711 (SUB Göttingen 8 H POLON 258/57).

Lauterbach, Samuel Friedrich: VITA, FAMA ET FATA VALERII HERBERGERI. Das merckwürdige Leben, guter Nach=Ruhm, und seliger Abschied, Des theuren und um die Kirche GOttes hoch=verdienten Theologi, Hn. VALERII Herbergers, Weiland Predigers zur Fraustadt in Groß=Pohlen [...]. Leipzig 1708 (SUB Göttingen H. lit. biogr. VIII 6755).

Luther, Martin: Biblia: Das ist: Die gantze Heilige Schrifft/ Deudsch/ Auffs new zugericht. Wittenberg 1545 (UB Rostock Fb-78).

Luther, Martin: Die gantze Heilige Schrifft Deudsch. Wittenberg 1545. Letzte zu Lebzeiten Luthers erschienene Ausgabe. Hrsg. von Hans Volz unter Mitarbeit von Heinz Blanke. Textredaktion Friedrich Kur. München 1972.

Luther, Martin: Werke. Kritische Gesamtausgabe. 73 Bde. Weimar 1883–2009 (zit. WA).

Luther, Martin: Geistliche Lieder und Kirchengesänge. Vollständige Neuedition in Ergänzung zu Bd. 35 der Weimarer Ausgabe. Hrsg. von Markus Jenny. Köln 1985 (= Archiv zur Weimarer Ausgabe der Werke Luthers 4).

Meyfart, Johann Matthäus: Das Erste Buch Von Dem Himlischen Jerusalem/ Auff Historische Weise/ ohn alle Streitsachen/ Aus den holdseligsten vnd frölichsten Contemplationen, so wol Alter als Newer/ doch gelehrter Vätter vnd Männer beschrieben: Vnd bey diesen betrübten Läufften allen frommen Christen zu einem Trost/ Neben anmuhtigen Precationibus jaculatorijs oder Seufftzerlein/ in Druck verfertiget [...]. Coburg 1627 (HAB Wolfenbüttel 913.4 Theol. [1]).

Müller, Heinrich: Evangelischer Hertzens=Spiegel, Das ist: Erklärung aller Sonn= und Fest=Tags=Evangelien, Nebst beygefügten Paßions=Predigten Ueber das Gantze Leyden CHristi, Jn öffentlicher Kirchen=Versammlung der Gemeine GOttes zu St. Marien vorgestellet; jetzo aber auf das neue wegen der schönen Lehr=Art auf vieler Ersuchen dem Druck überlassen, und mit dreyfachen Registern versehen, Nebst einer Vorrede S. T. Herrn Friederich Caspar Hagens [...]. Hof 1738 [[1]1679] (Theologische Bibliothek der Universität Hamburg L IV d 865).

Müller, Heinrich: Geistlicher Danck=Altar/ Zum täglichen Lob=Opffer der Christen/ Mit vielen Kupffern gezieret. Benebenst Einem Anhang zweyer Theologischer Fragen. I. Ob ein Christ in gewissen Fällen für seinen Nähesten das Leben zu lassen schuldig seye? II. Ob ein Christ/ von einem Trunckenbold überfallen/ lieber tödten sol/ oder sich tödten lassen? [...]. Frankfurt a.M. 1670 (UB Rostock Fm-3082).

Olearius, Gottfried: Der Pfarrkirchen zu S. Ulrich in Halle verneuerter Predigstul/ mit GOTTES Wort und Gebeth eingeweihet [...] am XIII. sontag nach Trinitatis/ im jahr Christi 1645. Halle/S. 1645 (Bibliothek der Franckeschen Stiftungen Halle/S. 44 C 11 [10]).

Otto, Christian Benjamin: Der hohe und über alle Wismarische Hügel Erhabene Berg des HERRN zu NICOLAI, wurde in der ersten Predigt auff der Neuen Cantzel/ der Gemeine zu Nicolai in Wismar/ Jn ihrer vor V Jahren kläglich ruinirten/ und nun wieder meistentheils reparirten Haupt=Kirche/ Am XXV. Sontage nach Trinitatis, 1708. nach Gelegenheit des ordentlichen Sontags=Evangelii/ als ein Bild des Neuen Predig=Stuhls, erbaulich vorgestellet [...]. Leipzig, Görlitz 1709 (UB Greifswald 520/ Ft 209).

Physiologus. Griechisch / Deutsch. Übers. und hrsg. von Otto Schönberger. Stuttgart 2001.

Preibisius, Valentin: GAUDIUM HERBERGERIANUM, Oder Selige HertzensFrewde Des WolEhrwürdigen/ Groß-Achtbaren vnd Hochgelarten Herren/ VALERII HERBERGERI, vornemen vnd weitberümbten Theologi, beym Kriplin Christi zur FrawenStadt in der Kron Polen wolverdinten Predigers vnd SeelenHirtens. Welcher den 18. MaI zu Mitternacht vmb 12. Vhr/ dieses 1627. Jahres/ sanfft vnd stille in seinem HErren JESU verschieden/ vnd darauff den 26. MaI in grosser Volckreicher Versamlung daselbst Christlich zu seinem Ruhbettlein gebracht worden. Aus den Worten Christi Luc. 10. v. 20. Frewet euch/ daß ewre Namen im Himmel geschrieben sind. Jn gehaltener Leichsermon erkläret. Leipzig 1628 (HAB Wolfenbüttel LP Slg. Stolberg 11796).

Rhegius, Urbanus: Dialogus von der schönen predigt, die Christus Luc. 24. von Jerusalem bis gen Emaus den zweien jüngern am Ostertag/ aus Mose vnd allen Propheten gethan hat [...]. Wittenberg 1537 (BSB München 4 Exeg. 706).

Rhegius, Urbanus: PROPHETIAE VETERIS TESTAMENTI DE CHRISTO, COLLECTAE ET EXPLICATAE [...]. Cum Praefatione D. Martini Lutheri. Frankfurt a. M. 1542 (BSB München 2 Exeg. 467).

Roth, Friedrich: Eine Christliche Predigt Aus dem Buch Nehemia am achten Capitel/ Gehalten zu Einweihung eines newen Predigtstuels/ in der Kirchen zun Barfüssern zu Arnstad/ den 30. Tag Nouembris, welcher war der erste Sontag des Aduents/ Anno 1589. [...]. Erfurt 1590 (BSB München Res/Hom. 2104c).

Spangenberg, Johann: Postilla Teutsch. Außlegung Der Euangelien/ Von Ostern biß auff den Aduent. Für die Jungen Christen/ Knaben vnd Meydlein/ inn Fragstücke verfasset [...]. Nürnberg 1550 (Staats- und Stadtbibliothek Augsburg 2 Th Pr 220, Beibd. 1).

Streso, Clemens: Einweihung Eines newen Predigstuls geschehen zu Zerbst in S. Barthelmes Kirche am Sontag IVDICA. aus dem gewönlichen Euangelio Johan: 8. O. O. 1579 (ULB Halle/S. Nh 89 [12]).

Strigenitz, Gregor: ESRAE Predigtstuel. Das ist: Die Historia vom Ersten Predigtstuel/ welcher zu Jerusalem von den Jüden/ nach dem sie aus der Babylonischen Gefengnüs widerumb anheim kommen sind/ auffgerichtet/ vnd von Esra dem Schrifftgelehrten/ in grosser Versamlung dess Volcks eingeweyhet worden ist. Jn Zweyen vnterschiedlichen Predigten einfeltig vnd richtig erkleret [...]. Bey der Einweyhung deß Newen Predigtstuels/ welchen ein Ehrwirdiges Thumb Capitel/ in der Thumbkirchen daselbsten/ im Jahr Christi 1596. Gott vnd seinem heiligen vnd seligmachendem Worte zu Ehren hat bawen vnd auffrichten lassen. Leipzig 1597 (ULB Halle/S. Pon Yd 1628, QK).

Tarnow, Johann: In Prophetam HOSEAM COMMENTARIUS: In quo textus Analysi perspicuâ illustratur, ex fonte Hebraeo explicatur, locis S. S. parallelis confirmatur, à pravis expositionibus vindicatur, Usus verò in Locis communibus ex ipsâ scripturâ natis & probatis indicatur. [...]. Rostock 1626 (Privatbesitz).

Vredeman de Vries, Hans: Grottesco: in diversche manieren Zeer Chierlijck bequaem en oirboorlijc voor Schilders, Glaesschrijuers, Beeldsnijders En al die de Chierlijcke ornamenten der Aniquen beminnen, ghemackt bij Iohans Vredeman Vriese, vvth ghegheuen duer Geraert de Ieüde. [Antwerpen] o. J. (UB Rostock Da-9).

Wegelin, Josua: Der Gemahlte IESVS CHRISTVS Jn Grund gelegt: Das ist/ Gründtliche Augenscheinliche Erklärung vnd Abbildung/ deß Gesätzes vnd Evangelij Vnderscheid/ Als das Fundament vnd der Lehrgrund deß hochtröstlichen Articuls von der gnädigen Rechtfertigung deß Armen Sünders für Gott/ Emblematicè vnd gemahlter weiß in zwölff vnterschiedlichen schönen Kupfferstüchen fürgetragen: Welche genommen Zuvorderst auß der H. Bibel/ auß den Schrifften der Gottseligen alten Kirchenlehrer/ B. Lutheri vnd anderer Evangelischen reinen Theologen Büchern. Neben einem Schrifftmässigen/ gründlich= vnd verständlichem Bericht/ von dem hochnothwendigen Vnderscheid deß Gesätzes vnd Evangelij/ Erklärung der Figuren/ vnd deroselben angehengtem Vsu, Nutzen vnd Gebrauch. Zur L. Lehr/ W. Widerlegung/ Z. Züchtigung/ V. Vermahnung/ T. Trost/ vnd E. Erinnerung/ bey einer jeden Figur kürtzlich vnd nutzlich angehenget. Alles nach anleitung deß Apostolischen Sprüchleins in der Epistel ad Galat. 3. v. 1. O jhr thorechten Galater/ wer hat euch bezaubert/ der Warheit nicht zugehorchen/ welchen Jesus Christus für Augen gemahlet war. [...]. Kempten 1630 (Staats- und Stadtbibliothek Augsburg 2 Th Pr 238).

Zedler, Johann Heinrich: Großes vollständiges Universal= Lexikon [...]. 64 Bde. und 4 Supplementbde. Halle/S., Leipzig 1732–1754 (Reprint Graz 1961–1964).

Forschungsliteratur

Aichel, Caspar Otto Friedrich: Dr. Heinrich Müller. Eine Lebensbeschreibung. Hamburg 1854 (^{2}1856).

Axmacher, Elke: ›Aus Liebe will mein Heiland sterben‹. Untersuchungen zum Wandel des Passionsverständnisses im frühen 18. Jahrhundert. Stuttgart ^{2}2005 [^{1}1984] (= Beiträge zur theologischen Bachforschung 2).

Baier, Gerd / Horst Ende / Brigitte Oltmanns (Bearb.): Mecklenburgische Küstenregion. München 1990 (= Die Bau- und Kustdenkmale in der DDR o. Nr.).

Bei der Wieden, Helge: Art. Müller, Heinrich. In: Biographisches Lexikon für Mecklenburg 1 (1995), S. 170–174.

Bei der Wieden, Helge: Art. Müller, Heinrich. In: Biographisches Lexikon für Schleswig-Holstein und Lübeck 9 (1991), S. 240–243.

Bei der Wieden, Helge: Art. Müller, Heinrich. In: Neue Deutsche Biographie 18 (1997), S. 405 f.

Bischoff, Michael / Hillert Ibbeken: Renaissance in Mecklenburg. Hrsg. von der Stiftung Mecklenburg. Berlin 2011.

Bloth, Peter C.: »... auff das dies newe Haus dahin gericht werde, das nichts anders darin geschehe, denn das ...«. Zur Interpretation, Wirkungsgeschichte und praktisch-theologischen Bedeutung von Martin Luthers Torgauer Einweihungspredigt am 5. Oktober 1544. In: Prädestination und Willensfreiheit. Luther, Erasmus, Calvin und ihre Wirkungsgeschichte. Festschrift für Theodor Mahlmann zum 75. Geburtstag. Hrsg. von Wilfried Härle, Barbara Mahlmann-Bauer. Leipzig 2009, S. 35–65.

Borggrefe, Heiner / Vera Lüpkes / Paul Huvenne / Ben van Beneden (Hrsg.): Hans Vredeman de Vries und die Renaissance im Norden. München 2002.

Bolliger, Daniel: Methodus als Lebensweg. Johann Conrad Dannhauer (1603–1666) und die Existentialisierung der Dialektik in der altdorfinisch-straßburgischen Richtung der lutherischen Orthodoxie. Habil. masch. Hamburg 2010.

Bunners, Christian: Mystik bei Heinrich Müller. Forschungsbeiträge und Forschungsfragen. In: Zur Rezeption mystischer Traditionen im Protestantismus des 16. bis 19. Jahrhunderts. Beiträge eines Symposiums zum Tersteegen-Jubiläum 1997. Köln 2002 (= Schriftenreihe des Vereins für Rheinische Kirchengeschichte 152), S. 91–111.

Clifton, James / Walter S. Melion (Hrsg.): Scripture for the Eyes. Bible Illustration in Netherlandish Prints of the Sixteenth Century. London, New York 2009.

Czaika, Otfried: Art. Chyträus, David: In: Frühe Neuzeit in Deutschland 1520–1620. Literaturwissenschaftliches Verfasserlexikon. Hrsg. von Wilhelm Kühlmann, Jan-Dirk Müller, Michael Schilling, Johann Anselm Steiger, Friedrich Vollhardt. Bd. 1. Berlin u. a. 2011, Sp. 511–521.

Dingel, Irene: ›dass man Gott immer in den Ohren liege‹. Das rechte Beten bei Martin Luther. In: Sehnsüchtig nach Leben. Aufbrüche zu neuer Frömmigkeit. Hrsg. von Peter Freybe. Wittenberg 2006, S. 28–49.

Deutsche Bibeldrucke 1466–1600. Beschrieben von Stefan Strohm. Stuttgart-Bad Cannstatt 1987 (= Die Bibelsammlung der Württembergischen Landesbibliothek Stuttgart, Abt. 2, Bd. 1).

Dobbert-Dunker, Alexander: ›In summa angustia animi‹ – Jakobs Kampf mit Gott. Luthers Auslegung von Gen 32 auf dem Hintergrund der patristischen Tradition. In: Johann Anselm Steiger, Ulrich Heinen (Hrsg.): Isaaks Opferung (Gen 22) in den Konfessionen und Medien der Frühen Neuzeit. Berlin, New York 2006 (= Arbeiten zur Kirchengeschichte 101), S. 239–257.

Ende, Horst: Die Stadtkirchen in Mecklenburg. Berlin (Ost) ^{2}1986.

Feldmann, Hans-Christian: Mecklenburg-Vorpommern. München 2000 (= Georg Dehio: Handbuch der Deutschen Kunstdenkmäler. Neubearbeitung o. Nr.).

Fleck, Miriam Verena: Die Glaubensallegorie ›Gesetz und Gnade‹ in Europa zwischen Spätmittelalter und Früher Neuzeit. Korb 2010.

Friedrich, Markus / Sascha Salatowsky / Luise Schorn-Schütte (Hrsg.): Konfession, Politik und Gelehrsamkeit. Der Jenaer Theologe Johann Gerhard (1582–1637) im Kontext seiner Zeit. Stuttgart 2017 (= Gothaer Forschungen zur Frühen Neuzeit 11).

Fuhring, Peter: Hans Vredeman de Vries und das Ornament als Vorlage und Modell. In: Hans Vredeman de Vries und die Renaissance im Norden. Hrsg. von Heiner Borggrefe, Vera Lüpkes, Paul Huvenne, Ben van Beneden. München 2002, S. 61–68.

Garbe, Irmfried / Heinrich Kröger (Hrsg.): Johannes Bugenhagen (1485–1558). Der Bischof der Reformation. Beiträge der Bugenhagen-Tagungen 2008 in Barth und Greifswald. Leipzig 2010.

Grünberg, Reinhold (Bearb.): Sächsisches Pfarrerbuch. Die Parochien und Pfarrer der Ev.-luth. Landeskirche Sachsens (1539–1939). 2 Teile in 3 Bden. Freiberg i. S. 1939 f.

Haemig, Mary J.: Prayer as talking back to God in Luther's Genesis lectures. In: Lutheran Quarterly 23 (2009), S. 270–295.

Hatham, Andreas H. A. (Hrsg.): Arnstadt nach seinen gegenwärtigen Verhältnissen und unter Beifügung vieler geschichtlichen Notizen, sowie einer kurzen, getreuen Schilderung seiner Umgebung dargestellt. Ein Hand- und Addressbuch für Einheimische und Fremde. Sondershausen o. J. [1842].

Heitzmann, Christian: Ganze Bücher von Geschichten. Bibeln aus Niedersachsen. Wolfenbüttel 2003 (= Ausstellungskataloge der Herzog August Bibliothek 81).

Henkel, Arthur / Albrecht Schöne (Hrsg.): Emblemata. Handbuch zur Sinnbildkunst des XVI. und XVII. Jahrhunderts. Stuttgart 1987 [[1]1967].

Holtz, Gottfried: Art. Bacmeister, Lucas d. Ä. In: Neue Deutsche Biographie 1 (1953), S. 508 f.

Huck, Oliver: Die Musik der Engel. Musik und Musikanschauung im Mittelalter. In: Deutsches Dante Jahrbuch 84 (2009), S. 25–38.

Illg, Thomas / Johann Anselm Steiger: Art. Herberger, Valerius. In: Frühe Neuzeit in Deutschland 1520–1620. Literaturwissenschaftliches Verfasserlexikon. Hrsg. von Wilhelm Kühlmann, Jan-Dirk Müller, Michael Schilling, Johann Anselm Steiger, Friedrich Vollhardt. Bd. 3. Berlin u. a. 2014, Sp. 266–278.

Kaufmann, Thomas: Universität und lutherische Konfessionalisierung. Die Rostocker Theologieprofessoren und ihr Beitrag zur theologischen Bildung und kirchlichen Gestaltung im Herzogtum Mecklenburg zwischen 1550 und 1675. Gütersloh 1997 (= Quellen und Forschungen zur Reformationsgeschichte 66).

Koch, Ernst: Art. Agricola, Johann. In: Religion in Geschichte und Gegenwart[4] 1 (1998), Sp. 191.

Koch, Ernst: Art. Spangenberg, Johann. In: Religion in Geschichte und Gegenwart[4] 7 (2004), Sp. 1536.

Koch, Ernst: Heinrich Müllers ›Himmlischer Liebeskuß‹. Zu Geschichte und Wirkung eines Erbauungsbuchs. In: Pietas in der Lutherischen Orthodoxie. Hrsg. von Udo Sträter. Wittenberg 1998 (= Themata Leucoreana o. Nr.), S. 137–148.

Krabbe, Otto: Heinrich Müller und seine Zeit. Rostock 1866.

Krausse, Helmut K. / Redaktion: Art. Müller, Heinrich. In: Killy Literaturlexikon. Autoren und Werke des deutschsprachigen Kulturraumes. 2., vollständig überarbeitete Auflage. Hrsg. von Wilhelm Kühlmann u. a. Bd. 8 (2010), S. 394–396.

Kühlmann, Wilhelm: Art. Dannhauer, Johann Conrad. In: Killy Literaturlexikon. Autoren und Werke des deutschsprachigen Kulturraumes. 2. vollständig überarbeitete Auflage. Hrsg. von Wilhelm Kühlmann u. a. Bd. 2 (2008), Sp. 551–553.

Kühlmann, Wilhelm: Art. Meyfart, Johann Matthäus. In: Killy Literaturlexikon. Autoren und Werke des deutschsprachigen Kulturraumes. 2., vollständig überarbeitete Auflage. Hrsg. von Wilhelm Kühlmann u. a. Bd. 8 (2010), S. 217–220.

Küster, Konrad: Musik im Namen Luthers. Kulturtraditionen seit der Reformation. Kassel 2016.

Lier, Hermann Arthur: Art. Wegelin, Josua. In: Allgemeine Deutsche Biographie 41 (1896), S. 783.

Liess, Bernhard: Art. Heermann, Johann. In: Frühe Neuzeit in Deutschland 1520–1620. Literaturwissenschaftliches Verfasserlexikon. Hrsg. von Wilhelm Kühlmann, Jan-Dirk Müller, Michael Schilling, Johann Anselm Steiger, Friedrich Vollhardt. Bd. 3. Berlin u. a. 2014, Sp. 211–217.

Mai, Hartmut: Der evangelische Kanzelaltar. Geschichte und Bedeutung. Halle/S. 1969.

Marnef, Guido: Antwerp in the Age of Reformation. Underground Protestantism in a Commercial Metropolis 1550–1577. Baltimore u. a. 1996.

Martin, Peter: Martin Luther und die Bilder zur Apokalypse. Die Ikonographie der Illustrationen zur Offenbarung des Johannes in der Lutherbibel 1522 bis 1546. Hamburg 1983 (= Vestigia Bibliae 5).

Melion, Walter S.: Imago exegetica. Visual images as exegetical instruments, 1400–1700. Leiden u. a. 2014 (Intersections 33).

Mielke, Hans: Gerard Groenning, ein Antwerpener Künstler um 1570. Verzeichnis seiner Zeichnungen und Stichwerke aus dem wissenschaftlichen Nachlass von Hans Mielke. 2 Teile. Hrsg. von Ursula Mielke. In: Jahrbuch der Berliner Museen 37 (1995), S. 143–157 und 38 (1996), S. 121–150.

Mikoteit, Matthias: Theologie und Gebet bei Luther. Untersuchungen zur Psalmenvorlesung 1532–1535. Berlin u. a. 2004 (= Theologische Bibliothek Töpelmann 124).

Mourkojannis, Daniel u. a. (Hrsg.): Mecklenburg und Vorpommern. Eine Region stellt sich vor. Leipzig 2014 (= Orte der Reformation 17).

Mutschler, Bernhard: Ein Reden des Herzens mit Gott. Martin Luther über das Gebet. In: Neue Zeitschrift für Systematische Theologie und Religionsphilosophie 49 (2007), S. 24–41.

Nath, Ulrich: Die Kanzel der St. Marienkirche zu Rostock. Hrsg. von der ev.-luth. St. Mariengemeinde in Rostock. O. O. o. J. [1993].

Peters, Christian: Art. Meyfart, Johann Matthäus. In: Religion in Geschichte und Gegenwart[4] 5 (2002), Sp. 1200.

Pettke, Sabine: Die Reformation in Rostock. In: Beiträge zur Kirchengeschichte Mecklenburgs. Hrsg. vom Kulturkreis Mecklenburg e. V. Mainz 1985. S. 58–85.

Pettke, Sabine: Nachträge zur Reformationsgeschichte Rostocks. 2 Bde. Rostock 2010.

Pettke, Sabine (Bearb.): Niederdeutsche Urkunden der Kirchenökonomie Rostock. Bd. 2: 1500–1584. Rostock 2011.

Pilz, Kurt: Art. Ammann, Jost. In: Neue Deutsche Biographie 1 (1953), S. 251 f.

Poscharsky, Peter: Die Kanzel. Erscheinungsformen im Protestantismus bis zum Ende des Barock. Gütersloh 1963.

Pretzell, Lothar: Art. Bocksberger, Johann Melchior. In: Neue Deutsche Biographie 2 (1955), S. 346.

Reinitzer, Heimo: Biblia deutsch. Luthers Bibelübersetzung und ihre Tradition. Braunschweig 1983 (= Ausstellungskataloge der Herzog August Bibliothek 40).

Reinitzer, Heimo: Gesetz und Evangelium. Über ein reformatorisches Bildthema, seine Tradition, Funktion und Wirkungsgeschichte. 2 Bde. Hamburg 2006.

Rieske, Uwe: ›Meditation, Anfechtung und Gebet‹. Luthers Anleitung zur evangelischen Spiritualität. In: Gottes Wort ins Leben verwandeln. Perspektiven der (nord-) deutschen Kirchengeschichte. Festschrift für Inge Mager zum 65. Geburtstag. Hrsg. von Rainer Hering, Hans Otte, Johann Anselm Steiger. Hannover 2005 (= Jahrbuch der Gesellschaft für niedersächsische Kirchengeschichte, Beiheft 12), S. 101–110.

Schilling, Johannes: Scrvtamini Scriptvras. Über eine Aufgabe. In: Christiana Albertina. Forschungen und Berichte aus der Christian-Albrechts-Universität zu Kiel. Heft 82. Kiel, Hamburg 2016, S. 20–39.

Schlie, Friedrich (Bearb.): Die Kunst- und Geschichts-Denkmäler des Grossherzogthums Mecklenburg-Schwerin. Bd. 1: Die Amtsgerichtsbezirke Rostock, Ribnitz, Sülze-Marlow, Tessin, Laage, Gnoien, Dargun, Neukalen. Schwerin u. a. [2]1898.

Sillem, Wilhelm: Art. Tymmermann, Franz. In: Allgemeine Deutsche Biographie 39 (1895), S. 52 f.

Sparn, Walter: Art. Hütter (Hutterus), Leonhart. In: Religion in Geschichte und Gegenwart[4] 3 (2000), Sp. 1967 f.

Steiger, Johann Anselm: Art. Gerhard, Johann. In: Frühe Neuzeit in Deutschland 1520–1620. Literaturwissenschaftliches Verfasserlexikon. Hrsg. von Wilhelm Kühlmann, Jan-Dirk Müller, Michael Schilling, Johann Anselm Steiger, Friedrich Vollhardt. Bd. 2. Berlin u. a. 2012, Sp. 557–571.

Steiger, Johann Anselm: Art. Hütter (Hutterus), Leonhart. In: Frühe Neuzeit in Deutschland 1520–1620. Literaturwissenschaftliches Verfasserlexikon. Hrsg. von Wilhelm Kühlmann, Jan-Dirk Müller, Michael Schilling, Johann Anselm Steiger, Friedrich Vollhardt. Bd. 3. Berlin u. a. 2014, Sp. 422–430.

Steiger, Johann Anselm: Das Gebet im Zeitalter der Reformation und des Barock. Ein Beitrag zu Martin Luther und Heinrich Müller sowie zur Bildtradition des armen Lazarus. Neuendettelsau 2013.

Steiger, Johann Anselm: Der Orgelprospekt im Kloster Lüne als Zeugnis barock-lutherischer Bild- und Musiktheologie. Zur Intermedialität von Wort, Bild und Musik im 17. Jahrhundert. Regensburg 2015.

Steiger, Johann Anselm: Die erste lutherische Kanzel. Das intermediale Bild- und Inschriftenprogramm der Lübecker Kanzel in Zarrentin. In: Zeitschrift für Kirchengeschichte 126 (2015), S. 35–57.

Steiger, Johann Anselm: Fünf Zentralthemen der Theologie Luthers und seiner Erben. Communicatio – Imago – Figura – Maria – Exempla. Mit Edition zweier christologischer Frühschriften Johann Gerhards. Leiden u. a. 2002 (= Studies in the History of Christian Thought 104).

Steiger, Johann Anselm: Gedächtnisorte der Reformation. Sakrale Kunst im Norden (16. bis 18. Jahrhundert). 2 Bde. Regensburg 2016.

Steiger, Johann Anselm: Medizinische Theologie. Christus medicus und theologia medicinalis bei Martin Luther und im Luthertum der Barockzeit. Mit Edition dreier Quellentexte: Wilhelm Sarcerius, Der Hellische Trawer Geist (1568) – Simon Musäus, Nützlicher Bericht [...] wider den Melancholischen Teuffel (1569) – Valerius Herberger, Leichenpredigt auf Flaminius Gasto (1618). Leiden u. a. 2005 (= Studies in the History of Christian Traditions 121).

Steiger, Johann Anselm: Rhetorica sacra seu biblica. Johann Matthäus Meyfart (1590–1642) und die Defizite der heutigen rhetorischen Homiletik. In: Zeitschrift für Theologie und Kirche 92 (1995), S. 517–558.

Steiger, Johann Anselm: »vor die Augen gemalt« (Galater 3,1). Zur Vergegenwärtigung des Sohnes Gottes in den Medien Wort und Bild bei Martin Luther und im Luthertum der Barockzeit. In: Auslegung und Hermeneutik der Bibel in der Reformationszeit. Hrsg. von Christine Christ von Wedel, Sven Grosse. Berlin u. a. 2017 (= Historia Hermeneutica, Series Studia 14), S. 213–239.

Steiger, Johann Anselm: Zu Gott gegen Gott. Oder: Die Kunst, gegen Gott zu glauben. Isaaks Opferung (Gen 22) bei Luther, im Luthertum der Barockzeit, in der Epoche der Aufklärung und im 19. Jahrhundert. In: Ders., Ulrich Heinen (Hrsg.): Isaaks Opferung (Gen 22) in den Konfessionen und Medien der Frühen Neuzeit. Berlin u. a. 2006 (= Arbeiten zur Kirchengeschichte 101), S. 185–237.

Strom, Jonathan: Orthodoxy and Reform. The Clergy in Seventeenth Century Rostock. Tübingen 1999 (= Beiträge zur Historischen Theologie 111).

Thiel, Wolfgang: Kanzel von St. Marien gibt ihre kleinen Geheimnisse preis. Bei der Sanierung haben die Restauratoren die geschnitzten und gut versteckten Porträts unbekannter Maler gefunden. In: Ostsee-Zeitung / Rostocker Zeitung, 25.11.2014, S. 10.

Troßbach, Werner: Unterschiede und Gemeinsamkeiten bei der Durchsetzung der Reformation in den Hansestädten Wismar, Rostock und Stralsund. In: Archiv für Reformationsgeschichte 88 (1997), S. 118–156.

Trunz, Erich: Johann Matthäus Meyfart. Theologe und Schriftsteller in der Zeit des Dreißigjährigen Krieges. München 1987.

Tschackert, Paul: Art. Weidener, Johann Joachim. In: Allgemeine Deutsche Biographie 41 (1886), S. 460 f.

Uecker, Thomas: Art. Hutter (Hütter), Leonhard. In: Biographisch-Bibliographisches Kirchenlexikon (1990), S. 1227–1229.

Wallmann, Johannes: Art. Müller, Heinrich. In: Religion in Geschichte und Gegenwart[4] 5 (2002), Sp. 1570.

Willgeroth, Gustav: Die Mecklenburg-Schwerinschen Pfarren seit dem dreißigjährigen Kriege. Mit Anmerkungen über die früheren Pastoren seit der Reformation. Bd. 3. Wismar 1925.

Wornowski, André: Marien-Kanzel überrascht Restauratoren. Kunstwerk in der Kirche ist nicht erst 1574 entstanden. In: Ostsee-Zeitung / Rostocker Zeitung 21.4.2016, S. 12.

Zschoch, Hellmut: Art. Rhegius (Rieger), Urbanus. In: Frühe Neuzeit in Deutschland 1520–1620. Literaturwissenschaftliches Verfasserlexikon. Hrsg. von Wilhelm Kühlmann, Jan-Dirk Müller, Michael Schilling, Johann Anselm Steiger, Friedrich Vollhardt. Bd. 5. Berlin u. a. 2016, Sp. 282–289.

Zschoch, Hellmut: Art. Rhegius (Rieger), Urbanus. In: Religion in Geschichte und Gegenwart[4] 7 (2004), Sp. 489.

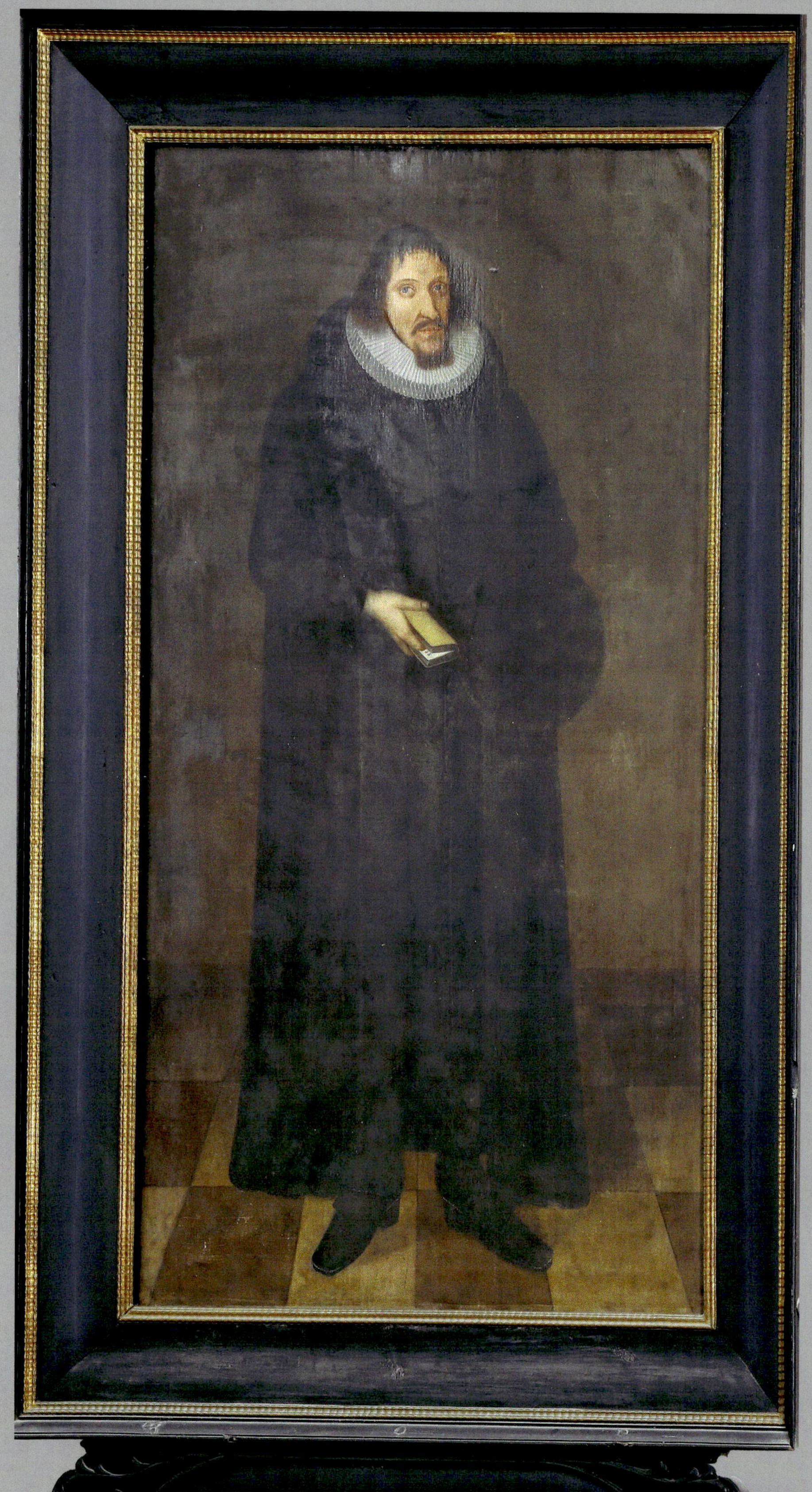
Henricus Müllerus, S.S. Theol. D. Prof. Publ. Facult. Theol. Senior reverendi
Ministerii Rost. Superintendens & ad D. Mariae Pastor, natus est Lubecae
1631. d. 18. Octobr. vocatus Rostochii ad Ministerium Ecclesiae & Archi-Diaconatum
Marianum 1653. ad Professoremgrecae linguae 1659. ad Professorem Theologiae
& Pastoratum Marianum an. 1662. ad Superintendentem 1671. conjugem habuit
Margaretham Elisabetham Sibrandiam. B. Michaelis Sibrandi praefecti hujus
aedis unicam filiam, placide in Domino obdormivit an. 1675. d.
23. Sept. & in hac ipsa aede sepultus est, cum vixisset annos 43. menses XI. & dies 5.

Personenregister

Biblische Personen

Sonstige Personen

◁ ***66*** *Bildnis Heinrich Müllers, Professor für Theologie an der Universität Rostock und Pastor an St. Marien zu Rostock.*

Register der Bibelstellen

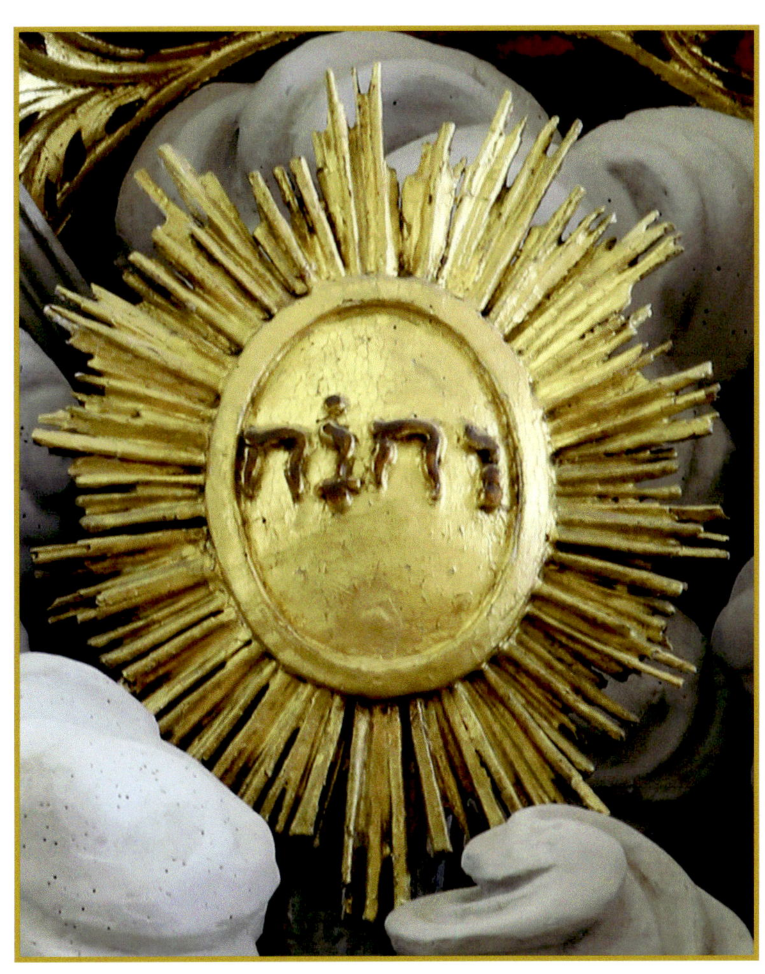

Abbildungsnachweise

Abb. 15: © Bayerische Staatsbibliothek München.
Abb. 9, 26, 28, 30, 32, 34, 61: © Trustees of the British Museum.
Alle übrigen: © Johann Anselm Steiger, Hamburg.

Bibliografische Information der Deutschen Nationalbibliothek:
Die Deutsche Nationalbibliothek verzeichnet diese Publikation in der Deutschen Nationalbibliografie; detaillierte bibliografische Daten sind im Internet über http://dnb.dnb.de abrufbar.

1. Auflage 2017

Umschlaggestaltung: Anna Braungart, Tübingen
Satz: typegerecht, Berlin
Druck: www.schreckhase.de

ISBN 978-3-7954-3276-8

Weitere Informationen zum Verlagsprogramm erhalten Sie unter:
www.schnell-und-steiner.de